발해의 강역과 지리

발해의 강역과 지리〈보·수판〉

이 책은 기존 저자의 저서 《발해의 강역과 행정제도에 관한 연구》에 그 동안 발해의 강역 지리와 관련해 이루어진 학계의 연구 성과를 덧붙여 《발해의 강역과 지리》라는 이름으로 새로이 펴낸 것이다. 원 내용에 잘못이 있어 바로잡은 것이 아니라 최근의 새로운 연구 성과를 기존 내용에 더하고 보완하였다는 뜻으로 개정판 대신 보·수판이라는 표현을 사용했다.

일러두기
본서의 지명 및 인명표기는 저자의 표기 원칙에 따라 정리함을 밝힌다.

발해의 강역과 지리〈보·수판〉

초판 1쇄 | 2012년 6월 15일

지은이 | 방학봉

펴낸이 | 김정숙
기획 | 박석동, 임혜진, 임원영
편집 | 손명희, 김인경, 남미영
마케팅 | 이진희, 임양호, 정항영
관리 | 이지향, 장혜령

펴낸곳 | 정토출판
등록 | 1996년 5월 17일(제22-1008호)
주소 | 137-875 서울시 서초구 서초3동 1585-16
전화 | 02-587-8991
전송 | 02-6442-8993
이메일 | book@jungto.org

디자인 | 끄레 어소시에이츠

ISBN 978-89-85961-70-7 03900
ⓒ 2012. 방학봉

이 책 내용의 일부 또는 전부를 사용하려면 반드시 저자의 동의를 얻어야 합니다.

발해의 강역과 지리

방학봉

정토출판

책을 내면서
발해의 강역과 지리에 대한 자료를 종합하며

발해渤海는 698년 대조영大祚榮이 발해국渤海國을 세운 때로부터 926년 말 대왕 대인선大諲譔이 요遼나라의 침입을 받아 망할 때까지 15세대 229년 동안 존속했다.

발해는 존속 기간 내내 원유의 기초 위에서 당唐나라의 선진 생산기술과 문화를 적극적으로 받아들여 본 지역 및 본 민족적 특징에 알맞게 결합시켜 발해의 독특하고 찬란한 문화를 창조했다. 발해 사회는 정치, 경제, 문화가 크게 발전하였기에 한때 역사에서 '해동성국海東盛國'이라고 불리었다. 정치, 경제, 문화가 발전하고 국력이 강화되면서 강역도 작은 데로부터 점차 크고 넓은 범위로 확대되었고 경내에 5경 15부 62주五京十五府六十二州를 설치했다.

1996년 필자는 《발해의 강역과 행정제도에 관한 연구》를 출판했다. 그때부터 벌써 15년이란 긴 세월이 흘렀다. 그 사이 새로운 자료가 발굴되고 새로운 연구 성과들이 속속 발표되었기에, 발해의 강역彊域과 지리地理에 대한 자료를 새로이 전면적으로 종합하여 발해사 연구를 더욱 추진할 필요를 느낀다. 이러한 정황에 따라 '발해의 강역'에 대한 '보·수판'으로 《발해의 강역과 지리》를 세상에 내놓게 되었다. 이 책이 앞으로 발해사 연구에 조금이나마 도움이 된다면 천만 다행으로 생각하겠다.

  이 책을 편찬하는 과정에서 문헌 자료와 고고학 분야의 새로운 성취, 국내외 학자들이 발해 강역과 지리 연구에서 달성한 새로운 성과를 받아들여 서술하고자 힘썼으나 능력이 제한되어 있고 시간이 촉박하여 잘못된 곳이 적지 않으리라 짐작한다. 독자 여러분의 기탄없는 비평과 조언을 바란다.

  이 글이 발표되기까지 여러 면에서 적극적인 지지를 보내주시고 후원해주신 정토회 지도법사 법륜 스님에게 충심으로 감사를 드린다.

2012년 6월 연길에서
방학봉

차례

책을 내면서 발해의 강역과 지리에 대한 자료를 종합하며 4

발해의 강역에 대하여

발해 강역의 형성과 확장 13

진국 시기의 강역 13

대무예, 대흠무 시기 강역의 확대 29

발해국 극성시기의 강역 34

발해 도성의 천이

구국 43

중경 46

상경 48

동경 49

상경성으로의 천도 51

발해의 5경

5경을 설치한 시기 문제 55

5경의 위치 63

상경용천부 63

중경현덕부 83

동경용원부 105

남경남해부 125

서경압록부 134

발해의 10부와 3개의 독주주

장령부 146

부여부 151

막힐부 157

회원부 159

안원부 160

동평부 161

철리부 164

정리부 167

안변부 170

솔빈부 171

해북제부의 제부 문제 174

독주주의 지리 위치 176

발해 독주주의 성질과 작용 176

독주주의 지리 위치 177

속주 178

동주 179

영주 184

발해의 산, 강, 호수

산 188

태백산 188

동모산 189

천문령 191

강과 호수 196

강 196

호수 212

구주와 성진

구주 222

목저주 222

현토주 224

약홀주 225

성진 226

덕리진 226

회발성 227

새로 고증한 주 229

집주 229

녹주 229

발해 시기의 요동지역

요동지역에 대한 연구 정황 233

안동도호부의 천이와 철수 236

요동지역에로의 발해 세력의 확장 244

요동지역에 대한 발해의 관리 문제 250

발해의 주요한 교통로와 지리 위치

압록조공도 259

장령영주도 266

용원일본도 270

부여거란도 285

남해신라도 287

맺음말 선인들의 성과를 적극 받아들이며 연구해야 295

부록1 알아보기 296
부록2 발해세계표 300
부록3 방학봉 저작일람표 302

밝혀진 부분보다
밝혀지지 않은 부분이
훨씬 많은 발해에 대해
학자들이 더욱 관심을 가지고
함께 연구해나가기를 바란다

발해의 강역에 대하여

발해왕국은 고왕 대조영高王大祚榮이 건국한 때698년로부터 시작했다. 무왕武王, 문왕文王을 거쳐 선왕 대인수宣王大仁秀 때의 '중흥시기中興時期'에 이르러 영역이 더욱 넓어지고 경제, 문화가 발전했으며 국력이 강대해져 역사에서 '해동성국海東盛國'이라고 불렸다. 그 후 대이진大彝震, 대건황大虔晃 두 세대를 거치며 더욱 공고해지고 발전하여 '극성시기極盛時期'에 이르렀다. 그러나 대현석大玄錫 이후부터는 점차 쇠락의 길을 걷기 시작했고, 926년 대인선大諲譔 통치시기에 거란契丹의 침입으로 멸망했다. 왕국이 존속한 229년 동안 15대 왕이 발해를 다스렸고 경내에 5경 15부 62주五京十五府六十二州가 있었다. 《신당서新唐書》 발해전渤海傳에는 발해의 영역이 "사방 5,000리이다(地方五千里)"[1]라고 했다.

최근 여러 해 동안 국내외 학자들은 발해국 영역의 발전 변화와 극성시기의 영역을 새로운 시각으로 고찰해 상당한 성과를 이루었다. 그러나 일부 문헌자료에 대한 이해가 서로 다르고 그 밖의 여러 가지 제한된 성격 때문에 아직 통일된 합의가 이루어지지 못하고 있다. 이 책은 선인들이 달성한 연구 성과에 기초하여 추졸하나마 발해의 영역에 대한 견해를 제기하려고 한다. 학계 여러분들의 사심 없는 조언이 있기를 바란다.

발해 강역의 형성과 확장

대조영은 천문령天門嶺에서 이해고李楷固가 거느린 당나라 추격군을 격퇴시키고 읍루고지挹婁故地에 이르러, 동모산東牟山에 기반을 두어 진국震國을 세우고 자칭 진국왕震國王이 되었다.[2] 《구당서舊唐書》 발해말갈전渤海靺鞨傳에 "성력중聖歷中에 자립하여 진국왕으로 되고 사신을 보내 돌궐突厥과 외교를 맺었다. 그 지역은 영주營州에서 동으로 2,000리 되는 곳에 있는데 남쪽은 신라新羅와 접하고… 월희말갈越喜靺鞨…, 동북쪽은 흑수말갈黑水靺鞨에 이르렀다. 지역은 사방 2,000리, 호수는 10여 만이었고 병사가 수만이었으며 풍속은 고구려高句麗와 거란과 같았고 문자와 서기書記가 있었다."라고 했다. 이는 발해국 초기의 강역에 대해 대체적으로 종합하여 기재한 개황으로, 구체적인 정황까지는 잘 알기 어렵다.

진국 시기의 강역

진국 시기는 대조영이 698년 진국을 세운 때로부터 713년 당나라 현종玄宗이 최흔崔忻을 진국에 파견하여 대조영을 좌효위원외대장군左驍衛員外大將軍, 발해군왕渤海郡王, 홀한주도독忽汗州都督으로 책봉한 때까지를 가리킨다. 이 시기는 기본적으로 대조영의 통치시기에 해당되며 발해국의 초기라고도 볼 수 있다. 지역이 "사방 2,000리였다"는 말은 진국이 건립되던 첫날부터 사방 2,000리였다는 뜻이 아니라 진국이 건립된 후 대조영을 우두머리로 한 진국 통치 집단이 부단히 세력을 확대한 결과가 그러했다는 뜻이다. 대조영은 어느 곳에 뿌리를 내리고 세력을 확대했을까? 이를 알아보려면 먼저 진국의 통치 중심지역이 어디였는지부터 알아보아야 한다.

　진국 시기의 통치 중심지역을 알려면 먼저 동모산東牟山이 어디에 있는가를 알아야 한다. 이 문제를 두고 사학계에서는 오랫동안 논쟁이 계속돼 왔다. 지금까지의 토론을 종합해보면 동모산의 위치에 대해 대략 다섯 가지 설이 있다. 첫째는 동모산이 심양沈陽에 있다는 설이다.《명일통지明一統志》에 "동모산은 심양중위沈陽中圍에서 동으로 20리 떨어진 곳에 있다. …발해 대씨는 부중을 거느리고 읍루挹婁의 동모산을 확보하고 …무측천武測天 때에 대조영은 이곳에 성을 쌓고 살았다."라고 기재한 것이 문헌자료 근거이다. 둘째는 동모산이 집안集安에 있다는 설이다.《집안현지集安縣志》에 "…집안성集安城 북쪽에 동모산이 있는데 대조영은 처음에 이곳에 수도를 정한 것 같다."라고 한 것을 근거로 삼았다. 셋째는 동모산이 액목額穆에 있는 것이 아니라 바로 오늘의 숭령崇嶺(지금의 장광재령)이라는 설이다. 넷째는 일본학자 츠다사 유키치津田左右吉가 주장한 화전설樺甸說이다. 그는《발해고渤海考》에 "대조영은 동으로 요하遼河를 건너 훈하渾河를 따라 휘발하輝友河 경내에 들어서 성을 쌓고 오늘의 화전樺甸 경내에 나라를 세웠다. 구국舊國이 곧 이곳이다. 동모산이 그 서쪽에 있다."라고 기술한 것을 근거로 삼았다. 다섯째는 돈화시敦化市 오동성敖東城에서 30리 떨어져 있는 성산자산城山子山이 바로 동모산이라는 설이다. 이상의 다섯 가지 설 가운데서 제일 믿음직한 것은 다섯 번째 설이다. 나머지 네 가지 설은 근거가 충분하지 않고 사실과 맞지 않는다. 성산자산이 동모산이라는 주요한 근거는 다음과 같다.

첫째, 그 위치와 규모로 보아 성산자산성城山子山城은 오동성 등과 함께 발해 초기의 문화 중심이었다는 사실을 알 수 있다. 성산자산성은 오동성敖東城에서 30리 떨어진 대석하大石河 남안南岸의 외딴 높은 산에 자리 잡고 있다. 해발 600미터의 성산자산은 비교적 큰 둔덕 위에 외따로 우뚝 솟아 있다. 산성 동남쪽 8리 되는 곳에는 목단강牡丹江이 흐르고 목단강 동안東岸에는 영승유지永勝遺址가 있는데 성산자산성과의 거리는 10리이다. 성산자산성에서 동북쪽으로 약 15리 되는 곳에는 육정산六頂山 발해 무덤군이 있다. 산성에서 서북쪽으로 약 30리 떨어진 곳에 '24개 돌' 건물 유지가 있다. 동북쪽으로 10리 떨어진 곳에는 발해 옛 사원寺院 유지가 있다. 위에서 언급한 발해 유지는 성산자산성과 서로 마주해 어울리는 곳에 있다. 산성은 성산자산의 중턱에 수축되었다. 성이 높은 데 위치해 적을 방어하기 쉽고 공격하기 좋으며 동, 서, 남, 북의 각 교통로를 통제하기 편리하다. 산성 둘레의 길이는 2,000미터이고 성벽은 돌과 흙으로 쌓았다. 서쪽문으로부터 동남쪽으로 뻗은 성벽 위에는 각기 거리가 다른 곳에 치雉(또는 마면馬面)가 3개 설치되어 있다. 성문에는 옹성甕城이 설치되어 있다.[3] 성산자산성은 길림吉林, 화전, 안도安圖에서 돈화敦化로 오가는 것을 공제할 수 있는 군사, 교통의 요충지대이다.

둘째, 산성 안의 시설을 보면 성산자산성에 다른 유지들보다 특이한 점이 있음을 알 수 있다. 동쪽문 안에서 남쪽에 있는 산 위의 넓은 평지에는 반움집식의 집자리가 50여 개 있다. 큰 것은 동서 길이가 8미터, 남북 너비가 6미터이다. 작은 것은 동서 길이가 6미터, 남북 너비가 4미터이다. 산성의 남쪽 비탈과 산성에서 서쪽에 치우친 곳에도 집자리가 얼마간 있다. 성안의 서북쪽에는 저수지가 하나 있고 성 동쪽의 넓은 집자리 아래 기슭에는 큰 못이 하나 있으며 성안 가운데에는 조련장演兵場4이 몇 개 있다. 큰 것은 길이가 100여 미터, 너비가 30미터이며 작은 것은 길이가 50여 미터이다. 성산자산성에 집터가 많고 조련장이 몇 개 있다는 점은 이곳이 군사를 많이 주둔시켜 수비하고 중요한 행정기관이 있는 곳이었다는 사실을 짐작케 한다. 이는 목단강 상류의 기타 발해 유지에서는 쉽게 찾아보기 힘든 현상이다.

셋째, 성산자산성에서 출토된 유물을 보면 이 산성의 중요성을 더욱 잘 알 수 있다. 성내에서 쇠로 만든 창〔矛頭〕, 칼〔鐵刀〕, 화살〔鐵鏃〕 등이 발굴되었고 개원통보開原通寶도 출토되었다.

넷째, 《구당서》 발해말갈전과 《신당서》 발해전에 기재된 내용은 성산자산성이 동모산이라는 것을 증명한다. 《구당서》와 《신당서》에는 동모산이 영주營州에서 동쪽으로 2,000리 되는 곳에 있다고 하였는데 성산자산성이 있는 곳이 바로 이 거리에 들어맞는다. 그러므로 성산자산이 바로 동모산이다.

다섯째, 오루하奧婁河의 지리적 위치로 보아 성산자산이 즉 동모산이다. 《신당서》 발해전에 "…부중을 거느리고 읍루의 동모산을 확보했다. …태백산太白山(오늘의 백두산)의 동북을 확보하고 오루하를 막고 성벽을 쌓으니 자연히 공고하여졌다."라고 했다. '태백산의 동북을 차지했다'라고 한 것으로 보아 오루하가 태백산의 동북쪽에 있는 것은 틀림없다. '오루하를 막힘으로 하니 수비장벽이 저절로 견고했다.'란 것은 동모산 기슭으로 오루하가 흐르고 있었다는 것을 의미한다. 동모산 주변에는 강이 하나밖에 없다. 지금 그 강을 대석하大石河라고 한다. 대석하는 동모산 서쪽에서 시작해 동모산 북쪽 기슭을 지나 동쪽에 있는 목단강으로 흘러 들어간다. 동모산 북쪽 성벽은 대석하의 하상에서 40미터밖에 안 되는 아주 가까운 강가의 벼랑 위에 쌓았다. 이러한 사실은 '오루하를 막힘으로 하니 수비장벽이 저절로 견고했다'라고 기재한 내용과 부합된다.

여섯째, 《신당서》 발해전에 "천보말년 흠모欽茂는 상경으로 옮겼다. 이곳은 구국에서 300리로 홀한하忽汗河의 동쪽이었다."라고 이른 내용은 상경용천부로부터 돈화시 성산자산성까지의 거리에 부합된다. 이 문헌 기재는 성산자산이 동모산이라는 또 하나의 증거이다.

육정산六頂山 발해 무덤군의 발견은 발해 초기의 통치 중심지역이 오늘의 돈화敦化 일대에 있었다는 유력한 증거이다. 육정산 발해 무덤군은 돈화시에서 남쪽으로 약 5킬로미터 떨어진 강동향 승리촌江東鄉勝利村 남산, 즉 육정산에 위치해 있다.

육정산 발해 무덤군은 오래전에 지역민들에게 발견되었는데 일찍이 도굴당하고 말았다. 1949년 8월 돈화현 계동중학교에서 무덤 발굴 작업을 하던 중 정혜공주묘貞惠公主之墓를 발견했다. 1949년 9월 연변대학 역사학부학생들이 진릉珍陵과 정혜공주묘를 비롯한 9기의 무덤을 발굴해 정리했으며 크게 훼손되어 있던 정혜공주묘를 정리한 뒤 판돌을 덮고 봉토했다. 이리하여 정혜공주묘는 기본적으로 원래의 형태를 회복했다. 그 후 관련된 부문과 단위들에서 여러 차례 재발굴 및 재정리사업을 진행해 중대한 성과를 거두었다.

육정산 발해 무덤군은 발해국 초기의 공동묘지이다. 이 공동묘지는 제1무덤구역과 제2무덤구역으로 나뉜다. 산갈림을 좌우로 한 동서 양쪽 평평한 골짜기 안에 무덤군들이 빼곡히 들어앉았다. 서쪽 골짜기의 무덤들을 제1무덤군이라 하고 동쪽 골짜기의 무덤들을 제2무덤군 혹은 제2무덤구역이라고 한다. 제1무덤구역 내에 30여 기의 무덤이 있고 제2무덤구역 내에는 50여 기의 무덤이 있다. 제1무덤구역은 주로 왕실 귀족을 묻은 묘지이고 제2무덤구역은 주로 중하급 관리와 일반 평민이 묻힌 곳이다.

정혜공주묘 비문에 따르면 정혜공주를 '진릉의 서원에 배장했다(陪葬于珍陵之西原)'라고 했다. '진릉'은 발해 제2대 무왕 대무예武王大武藝의 무덤이다. 그러므로 정혜공주묘의 동쪽에 공주의 조부인 대무예의 무덤이 있고 공주는 조부를 배동陪同하여 대무예의 서쪽에 매장되었음을 알 수 있다. 육정산 제1무덤구역 내에 정혜공주의 무덤이 있으니 공주의 조부 대무예의 무덤은 반드시 이 구역 내, 정혜공주묘의 동쪽 방향에 있을 것이다. 조사 결과에 따르면 제1무덤구역 내의 제6호 무덤은 정혜공주묘에서 동쪽으로 30미터 떨어진 곳에 자리 잡고 있는데 봉토를 두텁게 하였다. 그 직경은 22미터에 달한다. 이 무덤을 정리할 때 주검 사이의 감탕흙에서 마사진 돌사자귀, 벽화조각, 꽃무늬벽돌과 질그릇 손잡이가 나왔다. 정혜공주묘 안간 네 벽에 회를 발랐던 흔적은 있으나 벽화를 그렸던 흔적과 벽화 조각은 발견하지 못했다. 이러한 정황으로 미루어 이 무덤이 대무예의 무덤인 진릉이라고 판단할 수 있다.

육정산 발해 무덤군 가운데 정혜공주묘에서 정혜공주묘비와 돌사자 외에도 진귀한 수장품이 많이 출토되었다. 이 유물들은 예술적 가치가 매우 높다.

영승유지永勝遺址의 발견은 발해 초기의 통치 중심지역이 돈화 일대였다는 또 하나의 증거이다.

영승유지는 돈화시 강동향 영승촌敦化市江東鄕永勝村에서 북쪽으로 약 0.5킬로미터 떨어진 목단강 오른쪽 기슭의 충적평원에 자리 잡고 있다. 서쪽으로 약 5킬로미터 되는 곳에 성산자산성이 있다. 동쪽으로 약 4킬로미터 떨어진 곳에는 육정산 발해 무덤군이 있고, 북쪽으로 약 10킬로미터 되는 곳에는 오동성이 있다.

영승유지는 남북 길이가 1,000미터, 동서 너비가 700미터로 돈화시 경내의 발해 유지들 가운데 가장 규모가 크다. 유지 안에는 건물자리가

5곳이 있는데 그 안에는 적지 않은 문화유물이 있다. 제1건물자리의 동서 길이는 30미터, 남북 너비는 20미터이다. 이 유지에서는 암키와, 수키와, 막새기와, 망새, 네모벽돌, 긴네모벽돌 등의 유물이 출토되었다. 이 건물자리는 영승유지 가운데서 제일 큰 건물자리이다. 제2, 제3, 제4, 제5건물자리는 모두 제1건물자리보다 좀 작다.

돈화시 범위 안의 기타 발해 유지를 살펴보면 발해 초기의 통치 중심지역이 돈화 일대였음을 알 수 있다. 지금까지 이루어진 조사에 따르면 돈화시 부근에는 발해 시기의 거주 유지 11곳, 무덤군 1곳, 평지성터 7곳, 산성터 2곳, 성보터城堡址 2곳, 24개 돌유지 4곳, 사원 유지 1곳이 있다.

이상의 네 가지 사실은 발해 초기의 통치 중심지역이 오동성과 동모산을 중심으로 한 돈화 일대였다는 사실을 증명하는 유력한 근거이다. 698년 대조영이 동모산에 의거하여 성을 쌓고 진국을 건립한 때로부터 제2대 무왕 대무예 통치시기를 거쳐 제3대 문왕 대흠무 초 구국舊國에서 중경현덕부中京顯德府로 천도遷都하기 전까지, 발해 통치자들은 40여 년간 돈화 일대를 통치 중심 지역으로 삼고 주변 지역에 대해 부단히 세력을 확대하고 영토를 넓혔다. 대조영도 돈화 일대를 발판으로 하여 부단히 진국震國의 강역을 넓혔다. 《구당서》 발해말갈전에 "조영은 부중을 거느리고 동으로 나아가 계루桂婁의 고지故地를 확보하고 동모산에 의지하여 성을 쌓고 살았다. 조영은 용맹스럽고 용병술이 뛰어났다. 이에 흩어졌던 말갈인과 고구려인들이 모여들었다. 성력중聖歷中에 자립하여 진국왕震國王으로 되고 사신을 보내 돌궐과 외교를 맺었다. 그 지역은 영주營州에서 동으로 2,000리 되는 곳에 있었는데 남쪽은 신라新羅와 접하고… 월희말갈越喜靺鞨… 동북쪽은 흑수말갈에 이르렀다. 지역은 사방 2,000리이고 호수는 10여 만이었으며 병사는 수만이었고 풍속은 고구려와 거란과 같았고 문자와 서기書記가 있었다."라고 기재한 내용은 실제상에서 대조영이 20여 년간 국력을 증강하고 세력 범위를 넓혀 지역을 확대해 발전시킨 모습을 잘 보여준다.

'남쪽은 신라와 접했다'는 말은 발해국의 남쪽 국경이 신라의 북쪽 국경과 접했다는 뜻이다. 어느 지대를 변경선으로 하여 두 나라가 서로 접했느냐는 문제에 대해서는 문헌에 상세히 기재된 내용이 없기 때문에 구체적인 정황을 알기 어렵다. 그러나 신라가 당나라와 연합해 백제와 고구려를 멸망시키고 대동강 이남의 광대한 지역을 점령하여 계속 북진을 기도하고 있었던 점과 안동도호부安東都護府가 평양平壤에서 요동遼東 지역으로 철수하던 정황, 그리고 발해가 고구려의 원 지역을 수복하면서 남으로 세력을 계속 확대하던 정황 등으로 미루어보아, 남쪽 국경의 동쪽 경계는 니하泥河(오늘의 덕원) 일대의 좌우였을 것이다. 따라서 《신당서》 발해전에 '남쪽으로 신라와 니하를 경계로 접했다'고 한 것이다. 남쪽 국경의 서쪽 경계는 패강浿江(오늘의 대동강) 이북지대였으리라 짐작된다. 따라서 발해는 이미 남쪽으로 두만강頭滿江과 압록강鴨綠江을 넘어 니하와 패강 유역 이북에 이르는 광대한 지역을 영유했다. 이는 원 고구려의 남쪽 땅에 해당한다.

'동북쪽은 흑수말갈黑水靺鞨에 이르렀다'는 뜻은 진국의 세력이 오늘의 흑룡강黑龍江 유역에까지 이르렀다는 말이 아니다. 흑수말갈은 흑룡강을 경계로 하여 부르는 이름이 두 개5 있었는데 흑룡강 이남의 것을 남흑수말갈南黑水靺鞨, 이북의 것을 북흑수말갈北黑水靺鞨이라고 했다. 흑수말갈 내에는 모두 16개의 부部가 있었다. 문헌에서 찾아볼 수 있는 것은 사모思慕, 군리郡利, 굴설窟說, 막예개莫曳皆, 불날拂涅, 오루奧婁, 월희越喜, 철리鐵利, 흑수黑水 등 9개 부뿐이다. 그 중에서 불날, 오루, 월희, 철리 등 4개 부는 남흑수말갈에 속했다. 불날, 오루, 월희, 철리 등 부는 오늘의 3강평원三江平原 남부와 우수리강烏蘇里江 유역, 흥개호興凱湖 부근과 그 이동지대에 분포해 거주했다. 발해 고왕高王 17년당나라 개원 2년, 714년부터 인안 6년개원 13년, 725년까지의 10년 사이에 불날부는 당나라에 13차례, 월희부는 7차례, 철리부는 10차례 조공朝貢한 것으로 보아 불날, 월희, 철리 등 말갈부는 아직 진국에 예속되지 않고 독립 형태로 남아 있었음을 알 수 있다. 그러므로 이 시기 진국의 북쪽 국경은 불날, 월희, 철리 등 말갈부를 지나 흑룡강에까지 이른 것이 아니라 철리, 불날, 월희 등 말갈 지역에까지 이르렀다는 것을 알 수 있다.

《구당서》 발해말갈전에 "…남쪽은 신라와 접하고… 월희말갈… 동북쪽은 흑수말갈에 이르렀다."고 한 기재 내용 가운데서 '월희말갈'은 진국의 어느 쪽에 위치해 있었는지 그 방향을 언급하지 않았기 때문에 진국의 국경 위치를 밝히는 데 어려움이 있다. 지금까지 사학계에서 이루어진 토론 내용을 종합하면 대략 다음 네 가지의 견해가 있다.

첫째 견해는 월희말갈이 발해의 서쪽에 위치해 있었다는 것이다. 그 주요한 근거는 다음 두 가지이다. ㉠《책부원구冊府元龜》에 진국震國은 "그 지역은 영주에서 동으로 2,000리 되는 곳에 있었는데 남쪽은 신라와 접하고 서쪽은 월희말갈과 접하였으며 동북쪽은 흑수말갈에 이르렀다. 지역은 사방 2,000리이다."라고 했다.《책부원구》에 '서쪽은 월희말갈과 접했다'고 한 것으로 보아《구당서》 발해말갈전에 '…월희말갈…'이라고 한 것은 월희말갈越喜靺鞨 앞에 서쪽으로 월희말갈과 접했다는 '서접西接'이라는 두 글자가 누락된 것이다. ㉡《요사遼史》 지리지地理志에 "신주信州는 본래 발해 옛성인데 발해는 이곳에 회원부懷遠府를 설치했다고 하였다.", "은주銀州는 본래 발해의 부주富州이다. …신흥현新興縣은 본래 월희越喜의 지역이었다."라고 하였는데, 신주信州는 오늘의 회덕현懷德縣 내에 있고 은주銀州는 오늘의 철령현鐵嶺縣에 있으니 월희말갈이 발해의 서쪽에 위치했다는 사실과 부합된다.

두 번째 견해는 월희말갈이 발해의 북부 혹은 동북부에 위치해 있었다는 것이다. 그 주요한 근거는 다음 두 가지이다. ㉠《통전通典》에는 안동도호부安東都護府에 대해 기재할 때 "동쪽으로 월희부락까지는 2,500리이고 … 북으로 발해까지는 1,900리이다.(東至越喜部落二千五百里…北至渤海一千九百里)"라고 했으니 월희말갈은 발해의 동북쪽에 위치했다. ㉡《신당서》 흑수말갈전에 "…초에 흑수서북에 또 사모부가 있었는데 북으로 10일 더 가면 군리부가 있었다. 동북쪽으로 10일 가면 굴설부窟說

部가 있었는데 굴설屈說이라고도 한다. 조금 동남쪽으로 10일 가면 막예부가 있다. 또 불날, 오루, 월희, 철리 등 부도 있었는데 그 지역의 남쪽은 발해에 이르렀다. 남북의 길이는 2,000리이고 동서는 1,000리이다.(… 初, 黑水西北又有思慕部, 益北行十日得郡利部, 東北行十日得窟說部, 亦號屈說, 稍東南行十日得莫曳皆部, 又有拂涅, 奧婁, 越喜, 鐵利等部, 其地南距渤海, 北東際于海, 西抵室韋, 南北袤二千里, 東西千里)"라고 한 것도 큰 근거이다.

세 번째 견해는 월희말갈이 발해의 동쪽에 위치해 있었다고 보는 것이다. 그 주요한 근거는 다음 세 가지이다. ㉠《통전通典》 권180에서 안동도호부에 대해 쓸 때 "동으로 월희부락까지 이르는 데는 2,500리요, …북으로 발해 변계邊界까지 이르는 데는 1,950리이다."라고 이른 것으로 보아 월희는 발해의 서울인 상경上京(오늘의 흑룡강성 영안현 발해진)의 동쪽 방향에 위치한 것이 확실하다. 또《신당서》흑수말갈전에서 흑수黑水에 대해 서술할 때 "동남쪽으로 10일 가면 막예개부莫曳皆部가 있고 또 불날, 오루, 월희, 철리 등 부도 있었다."라고 하였는데, 흑수부의 중심은 흑룡강 중류의 3강평원이다. 3강평원에서 동쪽으로 치우친 곳에 월희가 있었으니 월희의 위치는 곧 발해의 동쪽 방향이다. ㉡《신당서》발해전에 "발해는 서쪽으로 거란契丹과 접했다."라고 한 것으로 보아 진국震國은 서쪽으로 거란과 접하였지 월희와 접한 것이 아니다. 그러므로 월희말갈은 진국과 홍개호 지대에서 서로 접했을 것이다. ㉢오늘의 러시아 연해주에서 발견한 발해 옛 성터는 아마 원 월희의 옛땅古地에 세워진 것으로 보인다. 따라서 월희말갈은 진국의 동쪽에 위치했다.

　이상에서 소개한 바와 같이, 월희말갈의 위치에 대해서는 크게 세 가지의 서로 다른 견해가 있다. 필자는 월희말갈이 진국의 북쪽에 위치해 있었다고 생각한다. 그 주요한 근거는 다음과 같다.

　첫째, 《신당서》 흑수말갈전에서 "…조금 동남쪽으로 가면 막예개부가 있고 또 불날, 오루, 월희越喜, 철리 등 부도 있었다. 그 지역의 남쪽은 발해에 이르렀다. 북쪽과 동쪽은 바다에 닿고 서쪽은 실위室韋에 이르렀다."라고 하였는데 이 내용은 《신당서》에서 흑수말갈에 대해 쓸 때 기재한 것이다. 따라서 흑수말갈의 동남쪽은 발해의 동북쪽에 해당되는 지역이다. 흑수부에서 '조금 동남으로'라고 한 말의 뜻은 진국에서 조금 동북으로(稍東北)라는 뜻과 같다. 또 '조금 동북으로(稍東北)'라는 표현에는 북쪽이라는 뜻이 조금 더 강하다. 그러므로 월희말갈의 위치는 진국으로부터 조금 동북쪽 되는 방향 또는 북쪽 방향에서 찾아야 한다.

　둘째, 《신당서》 발해전에 "…그 지역은 영주의 동쪽 2,000리이고 남쪽은 신라와 니하泥河를 경계로 접하였으며 동쪽은 바다까지 닿았고 서쪽은 거란과 접했다."라고 했다. 《신당서》에는 '서쪽은 거란과 접했다'고 아주 명확하게 기술했지, 월희와 접하였거나 서쪽에 월희가 있다고는 하지 않았다. 《구당서》 발해말갈전에 "남쪽은 신라와 접하고… 월희말갈…, 동북쪽은 흑수말갈에 이르고 지역은 사방 2,000리다.(…南與新羅相接, …越喜靺鞨, 東北至黑水靺鞨, 地方二千里)'라고 한 내용 가운데서 '월희말갈越喜靺鞨'의 방향을 밝히지 않았다. 그렇기 때문에 어떤 학자들은 《책부원구》에 기재된 "서쪽으로 월희말갈과 접했다.(西接越喜靺鞨)"라는 내용에 따라 '越喜靺鞨' 앞에 '서접(西接)'이란 두 글자가 누락되었다고 본다. 확실히 두 글자가 누락된 것만은 사실이다. '越喜靺鞨東北至黑水靺鞨'를 '越喜靺鞨東, 北至黑水靺鞨'라고 표점부호를 찍어 '동쪽으로는 월희말갈, 북쪽으로는 흑수말갈에 이른다'라고 해석하는 이들도 있지만, 이는 문장구성법에 맞지 않는다. 원문은 '南與新羅相接(남쪽은 신라와 접한다)', '東北至黑水靺鞨(동북쪽은 흑수말갈에 이른다)'라고 했다. 모두 '남쪽으로…', '동북쪽으로는…'라는 형식으로, 방향을 지적하는 말을 지적되는 지점의 앞에 놓았다. 만약 '越喜靺鞨東'이라고 해석한다면 지적하는 방향을 지적되는 지점의 뒤에 놓게 된다. 이렇게 되면 문맥도 통하지 않고 문장의 논리체계도 맞지 않는다.

셋째, 《신당서》 발해전에 "월희의 옛 땅은 회원부懷遠府로 달達, 월越, 회懷, 기紀, 부富, 미美, 복福, 사邪, 지芝의 9개 주州를 거느렸다."라고 했다. 회원부 지역은 오늘의 홍개호興凱湖 이북, 우수리강 중하류를 중심으로 한 좌우의 넓은 지대이다.

이상의 세 가지 이유로 《구당서》 발해말갈전에 기재된 '…越喜靺鞨(월희말갈)'을 '北接越喜靺鞨(북으로는 월희말갈과 접했다)'로 해석한다.

발해는 968년 건국된 때로부터 20여 년 사이에 '남으로 신라와 접하고 북으로 월희와 접하였으며 동북쪽으로 흑수말갈에 이르는 사방 2,000리에 달하'는 넓은 지대를 차지했다. 발해는 어찌하여 이 같이 넓은 지역을 차지할 수 있었을까? 그 이유는 다음과 같다.

첫째, 고구려 유민과 말갈인들이 당나라 통치에 맞서 치열한 투쟁을 벌였기 때문이다. 당나라 통치 집단은 신라와 연합해 고구려 침략 전쟁을 일으켜서 고구려를 멸망시키고 평양에 안동도호부를 설치하여 장기 통치를 시도했다. 그러나 당나라의 침략과 통치를 반대하는 고구려 유민과 말갈인들의 투쟁이 부단하고도 치열하게 계속되었다. 하는 수 없이 안동도호부는 상원 3년上元三年, 676년에 평양에서 요동고성遼東古城(지금의 요양시)으로 천이했고 677년에는 신성新城으로, 개원 2년開元二年, 714년에는 평주平州로, 천보 2년天寶二年, 743년에는 요서 고군성遼西故郡城으로 천이한 끝에 지덕至德, 756~758년 후에는 폐지되었다. 당나라의 침략과 통치를 반대하는 것은 고구려 유민과 말갈인들의 공통된 염원이었다. 영주營州로 강제 이주 당한 고구려인과 말갈인들은 걸걸중상乞乞仲象, 대조영, 걸사비우乞四比羽의 영도 하에 당나라 통치를 반대하는 봉기를 일으켰다. 후에 걸사비우가 희생되고 걸걸중상이 병사하자 대조영이 통일 지휘하여 천문령天門嶺에서 이해고李楷固가 거느리는 당나라 추격군을 물리치고, 읍루고지挹婁故地에 이르러 동모산東牟山을 기반으로 삼아 성을 쌓고 진국을 건립했다. 영주로부터 동모산에 이르러 나라를 세우던 시기에 고구려 유민과 말갈인들은 용맹히 들고 일어나 꾸준한 반당투쟁反唐鬪爭을 벌였다. 따라서 《구당서》 발해말갈전에 "조영이 고구려와 말갈의 무리를 합하여 해고를 치니 왕군은 대패하고 해고는 몸을 빼어 돌아갔다.", "조영은 부중을 거느리고 동으로 나아가 계류의 고지를 확보하고 동모산에 의지하여 성을 쌓고 살았다. 조영은 용맹스럽고 용병술이 뛰어났다. 이에 흩어졌던 말갈인과 고구려인들이 모여들었다. 성력중聖曆中에 자립하여 진국왕으로 되었다."라고 했다. 고구려인과 말갈인들의 반당투쟁은 대조영이 반당투쟁에서 승리하여 진국을 세우고 강역을 신속히 넓힐 수 있었던 가장 중요하고도 근본적인 요인이었다.

둘째, 당나라가 쇠퇴한 결과 고구려 고지故地와 말갈인 고지에 대한 통치세력이 크게 약화되었기 때문이다. 당나라는 국내 모순의 격화, 통치집단 내부의 정권 쟁탈전으로 국력이 몹시 쇠약해졌기 때문에 동북지구東北地區의 형세를 돌볼 겨를이 없었다. 따라서 이 지구에 대한 공제력을 상실할 수밖에 없었다.

셋째, 당시의 국제적 환경은 진국이 세력을 확대하고 강역을 신속히 넓히기에 매우 유리했다. 영주營州 이서에는 돌궐突厥이 궐기해 역사 무대에 강대한 세력으로 등장하여 당나라와 싸웠다. 이때 거란契丹과 해奚는 돌궐에 가담했다. 그래서 《신당서》 발해전에 "왕군의 길이 끊어졌다.(王師道絶)"라고 했다. 진국은 돌궐과 당나라 사이의 갈등과 다툼을 적절히 이용해 세력을 넓혀갈 수 있었다. 신라도 내부 모순이 점차 심해짐에 따라 국내 문제를 해결하는 데 어려움을 겪었다. 따라서 이미 점령한 고구려 남부지대에 대한 통치를 공고히 하기 위해 대거 북진하기가 어려운 형편이었다.

넷째, 대조영의 역할이 컸다. 《구당서》 발해말갈전에 대조영은 "용맹스럽고 용병술이 뛰어났다."라고 아주 높이 평가했다. 대조영의 뛰어난 군사재능과 정치수완, 고구려 유민과 말갈인들을 두루 포용하는 도량, 그들을 조직하고 지휘하는 재능은 진국 초기 강역을 신속히 확대하는 데 큰 역할을 했다. 대조영은 고구려인과 말갈인들을 광범위하게 포용하고 조직 지휘한 진국의 걸출한 국왕이었을 뿐만 아니라 문무文武를 겸비한 통치자였다. 그러므로 《구당서》 발해말갈전에 "이에 흩어졌던 말갈인과 고구려인들이 모여들었다."라고 일렀다. 이리하여 진국이 건립된 지 얼마 되지 않는 10년 사이에 원 고구려 고지와 말갈인 고지 범위 안에서 빠른 속도로 강역을 넓혀갈 수 있었다.

위에서 서술한 바와 같이, 진국은 건국 초기의 10여 년 사이에 돈화 일대를 비롯하여 원 고구려 유민의 대부분 지역과 말갈족의 대부분 지역을 포괄한 지역이 사방 2,000리에 달하는 광활한 지대를 개척하여 남쪽은 신라와 접하고 서쪽은 거란과 접하고 동쪽은 바다에 달하고 북쪽은 월희말갈과 접하였으며 동북쪽은 흑수말갈에 이르고 서남은 안동도호부와 접했다.

대무예, 대흠무 시기 강역의 확대

대조영은 고왕 22년高王二十二年, 개원 7년, 719년에 죽고 그 뒤를 이어 세자 대무예大武藝가 즉위했다. 대무예는 대조영의 무치정책武治政策을 계승해 계속 주변 여러 말갈부족을 무력으로 통일하며 강역을 크게 확장했다.

그리하여 《신당서》 발해전에 "무예가 왕위에 올라 영토를 크게 개척하니 동북의 제이諸夷들이 두려워하여 신하가 되었다.(武藝立, 斥大土宇, 東北諸夷畏臣之)"라고 했다.

'동북제이東北諸夷(동북쪽의 여러 오랑캐)'란 불날, 월희, 오루, 철리 등 말갈의 여러 부部를 가리킨다. 《책부원구》 권971과 974의 기재에 따르면 불날부拂涅部는 714년부터 719년 사이에 단독으로 당나라에 조공하였거나 혹은 철리, 월희 등의 부와 함께 당나라에 조공했다. 그러나 즉 대무예가 즉위하여 오래지 않아 발해와 함께 당나라에 조공했다. 이러한 사실로 보아 불날, 월희, 철리, 오루 등 '동북제이'는 발해의 공격을 받은 결과 발해국의 통치에 복속한 듯하다.

대무예는 726년당현종 개원 14년 아우 대문예大門藝에게 명령하여 군사를 거느리고 북진하여 흑수말갈을 정벌하려고 했다. 그러나 아우 대문예가 극력 반대하자 그를 물리고 대신 종형 대일하大壹夏에게 명령하여 군사를 지휘하게 했다. 이때 대일하가 거느린 발해 군사들이 어디까지 북진하였는지, 전쟁의 결과가 어떻게 되었는지 하는 구체적인 정황은 문헌에 기재된 것이 없어 알기 어렵다. 그러나 당시 정황으로 보아 발해 군사들이 북진해 흑수말갈의 남진 세력을 막고 영토를 넓힌 것만은 사실이다.

문헌에 따르면 737년개원 25년 대무예가 죽은 후 불날부는 739년, 월희부와 철리부는 740년, 월희부와 불날부는 741년, 오루부와 월희는 802년에 각각 당나라에 조공한 사실이 기록되어 있다. 이 사실은 무왕 통치 시기에 불날, 월희, 오루, 철리 등 말갈부들이 발해의 통치에 복속하였으나 아직 완전히 정복된 것은 아니었음을 보여준다.

737년 대흠무大欽茂는 대무예를 계승하여 왕위에 올랐다. 대흠무는 기존의 무치정책을 버리고 문치정책文治政策을 실시했다. 문왕文王은 당나라의 선진 생산기술과 문화를 적극 받아들여 본지구, 본민족, 본국의 정황에 알맞게 결합시켜 발해의 독특하고도 찬란한 문화를 창조했다. 그는 고왕과 무왕 시기에 닦아놓은 강역을 공고히 하는 동시에 무력으로 강역을 확대하는 것도 놓치지 않았다. 그리하여 대흠무 시기에 발해의 강역은 더욱 넓어지고 공고해졌다. 그는 돌궐突厥 내부에 큰 난이 일어나고[6] 국력이 약화되어 동쪽을 돌볼 겨를이 없는 기회를 이용하여 불날부와 월희부에 더욱 세력을 뻗쳤다. 문헌 기재에 의하면 불날은 741년 전에는 당나라에 자주 조공하였으나 741년 이후에는 조공하지 않았다. 이는 불날이 741년 후 발해에 완전히 복속되었다는 뜻이다. 월희도 그 후 60여 년간 사서에 나타나지 않는 것으로 보아 발해의 통치에 완전히 복속되었다고 설명할 수 있다. 일본 사서에 746년 "발해와 철리인 1,100명이"[7] 일본을 방문, 779년 "발해와 철리인 359명이[8] 일본 방문"이라는 내용이 기재되어 있는데, 이는 철리말갈부가 독립지위를 상실하고 발해의 통제 속에 있었다는 것을 설명한다. 이리하여 이 시기 발해의 강역은 북쪽과 동북쪽은 우수리강 중하류 유역과 송하강 하류 유역에까지 뻗쳤다.

안동도호부는 점차 요서遼西 쪽으로 이동하다가 안사의 난安史之亂 후에는 완전히 철소되었다. 이리하여 요하 유역에 대한 당나라의 통치도 완전히 철소되었다. 대흠무는 이 기회를 이용하여 서남쪽으로 세력을 뻗쳤고, 요양遼陽 일대를 중심으로 한 요동지구遼東地區를 차지했다. 역사 문헌에 "군사를 일으켜 발해의 요동을 쳤다."9, "동경東京(요양과 그 관할 하의 동경도)은 의연히 발해의 고지故地이다."10, "요동의 땅은 발해 대씨 소유였다."11라고 기재된 내용이 있다. 이는 발해가 서남쪽으로 강역을 확대했다는 사실을 반영한 것이다.

대흠무 통치시기에 발해는 패강浿江(오늘의 대동강) 유역으로 세력을 더욱 확장했다. 《삼국사기三國史記》 권9 신라본기에 "경덕왕景德王 21년 여름 5월 오곡五谷(황해도 서흥), 휴암鵂岩(황해도 풍산), 한성漢城(황해도 재우), 장새獐塞(황해도 수안), 지성池城(황해도 해주), 덕곡德谷(황해도 곡산) 등 6개 곳에 성을 쌓고 각각 태수太守를 두었다."고 하였는데 그중 오곡, 휴암, 장새는 오늘의 대동강이자 발해 시기의 패강 남쪽에 위치해 있다. 또 《삼국사기》 권9 〈신라본기〉 9에 "선덕왕 2년宣德王二年, 781년에 사신을 파견하여 패강 남쪽의 주, 군을 안무했다."고 했고 "선덕왕 3년 2월에 왕은 한산주漢山州(경기도 광주)를 순회하고 민호民戶를 패강진浿江鎭에 이주시켰다."라고 했으며 《삼국사기》 권10 신라본기 10에는 "선덕왕 18년宣德王十八年, 826년 가을 7월에 우잠군牛岑郡(황해도 금천군)의 태수 백영白永에게 영을 내려 한산漢山 북쪽 여러 개 주, 군 1만 명을 징발하여 패강의 장성 300리를 쌓았다."라고 했다. 이는 발해 통치세력이 패강 유역을 향해 남진했기 때문에 이를 막기 위해 신라가 패강 일선에 방위를 강화한 조치이다. 따라서 대흠무 통치시기에 발해 남진세력이 패강으로 향했다는 사실을 알 수 있다.

815년발해 희왕 대언의 3년 이전 흑수말갈은 당나라에 꾸준히 조공을 계속

했다. 그러나 816년부터 911년까지의 96년 사이에 흑수말갈은 당나라에 조공을 하지 않았다. 이로 보아 흑수말갈이 발해의 진공을 받아 발해의 통치에 복속되었다는 것을 알 수 있다.

    요약해 말하자면 발해는 고왕, 무왕, 문왕 3대에 걸쳐 부단히 노력해 해동성국의 기초를 닦았다. 발해의 강역은 동쪽은 바다에 닿고 서쪽은 거란과 접하였으며 남은 신라와 접하며 패강 일대 가까이까지 미쳤다. 서남쪽은 요하에까지 이르러 요동의 광대한 지역을 차지하였으며 북쪽은 흑수말갈에까지 이르렀다.

발해국 극성시기의 강역

문왕 대흠무가 죽은 후대흥 57년, 793년 발해 통치 집단 내부에는 정권 쟁탈전이 치열하게 벌어져 1년 사이에 왕이 세 번이나 바뀌었다. 강왕 대숭린康王大嵩璘, 795~809년이 즉위하고 나서야 비로소 나라가 안정을 찾아가기 시작했다. 통치 집단 내부의 정권 쟁탈전은 발해의 정세를 혼란시키고 국력을 약화시켰다. 따라서 이미 발해국에 복속되었던 일부 세력들이 발해의 통치기반에서 벗어나려는 움직임이 나타났다. 802년 월희와 오루 두 부의 수령首領들이 발해와 아무 연계도 없이 직접 당나라에 조공했다.12 월희는 원래 741년부터 802년에 이르는 62년 사이에는 단독으로 당나라에 조공한 사실이 없다. 그러나 802년에 이르러서는 단독으로 당조唐朝에 조공했다. 이는 월희가 한때 발해에 복속했지만 발해가 정치적 혼란을 겪으며 국력이 약해지자 그 기반에서 벗어났다는 사실을 증명한다. 따라서 발해의 강역은 8~9세기에 이르러 다소 축소되었다. 그 후 선왕 대인수宣王大仁秀 시기에 이르러 국세가 다시 진흥되고 강역이 크게 확대되어 세상에 '해동성국'이라 불리게 되었다. 대인수는 818년부터 830년까지 13년 동안 재위했다.《신당서》발해전에 "인수는 해북의 제부를 토벌하여 영토를 크게 확장하는 데 공이 있었으므로 조칙으로 검교사공을 더하고 왕위를 계승토록 했다.(仁秀頗能討伐海北諸部, 開大境宇, 有功, 詔檢校司空, 襲王)"라고 했다. '해북제부海北諸部'의 '해海'는 오늘의 흥개호興凱湖를 가리킨다. 그러므로 '해북海北'은 흥개호 이북지대이며

'제부諸部'는 훙개호 이북의 여러 말갈부이다. 훙개호 이북의 여러 개의 말갈부에는 불날, 월희, 오루, 철리, 흑수 등의 말갈부가 포함된다. '토벌討伐'은 이전에 복속했다가 후에 독립한 '해북'의 불날, 월희, 오루, 철리 등 말갈부와 흑수말갈을 무력으로 쳐서 다시 복속시켰다는 뜻이다. '개천경우開大境宇'는 영토를 크게 넓혔다는 뜻인데, 이는 영토를 단순히 간단하게 넓힌 것도 아니고 '개천開大', 즉 크게 넓혔으므로 '해북'의 말갈 제부가 모두 발해에 복속되었다는 의미이다. 《요사》 지리지에 '당나라 원화중에 발해왕 대인수는 남으로 신라를 정하고 북으로 제부를 공략하여 군읍을 설치했다.(唐元和中, 渤海王大仁秀南定新羅, 北略諸部, 開置郡邑)'라고 했다. 이리하여 역사에서 해동성국이라 칭하게 되었다. 해동성국 시기의 강역에 대해 《신당서》 발해전에는 대체로 다음과 같이 기재했다. "발해는 그 지역이 영주로부터 동쪽으로 2,000리 떨어진 곳에 위치하였는데 남쪽으로 신라와 니하泥河를 경계로 삼고 동쪽으로 바다에 이르렀으며 서쪽으로 거란에 이르렀다. 성곽을 쌓고 살았다. …영토의 크기는 사방 5,000리가 된다. …부여, 옥저, 변한, 조선, 해북제국의 여러 나라들을 모두 얻었다.(地直營州東二千里, 南比新羅以泥河爲界, 東窮海, 西契丹, 築城郭以居…地方五千里, …盡得扶余沃沮弁韓朝鮮海北諸國)"

발해 영역의 남쪽 경계는 신라와 접했다. 《삼국사기》 지리지에는 후기 신라 영토의 서북 경계는 고구려의 식달息達, 가화압加火押, 부사파의夫斯波衣 등 현을 각각 토산현土山縣(지금의 상원군), 당악현唐岳縣(지금의 중화군 관내), 송현현松峴縣(이도, 지금의 중화군 관내) 등으로 이름을 고쳤다. 이들은 모두 대동강 이남의 군현들이다. 그리고 동북 경계는 고구려의 천정군泉井郡의 이름을 고친 정천군井泉郡(지금의 덕원)과 그 관하 산산현蒜山縣(고구려의 매시달현), 송산현松山縣(고구려 부사달현), 유거현幽居縣(고구려의 동허현) 등 3개 현으로 각각 기록되어 있다. 이상 3개 현은 모두 그 구체적 위치를 알 수 없다. 그러므로 서해안의 대동강 이남 중화中和, 상원祥原 등지로부터 동해안의 덕원 및 그 일대에 이르는 계선 이남이 곧 후기 신라의 영역이다. 《신당서》 발해전에 발해국 남부 경계의 동쪽은 니하泥河를 경계로 신라와 접했다고 한다. 니하는 지금의 용흥강龍興江이다. 후기 신라 동북방의 군현이 정천군, 즉 오늘날의 덕원과 그 간화 3개 현이므로 니하는 이 지방의 이북에 있는 강이다. 지금까지 연구하고 고증한 바에 의하면 니하는 오늘의 용흥강으로 인정한다. 발해국 남부 경계의 서쪽은 패강(지금의 대동강)이다. 후기 신라 서북방의 군현이 오늘날의 토산현, 당악현, 송현현이므로 그 이북의 패강이 바로 발해와 신라의 경계가 된다. 평양에 설치되었던 안동도호부는 점차 요서로 물러가고 당나라의 통치세력도 쫓겨났다. 발해는 대동강 이북 지역으로 점차 세력을 뻗쳤다. 대인수 시기에 이르러서는 대동강 일선까지 세력을 확대하게 되었다.

　발해국의 동쪽 경계는 바다와 접했다. 《신당서》 발해전에 "동쪽은 바다에 닿았다.(東窮海)"라고 한 것으로 보아, 발해의 동쪽 경계는 동남쪽의 니하 하구河口로부터 시작해 남경남해부南京南海府와 동경용원부東京龍原府의 동쪽 해안선을 따라 오늘의 러시아 연해주 바닷가를 지나 타타르 해협 북쪽 끝까지 이르렀다.

발해국의 서쪽 경계는 거란과 접했다.《신당서》발해전에 발해 지역은 "서쪽으로 거란과 접했다."라고 일렀다. 거란과 어느 곳을 경계로 양국이 서로 접하였는가?《신당서》발해전에 "부여고지扶余故地를 부여부扶余府로 하고 늘 정예한 군사를 주둔시켜 거란의 침입을 방비했다."라고 했다. 이는 거란과 인접한 발해의 부여부에 강한 군사를 주둔시켜 거란의 침입을 막기로 했다는 뜻이다. 발해는 거란과의 갈등이 날로 첨예해지자 군사 요새지인 부여부에 군대를 주둔시켜 서부 변경을 지키도록 했다. 925년 아보기阿保机가 군사를 거느리고 발해를 향해 대대적인 진공에 나섰을 때도 발해의 서부 전략 요새인 부여성扶余城(오늘날의 길림성 농안)을 먼저 포위 공격하여 강점했다(926년 정월). 또《신당서》발해전에 "부여는 거란도이다.(扶余契丹道也)"라고 했다. 이처럼 문헌 기록과 사료에 따르면 부여부는 발해의 서부 변경지대에 있는 한 개 부府였으며 부여부의 서부 변경은 거란과 서로 접했다는 것을 알 수 있다. 부여부는 오늘의 길림성 농안農安과 건안乾安 일대이다.

발해의 서북 경계는 실위室韋와 접했고 서남 경계는 지금의 요하 유역에까지 세력이 뻗쳤다. 압록강 하구의 변계邊界는 박작구泊汋口(오늘날 대포석하의 하구)이다.

발해국의 북쪽 경계는 흑수말갈 지역까지 포괄했다. 흑수말갈은 말갈의 여러 부部 가운데서도 가장 세력이 크고 오래도록 지속되었다. 그러나 그들도 선왕 시기에 이르면 정복되어 발해에 복속했다. 그 후 제14대 대현석大玄錫 때부터 발해의 국내 각종 모순이 격화되고 국력이 약화되자 흑수말갈은 발해의 통치기반에서 벗어나 독립적으로 활동했다. 《삼국사기三國史記》 권11에는 이런 대목이 있다. "헌강왕 12년886년 봄 북진이 보고하되 '적국인이 진에 들어와 나무 조각을 나뭇가지에 걸고 갔으므로 그것을 취하여 바쳤다.'라고 했다. 그 나무 조각에는 '보로국이 흑수국 사람들과 함께 신라에 향해 화목하게 보내겠다.'는 15자가 쓰여 있었다.(憲康王十二年春, 北鎭奏, 狄國人入鎭, 以片木拄樹而歸, 遂取以獻, 其木書十五字雲 '寶露國與黑水國人共向新羅國和通')" 그리고 《책부원구冊府元龜》 외신부外臣部에 따르면 흑수말갈은 816년부터 911년까지 95년간은 당나라에 조공하지 않았으나 912년에는 단독으로 당나라에 조공했고 924년과 925년에도 단독으로 당나라에 조공했다. 위의 두 가지 사실은 흑수말갈이 발해에 복속되어 발해의 공제를 받았으나 후에 발해의 국력이 약화되자 그 기반에서 벗어나 독립적인 활동을 했다는 것을 설명해준다.

이와 같이 발해 극성시기渤海極盛時期의 강역은 흑룡강 중하류 좌우의 광대한 지역, 우수리강 중하류의 광대한 지역, 송화강松花江 중하류 지방에까지 그 세력이 미쳤다. 남쪽은 서부의 대동강 유역에서 동부의 니하용흥강에 이르는 계선을 경계로 하여 신라와 접했고, 동쪽은 니하의 하구에서 타타르 해협에 이르는 동해안의 전 지역을 차지했다. 서쪽은 부여부의 서쪽 변계를 계선으로 하여 거란과 접했으며, 서북쪽은 막힐부鄚頡部에서 실위와 접했고, 서남쪽은 요하 유역과 압록강 하구에까지 이르렀다. 북쪽으로는 흑룡강 중하류 일대, 우수리강 중하류 유역, 송화강 중하류 지방의 지역을 다 차지했다.

발해는 존속 기간 내내
도성을 구국, 현주, 상경, 동경 등
네 곳에 정하였고
4차 천이하였다

발해 도성의 천이

발해는 존속 기간 내내 도성都城을 구국, 현주顯州, 상경, 동경 등 네 곳에 정하였고 4차 천이遷移하였다.

제1차는 구국에서 현주로, 제2차는 현주에서 상경上京으로, 제3차는 상경에서 동경東京으로, 제4차는 동경에서 다시 상경으로 옮겼다. 발해도성의 천이에 대해 처음으로 고증한 학자는 김육불이며 그 관점은 현재 학계에서 널리 공인받고 있다. 여기서는 발해 도성의 위치와 천이 연대에 대해서만 간단히 다루고자 한다.

구국

구국舊國이란 이름이 역사 문헌에 처음 나타난 것은《신당서新唐書》발해전渤海傳이다.《신당서》발해전에 "발해는 본래 속말말갈粟末靺鞨로서 고구려에 부속되어 있던 자로 성은 대씨이다. 고구려가 망한 후 무리를 거느리고 읍루의 동모산東牟山을 차지하였는데 그 지역은 영주營州에서 동쪽으로 바로 2,000리 되는 곳이다. …성곽을 쌓고 거처했다. …동쪽으로 달아나 요수遼水를 건너고 태백산太白山 동북쪽을 차지하고 오루하奧婁河의 험준함을 이용하여 성벽을 쌓으니 자연히 공고하여졌다. …천보말년天寶末年에 대흠무가 상경上京으로 도읍을 옮기니 바로 구국舊國에서 300리 떨어진 홀한하忽汗河의 동쪽이다."라고 했다.

동모산은 오늘날의 돈화시敦化市 성산자산城山子山, 영주는 조양朝陽, 요수는 요하遼河, 태백산은 백두산白頭山, 오루하는 대석하大石河이다. 천보말년은 755년이며 상경은 영안시 발해진渤海鎭이다.

구국은 발해국 최초最初의 도성都城이다. 구국이란 명칭은 언제부터 사용되었을까? 문헌에 명확히 기재된 것은《신당서》발해전이다. "…천보말년에 대흠무가 상경으로 도읍을 옮기니 바로 구국에서 300리 떨어진 홀한하의 동쪽이다."라고 기재되어 있다. 그러나 이는 문헌에 정식으로 나타난 시기이므로, 실제로는 그보다 앞선 시기에서부터 이미 그 명칭이 사용되고 있었을 것이다. 대흠무는 즉위한 지 5년이 되는 해에 도성을 구국으로부터 중경으로 옮겼다. 이때로부터 발해국 최초의 도성을 구국이라고 불렀을 것이다.

구국의 위치에 대해서는 학계에서 오랜 토론이 있어 왔다. 토론 결과를 귀납해보면 돈화설敦化說이 유력하다. 돈화는 영주營州(오늘의 조양)로부터 2,000리 되는 곳이자 태백산 동북쪽에 위치해 있으며, 동모산東牟山과 오루하가 경내에 있고, 홀한하 상류가 돈화 경내를 남에서 북으로 관통하여 흐르며, 상경上京에서 바로 300리 되는 곳이기 때문이다. 특히 발해 초기의 왕실공동묘지인 육정산六頂山 무덤군의 발굴은 매우 유력한 유물 근거이다. 이곳에서 발해 제2대 무왕 진릉珍陵의 무덤과 제3대 문왕 대흠무文王大欽茂의 둘째 딸 정혜공주貞惠公主의 무덤이 발견되었고 공주비문에는 '진릉의 서쪽 언덕에 배장했다(陪葬於珍陵之西原)'라고 명기했다.

그러면 구국은 돈화 경내의 어느 곳일까? 이에 대해 학계에서 토론된 내용을 정리해보면 첫째, 오동성설敖東城說, 둘째 동모산설, 셋째 영승유지설永勝遺址說, 넷째 동모산과 영승유지설 등이 있다. 그중 네 번째인 동모산과 영승유지설이 비교적 믿음직하다.13 성산자산성城山子山城(동모산산성)은 산 위에 있는 산성이고 오동성은 평지성平地城이다. 성산자산성설은 대조영의 건국 사실과 완전히 부합되며 따라서 발해 최초의 도성이었음이 틀림없다. 대조영은 후에 평지성을 쌓고 그곳에 옮겨 전국을 통치했다. 그 평지성이 오늘 돈화시 경내에 있는 오동성이냐 영승유지냐 하는 문제에 대해서는 지금도 논쟁이 계속되고 있다. 오동성설은 한때 정설로 되다시피 할 정도로 인기가 높았다. 그러나 근래 영승유지설이 제기되면서 학계의 새로운 관심을 끌고 있다.

구국은 발해국 초기의 통치 중심 지역이었다. 대조영大祚榮은 성력원년聖歷元年, 698년에 부중을 거느리고 동모산東牟山에 이르러 성을 쌓고 진국震國을 건립했다. 그때로부터 고왕 22년, 무왕 18년, 제3대 문왕 대흠무 대흥 5년에 이르기까지 발해 통치자들은 40여 년간 구국 일대(오늘의 돈화 일대)를 통치 중심으로 삼아 국력을 강화하고 영토를 꾸준히 넓혀갔다. 천보원년天寶元年, 대흥5년, 742년 대흠무는 도성都城을 구국에서 중경中京으로 옮겼다.

중경

　중경中京은 발해국의 두 번째 도성이다. 《신당서新唐書》 발해전渤海傳에 "숙신肅愼의 옛 지역을 상경上京으로 하고 용천부龍泉府라 불렀으며 용주龍州, 호주湖州, 발주渤州 등 세 개 주를 관할했다. 그 남쪽은 중경中京으로 하고 현덕부顯德府라 불렀으며 노盧, 현顯, 철鐵, 탕湯, 영榮, 흥興 등 6개 주를 관할했다."라고 했다. 이로써 중경은 숙신의 옛 지역에 설치된 것으로서 상경으로부터 남쪽 방위에 위치했고 산하에 6개 주가 있었다는 것을 알 수 있다.

　《신당서新唐書》 지리지地理志 권7에 인용한 가담賈耽[14]의 《도리기道里記》에 의하면 "신주神州에서 또 육로로 400리 가면 현주顯州에 이르는데 천보중天寶中 왕이 도읍한 곳이다. 또 정북으로 600리 가면 발해 왕성渤海王城에 이른다."라고 했다. 신주는 오늘의 임강진臨江鎭이고 현주는 중경현덕부의 첫 번째 주이고 중경현덕부의 소재지이며 천보년간 왕이 도읍한 곳이다. 본문에서 제기한 발해왕성은 상경용천부, 즉 오늘의 발해진渤海鎭이다. 천보년간은 742년부터 755년까지이다. 이 시기는 발해 문왕 대흠무 대흥 6년부터 18년에 해당된다. 문헌 기재에 의하면 천보말년에 서울을 중경현덕부로부터 상경용천부로 옮겼다. 천보말년은 755년이다. 그러므로 대흠무는 즉위한 지 5년이 되는 해에 서울을 구국으로부터 중경中京(오늘의 서고성)으로 옮겼고 이곳에서 14년간 통치하다가 755년에 상경으로 천도했다.

중경이 천보년 시기의 도읍이었다는 것은 상술한 문헌자료 외에도 고고학적 자료에 의해 충분히 증명되고 있다. 여기에는 서고성西古城의 규모, 형태, 출토된 유물 등이 포함된다. 특히 용두산龍頭山 발해 왕실공동 묘지, 정효공주묘의 발굴과 정효공주묘지貞孝公主墓誌, 강왕과 왕비 무덤 및 비석의 발견, 2000년부터 2005년까지 진행한 서고성에 대한 재차 발굴은 큰 성과를 거두었다.

상경

상경上京은 발해의 4개 평지도성平地都城 가운데서 가장 규모가 크다. 통치시기로도 가장 오래되었고 가장 완벽한 도성이었다.

《신당서》 발해전에 의하면 "숙신의 옛 지역을 상경으로 하고 용천부라 불렀으며 용, 호, 발 등 3개 주를 관할했다. …천보 말년에 대흠무가 상경으로 도읍을 옮기니 바로 구국에서 300리 떨어진 홀한하의 동쪽이다."라고 했다.

이로 보아, 상경은 숙신肅愼의 옛 지역에 설치되었고 구국에서 300리 되는 곳이며 홀한하忽汗河의 동쪽이므로 오늘의 영안현 발해진寧安縣渤海鎭이 틀림없다.

천보말년에 대흠무가 상경으로 도읍을 옮겼다고 한다. 이는 발해 제3대 문왕 대흠무가 755년에 도읍을 중경현덕부로부터 상경용천부上京龍泉府로 옮겼다는 뜻이다. 대흠무는 상경에서 발해를 30년 간 다스리다가 정원貞元時, 785년~793년 때 즉 785년에 또다시 상경용천부에서 동경용원부東京龍原府(오늘의 훈춘시 팔련성)로 옮겼다. 그후 성왕 대화위成王大華瑋 시기에 도읍을 다시 상경용천부로 옮겼다. 이때로부터 말대왕 대인선이 요나라의 침략에 의해 망할 때까지 132년간은 도읍을 다시 옮기지 않았다. 상경용천부는 도읍이었던 162년 동안 발해의 정치, 경제, 문화의 중심이 되었다.

동경

동경東京의 위치는 오늘의 훈춘시 팔련성琿春市八連城이다.

《신당서》 발해전에 "예맥고지를 동경으로 하고 용원부 또는 책성부라고 하였으며 경, 염, 목, 하 등 4개 주를 관할했다.(穢貊故地爲東京, 曰龍原府, 亦曰柵城府, 領慶, 鹽, 穆, 賀四州)"라고 했으며 또 같은 책에 "정원 때에 동남으로 동경에 이사했다.(貞元時東南徒東京) ···용원동남은 바다에 임하였는데 일본도이다.(龍元東南瀕海, 日本道也)"라고 했다. 또《삼국사기三國史記》 권37에 가담賈耽의《도리기道里記》를 인용한데 의하면 "···신라 정천군으로부터 책성부까지는 39개 역이 있었다.(自新羅井泉郡至柵城府凡三十九驛)"라고 했다.

훈춘시 일대는 예맥의 옛땅(故地)이고 고구려 통치 시기에는 책성부 관할이었던 곳이다. 팔련성은 상경의 동남쪽에 위치해 있고 용원구역은 확실히 바다에 임했으며 일본으로 가는 길이다. 신라 정천군(오늘의 덕원)으로부터 팔련성까지의 거리도 39개 역의 거리수와 기본적으로 같다.

오랜 기간에 걸쳐 진행된 고고학 발굴조사 자료에 의하면 팔련성에서 발굴된 자료는 상경성上京城, 서고성西古城에서 발굴된 자료와 같다. 특히 2000년도부터 2005년까지 팔련성을 대상으로 이루어진 대규모 발굴 조사 결과와 출토 유물을 보면 오늘날의 팔련성이 발해 시기 동경용원부의 소재지였음을 더욱 똑똑히 알 수 있다.

정원貞元은 당나라 덕종 이적德宗李適의 연호로 785~805년을 뜻한다.

발해 제3대 문왕 대흠무는 785년대흥 48년에 도성을 상경용천부에서 동경용원부로 옮겨 9년 동안 통치하다가 대흥 57년794년에 죽었다. 그 후 성왕成王 때 수도를 동경용원부에서 상경용천부로 옮겼다. 이리하여 팔련성동경용원부은 9년 동안 발해의 정치, 경제, 문화의 중심지 역할을 했다.

상경성으로의 천도

발해 성왕成王은 794년 수도를 다시 동경용원부로부터 상경용천부로 옮겼다. 그때부터 상경성은 928년 거란의 침입을 받아 망할 때까지 줄곧 발해의 수도이자 정치, 경제, 문화의 중심이었다.

발해의 5경은
상경, 중경, 동경, 남경, 서경
5개 경을 가리킨다

발해의 5경

발해의 5경五京은 상경上京, 중경中京, 동경東京, 남경南京, 서경西京의 5개 경을 가리킨다.

발해는 5경을 실제로 설치하였는가? 설치하지 않았는가? 설치하였다면 그 설치연대는 언제인가? 5경의 지리적 위치는 어떻게 되는가? 5경제五京制를 실시한 이유는 무엇이며 어떤 직급의 관리를 파견해 5경을 다스렸는가? 경과 부는 어떠한 구별이 있는가? 경은 어떤 역할을 했는가? 발해 5경의 특점은 무엇인가? 이런 의문점이 떠오르지만 국내외 사학계에서는 아직 충분한 토론이 진행되지 못하고 있다.

여기서는 현재 접할 수 있는 문헌 기재 내용 및 고고학 자료에 근거하여, 주로 발해가 5경을 설치한 연대와 5경의 지리적 위치를 미흡하나마 서술해보고자 한다. 학자 여러분들의 사심 없는 조언을 바란다.

5경을 설치한 시기 문제

발해가 언제 5경을 설치했는가에 대해 일부 학자들이 제기한 견해를 정리해 보면 다음의 몇 가지로 간추릴 수 있다. 첫째는 제10대 선왕 대인수宣王大仁秀 시기에 5경이 설치되었다는 주장이다. 둘째는 발해가 5경 15부 62주의 제도를 제정한 시간은 분명히 제11대왕 대이진大彝震 함화 3년咸和三年, 833년으로부터 함화 5년835년에 이르는 사이라는 주장이다. 셋째는 제13대왕 대현석大玄錫 시기에 설치되었다는 주장이다. 넷째는 제3대 문왕 대흠무文王大欽茂 시기에 설치되었다는 주장이다. 다섯째는 제6대 강왕 대숭린康王大嵩璘 시기에 설치되었다는 주장이다.

이상의 몇 가지 설 가운데, 5경은 제3대 문왕 대흠무 후기에 설치되었다고 보는 것이 타당성 있다.

중국 역사에서 처음으로 5경제五京制를 실시한 것은 당나라이다. 618년에 건립되어 907년 망할 때까지 290년 동안의 존속 기간 내내 당나라의 수도는 줄곧 장안長安으로 고정되어 있었다. 고조 이연高祖李淵으로부터 제10대 현종 이융기玄宗李隆基까지의 115년 동안은 5경제를 실시하지 않았다. 그러다 현종 보력원년寶歷元年, 742년에 당나라 조정은 동도 낙양東都洛陽과 북도 태원北都太原을 경京으로 삼았다.

이때 서울 장안은 서경西京(경조부라고도 불렀다)으로 삼았다. 이리하여 당나라에 지방행정기구로서 3경이 처음으로 설치되었다. 그 후 제11대 숙종 이형 지덕 2년肅宗李亨至德二年, 757년 12월에 이르러 당나라 조정은 촉군蜀郡

(성도)을 남경南京, 봉상鳳翔을 서경으로 하고 그때까지 서경西京이었던 장안을 새로이 중경中京으로 삼았다. 이리하여 기존의 동경과 북경까지 합해 5경을 설치한 5경제가 실시되었다. 그러므로 《구당서》 지리지 권1에 "봉상부鳳翔府를 서경으로 하니 성도成都, 경조京兆, 하남河南, 태원太原과 더불어 5경이 있게 되었다."라고 하였고 《자치통감資治通鑒》 권220에는 "장안은 낙양, 봉상, 촉군, 태원 등의 가운데 위치해 있으므로 중경이라고 하였다."라고 했다. 이것이 바로 중국 역사에서 처음으로 시작된 5경제이다. 그 후 16년이 지난 제12대 대종 이예 보응 원년代宗李預寶應元年, 762년에는 경조부京兆府를 상도上都, 하남부河南府를 동도東都, 봉상부를 서도西都, 강릉부江陵府를 남도南都, 태원부를 북도北都로 정하였다. 남도南京의 위치가 변하긴 했지만 5경, 5도五都 제도의 건립과 완전히 부합되는 내용이다.

발해 5경제의 건립과 실시는 당나라 5경제의 영향을 받은 것으로 보인다. 문왕 대흠무는 즉위한 지 5년 만에 수도를 구국舊國에서 중경현덕부中京顯德府로 옮겼고 755년에는 상경용천부上京龍泉府로 이주하였으며 785년에는 동경용원부東京龍原府로 이주하여 9년간 다스리다가 동경용원부에서 사망하였다. 이듬해 발해는 수도를 동경에서 상경으로 옮겼다. 그 뒤 발해는 926년 거란의 침입에 의해 멸망할 때까지 상경을 중심으로 하여 전국을 통치하였다. 당나라에서 3경三京을 설치한 742년은 발해 문왕 대흥大興 6년에 해당하고, 5경제를 완전히 정비해 실시한 757년은 발해 문왕 대흥 21년에 해당한다. 742년은 발해 문왕이 수도를 중경으로 옮기던 해이고 757년은 문왕이 수도를 상경에 옮겨 통치하던 때이다.

757년부터 문왕은 29년간 상경에서 전국을 통치하다가 785년에 수도를 동경으로 옮겨 9년 동안 다스렸다. 그러므로 문왕 대흠무는 당나라에서 5경제가 완전히 설치된 후 37년 동안 나라를 다스렸다고 하겠다. 이렇게 볼 때, 발해의 5경제는 문왕 후기에 당나라의 5경제를 본받아 설치했을 가능성이 매우 크다.

　대조영은 진국震國을 세운 후 무력으로 정권을 수호하고 영토를 확대하여 지역이 사방 2,000리15에 달했다. 그러나 아직 경京을 설치할 만한 조건을 갖추지는 못하였다. 719년에 고왕 대조영高王大祚榮이 세상을 떠나자 무왕 대무예武王大武藝가 뒤를 이어 즉위하였다. 무왕은 고왕의 무치정책武治政策을 계승하여 무력으로 주변 부족들을 통일하고 영토를 확대하여 통치기반을 다져나갔다. 흑수말갈黑水靺鞨의 남하세력을 격파하고 영토를 넓혔던 것과 대문예大門藝 사건을 계기로 당나라와 전쟁을 벌였던 것도 모두 대무예 시기이다. 무왕 시기에는 "영토를 크게 넓히니 동북의 여러 부족들이 두려워 복속하였다."16고 할 정도로 세가 넓어졌지만 수도는 아직 구국에 있었고 5경을 설치할 조건이 구비되지 못한 상태였다. 그러나 738년 무왕이 죽고 문왕 대흠무大欽茂가 이어 즉위하자 정황이 달라졌다. 문왕은 고왕과 무왕이 실시해 오던 무치정책을 버리고 새로이 문치정책文治政策을 실시하였다. 그는 고왕과 무왕의 위업을 계승하여 계속 무력을 강화하여 강역을 넓히는 동시에, 당시의 절박한 사회적 요구에 응해 대내적으로는 개혁을 진행하여 경제와 문화를 발전시키고 정권기구를 정비했다. 대외적으로는 주변 국가들과 우호적인 호상래왕互相來

往을 강화하고 선진 문화를 적극 받아들여 본국의 실제 정황에 결부시켜 자국의 경제와 문화를 더욱 발전시키고 국력을 강화하였다. 그 결과 당나라는 대종 보응 원년대흥 26년. 762년에 조서를 내려 발해를 나라로 승인하고 대흠무를 국왕으로 봉하였다. 당나라가 발해국에 대해 국왕의 책봉을 내린 것은 대흠무부터이다. 이는 대흠무 시기에 발해의 국력이 강화되고 정권 기구가 정비되어 더욱 공고해졌으며 경제와 문화가 발전해서 당나라에서도 마침내 발해의 존재와 작용을 인정할 수밖에 없을 정도가 되었다는 뜻이다. 문왕은 사신과 생도生徒를 자주 당나라에 파견하여 당나라의 선진생산기술과 문화를 적극 받아들이고 각종 제도를 모방하여 본국의 정황에 결부시켜 실시하였다. 예컨대 대흠무는 즉위한 후 2년이 되는 해에 사신을 당나라 서울 장안에 파견하여 《당례唐禮》, 《삼국지三國志》, 《진서晉書》, 《36국춘추三十六國春秋》 등을 필사해 오도록 하였다. 발해 초기에 설치된 정치기구와 관직은 문왕 초기까지 변함없이 실시되었으나 문왕 중기 이후에 이르면 큰 변화가 생겼다. 예를 들어, 문왕 대흥 3년739년 일본에 파견한 발해사절단 가운데 한 명이었던 이알기몽已閼弃蒙의 관직은 수령首領이었다.17 그 후 문왕 대흥55년까지 28차례에 걸쳐 일본에 사신을 파견하였지만 발해 사절단 구성원 가운데 수령관직을 가진 사람은 한 명도 없다. 대신 행목저주자사, 병서소정개국공, 현토주자사 압귀관, 자수대부紫綏大夫, 정당성좌윤 개국남, 청수대부靑綏大夫, 헌가대부獻可大夫, 사빈소령 개국남 등의 관직이 보인다. 자사는 주州의 장관이고, 좌윤左允은 정당성正堂省 산하의 관직이며, 사빈소령司賓少令은 7사七寺 중에 있는 사빈사의 부직이고, 자수대부는 당나라의 금자광록대부金紫光祿大夫에 해당되며, 청수대부는 은청광록대부銀青光祿大夫에 해당되고, 헌가대부는 조의대부朝議大夫에 맞먹는다. 이상의 관직은 《신당서》 발해전에 기재된 내용과 일치한다. 이는 발해의 중앙정치기구가 대흠무 때에 이르러 상당히 완벽하게 정비되었다는 사실을 시사한다. 중앙정치기구가 완벽하게 정비된 것으로 미루어 보아 지방행정기구로서의 경, 부, 주, 현 제도 또한 같은 시기에 비교적 완벽하게 설치되었을 것으로 짐작된다.

정혜공주묘지병서貞惠公主志幷序와 정효공주묘지병서貞孝公主志幷序에는 문왕 대흠무를 성인聖人, 황상皇上, 대왕大王이라 불렀고 "그들이야말로 중화重華(순임금의 이름)와 짝 될 만하고 우임금과 비슷하며 상조상탕왕의 묘지로 양성되고 주문왕의 계략을 갖춘 이다.(配重華○夏禹,陶殷湯而 韜周文)", "위대하고 혁혁한 선조들은 천하를 통일하고 인정과 상벌을 분명히 실시하여 그 덕이 4면 8방에 미치게 하였으며 부왕 때에 와서는 국세가 강성하여지고 나라 운명이 장구하게 되었다. 그들이야말로 3황 5제와 짝으로 될 만하고 성왕과 강왕의 치국정책을 실시한 이들이다.(不顯烈祖,功等一匡,明賞愼罰,奄有西方,爰及君父,壽考無疆,對越三五,囊括成康)."라고 되어 있다. 이로 보아 문왕 통치기에 발해의 강역이 더욱 넓어지고 정권은 공고해졌으며 경제, 문화가 발전하고 국력이 강화되어 5경제를 실시할 수 있는 조건이 구비되었음을 알 수 있다.

《신당서》 발해전에 "지역은 5경 15부 62주가 있었다."고 기재하였다. 《발해국지장편》 저자 김육불金毓黻 선생의 말에 의하면 《신당서》에 서술

된 발해의 지리, 풍속, 관제 등의 문제들은 장건장張建章이 쓴《발해국기渤
海國記》의 내용을 인용했다고 한다. 장건장은 806년에 태어나 866년에 세
상을 떠났다. 그는 833년 당나라 유주부에서 파견되어 발해를 방문했다
가 835년에 유주幽州로 돌아갔다. 833년부터 835년까지의 2년은 발해
제11대왕 대이진大彝震 시기에 해당된다. 그러므로 장건장은 대이진 성화
3~5년833~835년의 발해의 사회적 정황을 보고 유주로 돌아가《발해국기》
를 서술하였다. 발해의 '지역은 5경 15부 62주가 있었다'는 그의 서술은
대이진 시기에 경, 부, 주 등 지방행정기구가 완전히 정비되어 있었다는
사실을 알려줄 뿐 5경이 이때 설치되었다는 뜻은 아니다. 그러므로 대이
진 이전 세대에 분명히 5경을 설치하는 과정이 있었을 것이다.

《신당서》발해전에 "천보말년天寶末年, 755년에 상경으로 이사하였다. 이
곳은 구국舊國에서 300리로 홀한하忽汗河의 동쪽이었다. …정원 때785~804
년에는 동남쪽인 동경으로 천도하였다."라고 하였다. 그러나 가담賈耽이
쓴《고금군국지古今郡國志》에는 "현주는 천보년간 왕이 도읍했던 곳이다.
정북으로 600리를 가면 발해왕성에 이른다."라고 하였다. 이처럼《신당
서》에는 상경, 동경으로 천도하였다고 서술되어 있으나《고금군국지》에
는 도읍, 왕성 등으로 지칭하여 그 내용이 서로 모순되는 듯이 보인다.
그러나 사실은 모순되는 것이 아니다. 송나라 때의 학자 구양수歐陽修 등
은 당시 기준으로 100여 년 전의 발해행정기구를 알고 있는 사실에 의해
서술하다 보니 상경, 동경으로 천도했다고 표현한 것이고, 가담은 대흠
무가 상경으로 천도한 사실에 의거해 썼기 때문에 현주는 왕이 도읍한

곳이며 그곳에서 정북으로 600리를 가면 발해 왕성王城에 이른다고 하였으며 신라 정천군井泉郡에서 책성부柵城府까지 이르는 데는 39개 역이 있었다고 하였다. 발해 제3대 문왕이 785년 동경용원부로 이주한 사실까지 보고 썼다면 책성부라고 하지 않고 동경용원부 혹은 용원부라고 서술했을 가능성이 더 크다. 가담은 당나라 재상이자 지리학자로 736년에 태어나 805년에 죽었다. 736년은 발해 무왕 17년, 805년은 발해 강왕 11년에 해당된다. 발해 제3대 문왕 대흠무는 738년에 왕위에 올라 56년간 나라를 다스리다가 794년에 사망하였다. 가담의 생애 가운데서 어린 시기와 연로한 시기를 제한다면 주로 발해 제3대 문왕 대흠무와 같은 시대에 생활했다고 볼 수 있다. 이렇듯 동시대를 살아가며《도리기道里記》를 썼기 때문에 어떤 면에서는《도리기》가《신당서》보다 실용가치가 더 크다고 하겠다. 중경은 오늘날의 화룡현 서고성和龍縣西古城, 상경은 흑룡강성 영안현 발해진黑龍江省寧安縣渤海鎭, 동경은 훈춘시 팔련성琿春市 八連城에 해당한다. 문왕이 중경, 상경, 동경으로 도읍을 옮겼다고 위 문헌에 기재된 것으로 보아, 문왕 후기에 서경西京과 남경南京을 포함한 5경이 발해 경내에 설치되었으리라고 짐작해볼 수 있다.

  이상과 같은 이유로 발해는 제3대 문왕 대흠무 후기에 5경제를 실시했으리라고 추정한다. 어떤 이들은《요사》지리지 권2에 "제12대 대이진 때에 이르러… 궁궐을 세울 계획을 작성하였으며 경내에 5경 15부 62주가 있어 해동성국으로 되었다."라고 기재된 내용에 의거하여 대이진 시기에 5경이 설치되었다고 주장한다. 그러나 이는 오해이다. '궁궐을 세울 계획을 작성하였다'는 내용에 주목했기 때문인데, 이 말은 발해가 처음으로 상경성上京城을 세울 계획을 작성하였다는 말이 아니라 상경성의 궁궐을 증설할 계획을 작성하였다는 뜻이다. 상경성 내의 궁궐은 발해 제3대 문왕 대흠무가 중경에 있는 기간에 이미 상경으로 옮길 준비를 마쳐 궁궐과 성을 쌓고 755년에 상경으로 천도하였다. 그 후 대흠무는 상경성을 수도로 정하고 30년간 나라를 다스렸다. 785년에는 동경東京으로 이주하여 9년간 통치하다가 그곳에서 죽었다. 이듬해794년 발해 대씨 통치 집단은 수도를 다시 상경으로 옮겨 926년 거란의 침략에 의해 망할 때까지 133년간 통치를 유지하였다. 755년부터 785년까지의 상경성의 규모와 짜임새는 대략 중경 혹은 동경의 규모와 짜임새와 비슷하였을 것이다. 중경과 동경은 내성內城과 외성外城 두 개 성으로 구성되고 규모와 짜임새도 비슷하다. 그러므로 중경과 동경을 도읍으로 정하고 통치한 중간 시기의 도읍 자리도 그 전후 도읍 자리인 중경 및 동경과 유사하였을 것이다. 때문에 상경성에 대한 증설은 794년 후일 것이다. '경내에 5경이 있었다'는 말 역시 대이진 시기에 처음으로 5경을 설치하였다는 뜻은 아니다. 이때 이미 완벽한 지방행정정치기구로서의 5경 15부 62주가 있었다는 뜻이다.

5경의 위치

발해 5경의 지리적 위치에 대해서 《신당서》 발해전에서는 "…숙신肅慎의 옛 지역을 상경上京으로 하고 용천부龍泉府라 불렀으며 용龍, 호湖, 발渤 3개 주州를 거느렸다. 그 남쪽을 중경中京으로 하고 현덕부顯德府라 불렀으며 노盧, 현顯, 철鐵, 탕湯, 영榮, 흥興 등 6개 주를 거느렸다. 예맥濊貊의 옛 지역을 동경으로 하고 용원부龍原府 또는 책성부柵城府라 하였으며 경慶, 염鹽, 목穆, 하賀 등 4개 주를 거느렸다. 옥저沃沮의 옛 지역을 남경으로 하고 남해부南海府라 하였으며 옥沃, 청晴, 초椒 3개 주를 거느렸다. 고구려의 옛 지역은 서경西京으로 하고 압록부鴨綠府라 하였으며 신神, 환桓, 풍豊, 정正 4개 주를 거느렸다."라고 기술했다. 따라서 상경은 숙신고지肅慎故地, 중경은 상경 이남지역, 동경은 예맥고지, 남경은 옥저고지, 서경은 고구려고지에 설치했다는 사실을 알 수 있다.

중경현덕부 6개 주의 산하에 25개 현, 상경용천부의 산하에 7개 현, 동경용원부의 산하에 18개 현, 남경남해부의 산하에 16개 현, 서경압록부의 산하에 10여 개 현이 설치되어 있다.

상경용천부 上京龍泉府

상경의 위치

발해 제3대 문왕 대흠무는 755년 수도를 중경현덕부中京顯德府(오늘의 길림성) 화룡현 서고성으로부터 상경용천부上京龍泉府(오늘의 흑룡강성 영안현 발해진)로 옮겨 30년간 통치하다가 785년에 또다시 수도를 상경용천부에서 동경용원부東京龍原府(오늘의 길림성 훈춘시 팔련성)로 옮겼다. 그 후 성왕 대화여大華璵 시기에 수도를 다시 상경용천부로 옮겼다. 이때로부터 말대왕 대인선大諲譔 때 요나라의 침략을 받아 망할 때까지 132년간 더 이상은 수도를 움직이지 않았다. 상경용천부는 선후 162년 동안 발해의 정치, 경제, 문화의 중심 역할을 했다고 하겠다.

요나라 태조 야율아보기耶律阿保机는 발해를 멸망시킨 다음 그 지역에 동단국東丹國을 세우고 상경의 이름을 천복성天福城으로 고쳤다. 그리고 태자 야율배耶律倍를 동단국왕으로 봉하여 발해의 옛 지역을 다스리게 하였다. 그 후 오래지 않아 태조 아보기가 죽고 차자次子 야율덕광耶律德光이 계위하였는데 이가 바로 요나라 태종太宗이다. 덕광과 장자 배는 치열한 왕위 계승 다툼을 벌였는데, 결국은 배가 패하고 덕광이 왕위를 차지했다. 덕광은 기원 928년에 동단국의 수도를 천복성에서 동평東平(오늘의 요양)으로 옮겼다. 야율배를 엄격히 통제 감시하고 발해인들의 저항을 막으려는 목적이었다. 천도 당시 거란 통치자들은 천복성을 몽땅 불살라 폐허로 만들고 그곳 주민마저 요양 일대로 강제 천이시켰다. 이처럼 상경은 요나라 통치자들의 훼멸성적인 파괴로 하여 그 후 오랫동안 세상에 그 존재가 널리 알려지지 못하였다. 이 웅대한 궁성터가 다시 발견되어 사람들의 이목을 끌게 된 것은 청나라 초의 일이었다. 청나라 말과 민국 초에 사학가들의 꼼꼼한 답사와 세밀한 고증을 거쳐 이 유적이 발해의 수도였던 상경유지라는 것이 증명되었다.

　상경의 위치는 오늘의 흑룡강성 영안현 발해진이다. 발해진은 목단강牡丹江 중류에 있는 동경성東京城 분지 내의 충적평원에 자리 잡고 있다. 장광재령과 노예령이 4면을 에워쌌고 동으로는 목단강의 지류인 마련하馬蓮河가 흐르며 경박호鏡泊湖를 거쳐 내려오는 목단강 원줄기는 상경성을 둘러싸고 서쪽으로 굽어 흐르다가 북쪽을 향해 내려간다. 성남으로 약 50리쯤 거슬러 올라가면 경박호에 이르는데 그 풍경이 매우 아름답다. 이와 같이 상경성은 목단강 중류의 동안에 자리 잡고 4면이 산으로 둘러싸이고 3면이 물에 접하여 풍경이 아름답고 기후가 따뜻하고 지세가 험요險要하여 적의 침입을 막기 용이한 한편 또 교통이 발달하여 어느 모로 보나 발해의 수도로 삼기에 더없이 이상적인 곳이었다. 문헌에 기재된 내용에 따르면 발해의 15개 왕들 가운데 12개 왕들이 모두 상경을 수도로 정해 나라를 다스렸다. 따라서 발해 중후기에 이르면 상경은 자연스럽게 발해국의 정치, 경제, 문화의 중심이 되었다.

　오늘의 영안현 발해진에 있는 상경유지를 발해국 시기의 상경이었다고 보는 근거는 다음과 같다.

　첫째, 문헌에 기재된 상경용천부의 방위方位로 보면 오늘의 발해진 상경유지가 바로 발해국 시기의 수도 상경上京이다. 자세한 것은 본서本書 발해국의 천도 중의 상경조를 참조하기 바란다.

　둘째, 영안현 발해진 상경유지의 규모와 짜임새를 보면 발해국 시기의 상경용천부였음을 알 수 있다.

상경성은 외성, 내성, 궁성 등 3대 부분으로 구성되었다. 외성 성벽은 흙과 돌을 섞어서 쌓았는데 그 보존상태가 비교적 좋다. 성벽의 남은 부분의 높이는 지역에 따라 다르지만 잘 보존되어 남은 부분의 높이가 3미터가량 된다. 외성의 둘레의 길이는 16,926.5미터, 곧 37리이다. 동쪽과 서쪽, 남쪽 성벽은 모두 곧은 벽인데 그 길이는 각각 3,358.5미터, 3,406미터, 4,586미터이다. 북쪽 성벽은 가운데가 불쑥 밖으로 튀어나가 凸 모양으로 생겼고 그 길이는 4,946미터이다. 외성 밖에는 성벽에 잇닿도록 하여 해자를 둘러 팠다.

성문은 4면에 10개의 성문이 있었다. 동쪽 성벽과 서쪽 성벽에 각각 2개, 남쪽 성벽과 북쪽 성벽에 각각 3개씩이었다. 이 10개의 문 가운데서 남쪽 성벽 가운데 문과 북쪽 성벽의 가운데 문만은 문길門道이 각각 3개이고 나머지 문들은 문길이 하나다. 동쪽 성벽의 2개의 문은 각각 서쪽 성벽의 2개의 문과 대칭으로 놓였고 남쪽 성벽의 3개의 문은 각각 북쪽 성벽의 3개의 문과 일직선상에 놓였다. 따라서 동서 양쪽 성벽의 문들 사이의 거리와 남북 양쪽 성벽의 문들 사이의 거리가 서로 같다. 이와 같은 문 배치는 정연함을 중시한 도시 설계 특징을 보여준다. 정연성은 도시와 리방들의 배치에서 더욱 뚜렷하게 드러난다.

성안에는 성문을 연결하는 큰 길과 그 밖의 여러 길을 닦았다. 큰 길은 11개였다. 외성 성벽 안을 감도는 길을 제외한 나머지 큰 길들은 모두 곧게 뻗어 마주 향한 성문 혹은 성벽 사이를 이었다. 그 결과, 십 자十字 모양으로 서로 엮인 큰 길들이 전체 성을 바둑판처럼 여러 개의 구역으로 갈라놓았다. 길의 너비는 그 위치와 중요성에 따라 서로 다르게 하였다. 그중 가장 넓은 것은 외성 남쪽 성벽의 가운데 문과 황성皇城(내성이라고도 함) 남문을 이은 길이다. 이 길은 황성을 거쳐 궁성宮城으로 곧장 이어지며 성을 동과 서로 크게 나누었는데, 그 동쪽을 동반성이라 하고 서쪽을 서반성이라 한다. 이 길은 성내 여러 개의 길 중에서도 한가운데에 놓인 가장 중요한 길로서 그 너비는 110미터이다. 큰 길들에 의하여 바둑판 모양으로 갈라진 외성의 각 구역 안에는 다시 도시 주민들이 살던 집과 절간, 장마당 같은 것이 있던 리방이 자리한다.

지금까지 외성 내에서 발견된 사원유지는 8곳이다. 지금도 석등탑石燈塔, 사리함舍利函, 대석불大石佛, 불상 등이 아주 잘 보존되어 있다.

내성은 남북으로 뻗은 장방형으로 동문, 서문, 남문 등 세 개의 문이 있다. 그중 남문은 내성 남벽의 한복판쯤에 있다. 이 문은 내성의 정문으로 북으로는 중성 남문, 남으로는 외성 남벽의 가운데 문과 일직선상에 있다. 내성의 3개 문 가운데서 동문과 서문은 각각 문길이 1개인 반면 남문은 문길이 3개이다. 내성은 또 동, 서, 중 3개 구역으로 나뉘는데 동, 서 두 구역에서 지금까지 10개의 관청터가 드러났다. 중구는 지세가 평탄하고 내성 남문과 궁성 남문을 잇는 길인 동시에 궁성의 앞 광장이었다. 광장의 동서 너비는 222미터이다. 내성에는 또 어화원御花園이 있다. 내성의 둘레 길이는 약 9리가량 된다. 내성 성벽은 흙과 돌을 섞어 쌓았고 그 총길이는 4,416미터이다. 동쪽 성벽의 길이는 1,121미터이고 남쪽 성벽의 길이는 1,036미터이며 서쪽 성벽의 길이는 1,162.6미터이고,

북쪽 성벽은 외성의 북쪽 성벽과 함께 凸형을 이루었는데 그 길이는 1,076.5미터이다. 4면의 성벽 가운데 비교적 잘 보존된 것이 동쪽 성벽인데, 그 평균 높이는 1미터이다. 서쪽 성벽은 남쪽 구간이 아직 보존되어 있을 뿐 나머지 구간은 이미 경작지로 개간되었거나 통행길로 변하여 지면이 평평하게 되었다.

궁성宮城 역시 내성처럼 남북으로 뻗은 장방형이다. 궁성에서 가장 중요한 곳은 중심 구역이다. 중심 구역은 그 둘레가 2,680미터이고 동서 성벽의 길이는 각각 720미터이며 남북 성벽의 길이는 각각 620미터이다. 성벽의 높이는 2.5미터, 너비는 10미터가량이다. 중심 구역의 남쪽 성벽과 북쪽 성벽 가운데에는 문이 있다. 《영안현지》에서 '오봉루五鳳樓'라고 한 것이 바로 궁성 남문인데 기단이 5미터, 길이 42미터, 너비 27미터 되는 성벽 위에 있는 궁성의 정문이다. 이 문은 북문, 내성의 남문 및 외성의 남문과 서로 일직선상에 놓여 있다. 오봉루 양쪽에는 너비 약 5~6미터 정도의 곁문이 있다. 서문은 오문午門에서 서쪽으로 약 60미터 되는 곳에 있는데 문길에 돌을 깔았다. 지금도 발해 시기에 수레가 다녔던 흔적이 남아 있다. 동문은 오문에서 동쪽으로 약 60미터 떨어진 곳에 있다. 궁성은 남북 방향으로 수축된 장방형이다. 이곳은 발해 왕실의 거주지인 동시에 국가의 통치 권력을 행사하는 곳이었다. 지금 남아 있는 유지는 성벽과 궁전터, 우물터 등이다.

궁성은 중구, 동구, 서구 등으로 나누어 볼 수 있다. 그 중심 구역은 중구이다. 중구에는 7개의 궁전터가 있다. 그중 제1궁전터로부터 제5궁전

터까지는 《영안현지》에 '오중전五重殿'이라고 한 것이다. 이 다섯 개 궁전은 궁성 남문과 북문을 잇는 동시에 외성 남북 성벽의 가운데 문을 잇는 복판 길가에 놓여 있다. 이 다섯 개 궁전터는 궁성에서 가장 중요한 곳으로 그 규모도 매우 웅장하다. 특히 제1, 제2 궁전터가 가장 웅장하며 제4 궁전터는 구들 시설까지 갖추었다. 이 중요한 궁전들은 회랑에 의하여 서로 이어졌다.

이상의 사실에서 보다시피 발해진의 상경유지는 발해국의 옛 성들 가운데서 제일 큰 데다 한 나라의 서울로서 갖추어야 할 모든 시설을 다 갖추었다. 때문에 이곳은 발해 상경용천부 유지임이 틀림없다.

셋째, 출토된 유물로부터 증명할 수 있다.

성내에서는 많은 유물이 발굴되었다. 그 가운데서 건축기재가 제일 많다. 특히 건축에 쓰인 기와는 온 지역에 널려 있다시피 하며 건축석료建築石料도 적지 않다. 물론 건축용 벽돌도 매우 많고, 건축에 쓰인 장식품도 쉽게 볼 수 있다.

기와에는 회색기와와 유약바른기와, 장식기와 등이 있다. 회색기와로는 암키와, 수키와, 막새기와 등이 있고 그 무늬로는 공작새꼬리무늬, 물결무늬, 톱날무늬, 연꽃무늬, 헌것무늬 등이 있다. 막새의 무늬는 연꽃무늬를 기본으로 삼았다. 유약을 바른 기와는 주로 궁전터와 금원禁苑터라고 인정되는 곳에서 많이 발굴된다. 유약바른기와로는 주로 수키와와 막새기와가 있다. 색깔은 황색, 녹색, 자주색인데 그중 녹색 유약을 바른 것이 가장 많다. 막새의 무늬는 도안화한 연꽃이다. 막새에도 녹색, 황색, 자주색을 발랐다. 장식기와로는 주로 치미鴟尾, 괴면怪面, 장식화판과 같은 것이 출토되었다. 치미는 용마루 양끝에 붙이는 큰 기와다. 괴면기와는 추녀마루를 장식하는 기와인데 그 생김새가 괴상한 짐승의 머리를 상징하였다. 기둥밑장식기와는 큰 고리처럼 생긴 형태로서 기둥 밑을 장식하는 기와다. 적갈색 또는 회백색의 보드라운 흙을 바탕으로 빚어 구웠다. 겉에는 여러 가지 빛깔의 유약을 발랐는데 그중 녹색 유약을 바른 것이 많다. 조각을 모아 묶으면 기둥 밑 테두리에 들어맞는 둥근 고리가 된다. 그냥 유약을 바른 것과 꽃무늬를 돋우어 새긴 뒤 그 위에 유약을 바른 것 두 가지가 있다.

벽돌에는 장방형벽돌, 방형方形벽돌, 끝이 뾰족한 벽돌, 멈추개벽돌 등 여러 가지가 있으며 또한 무늬 있는 것과 무늬 없는 것이 있다. 무늬 있는 벽돌은 한쪽 면에 보상화무늬〔寶相花紋〕를 돋우어 새겼다. 무늬 있는 벽돌에는 좁고 긴 면에 인동덩굴무늬〔忍冬紋〕를 새기고 넓은 면에는 노끈무늬〔繩紋〕를 새긴 것이 있다.

철제품으로는 생산도구, 생활용구, 무기, 건축물에 쓴 부속품과 같은 것이 있다. 구체적으로 보면 보시기, 대접, 가위, 부젓가락, 자물쇠와 열쇠, 철제향로〔鐵香爐〕, 삽, 낫, 끌, 대패, 수레굴통쇠, 갈구리, 문고리, 못, 받치개쇠, 바람방울〔風鐸〕, 문돌쩌귀, 투구, 창끝, 칼, 활촉, 쇠갑옷조각 같은 것이 많이 출토되었다.

구리제품〔銅製品〕도 많이 출토되었는데 그 가운데서 대부분은 사람의 몸을 장식하는 치레거리거나 생활용품이다. 거울에는 청동으로 만든 것과 백동으로 만든 것이 있다. 청동으로 만든 거울의 뒷면 가운데에는 구멍 뚫린 꼭지가 달렸고 그 테두리에 네 마리의 짐승을 돋우어 새겼다. 백동거울은 뒤면 복판에 구멍 뚫린 꼭지를 달았고 그 주위에 보상화무늬를 돋우어 새긴 것인데 조각이어서 원래의 온전한 모습을 알 수 없다.

석제품石製品으로는 곱돌로 만든 손잡이 달린 그릇과 대리석으로 만든 그릇 다리가 있다. 대리석 그릇에는 짐승의 머리를 새겼다. 돌로 만든 집 치레거리로는 사자대가리가 있다. 돌사자대가리는 여러 개 출토되었는데 생김새가 모두 같다.

이외 치레거리, 도기, 자기, 불교유물, 문자기와, 문자벽돌, 문자도기 등이 많이 출토되었다.

《금사상교金史詳校》 권3에서 장분張賁의 《동경기東京記》를 인용한 데 의하면 "마사진 비석을 얻었는데 그에는 '下瞰台星, 儒生盛於東觀'이라는 10자字가 한자로 새겨졌고 글자획이 장엄하다. 이는 아마 국학비國學碑인 듯하다."라고 하였다. 국학國學과 국학비國學碑는 서울에서만 찾아볼 수 있다.

성내에서는 또 '상경上京'이라고 새긴 큰 기와, 즉 명문기와가 발견되었다. 지금 이 명문기와는 요녕성 박물관에 소장되어 있다. 또 《만주사학滿洲史學》 제1기의 보도報道에 의하면 성내에서 '상경上京'이라고 새긴 큰 벽돌이 출토되었다고 한다.

이상과 같이 성내에서 발굴된 유물은 이 성터가 바로 발해 시기의 상경용천부 자리라는 것을 충분히 설명해주는 증거이다.

상경용천부 관할 하의 주와 현

《신당서》 발해전에 "용천부는 용, 호, 발 등을 관할하였다."고 하였으니 용천부의 산하에 용주, 호주, 발주 등 3개 주州가 있었음을 알 수 있다. 이제 상경용천부 관할 하에 있었던 주와 현의 위치를 살펴보려고 한다.

용주

용주龍州는 상경용천부 관할의 첫 번째 주이다. 소재지는 오늘의 동경성東京城 부근이었으며 관할 구역은 상경을 둘러싸고 있던 주, 즉 오늘의 경박호 이북, 동경성을 중심으로 한 일대였다. 용주의 산하에는 영녕永寧, 숙신肅愼, 부리富利 등 세 개 현이 있었다.

영녕현에 대해《일본류취국사》 권194에 영녕현 현승縣丞 왕문구王文矩가 일본으로 출사出使하였다는 내용이 기재되어 있다. 일개 현의 현승 왕문구가 849년에 나라를 대표하여 대사大使의 중책을 지니고 일본을 방문하였다는 것으로 보아 영녕현은 보통 현이 아니었고, 영녕현의 현승도 보통 현의 현승보다 격이 높은 고위급 현승으로 말하자면 용천부의 수주首州인 용주의 중심 현 현승쯤 되는 지위가 아니었을까 싶다. 영녕현은 용주의 수현首縣이었기 때문에 그 소재지는 반드시 오늘의 동경성 부근에서 찾아야 한다.

상경용천부 주변 50리 내외에 현존하는 발해 시기의 옛성 유지로는 대목단강옛성터大牡丹江古城址, 우장옛성터牛場古城址, 토성자옛성터土城子古城址, 상툰옛성터上屯古城址 등 네 곳이 있다. 이 네 옛성터는 모두 발해의 중기와 말기에 속하는 성 자리이다. 대목단강옛성터는 목단강 북안에 자리 잡았고 나머지 세 옛성터는 모두 목단강 남안에 있다. 이 네 옛성터 가운데서 상경유지에 가까운 성터는 우장옛성터와 토성자옛성터 두 개가 있다.

우장옛성터는 상경성上京城에서 서남으로 6리 되는 곳에 있다. 성은 장방형으로 되었는데 북쪽 성벽의 길이는 약 160미터, 동쪽 성벽의 길이는 약 100미터, 둘레의 길이는 약 520미터이고 북쪽 성벽에 성문자리가 세 개 있다. 성내에서 발해 시기의 벽돌과 기와, 기타 건축자재를 많이 발견하였다. 이 성은 교통요충지대에 건축되어 방위를 목적으로 하는 방위성의 성격을 띠었던 것으로 보인다. 그리하여 이곳 농민들은 우장옛성터를 '대병영大兵營'이라고 부른다.

토성자옛성터는 상경성에서 북으로 약 5리 떨어진 곳에 있다. 이 성의 주변에는 참나무가 많다. 발해 시기 '용주의 비단'을 생산하는 원료의 주요한 산지인 듯하다. 지금도 흑룡강성 작잠사양소가 이곳에 설치되어 있다. 이곳은 동경성 충적분지의 중부에서 남쪽으로 다소 치우친 곳인데 남으로 약 3리 되는 곳에 목단강으로 흘러드는 마련하가 있다. 성은 장방형으로 되었는데 동쪽 성벽의 길이는 394미터, 남쪽 성벽의 길이는 186미터, 서쪽 성벽의 길이는 391미터, 북쪽 성벽의 길이는 193미터, 둘레의 길이는 1,164미터이고 동, 서, 남, 북 네 성벽 중간에 서로 대칭되는 문자리가 있다. 성내의 세 곳에는 옛 우물이 있는데 지금도 그 물을 식수로 사용하고 있다. 우물은 상경유지에 있는 우물과 구조 및 형식이 같다. 성터 서쪽 문자리 바깥의 밭에서 발해 시기의 천무늬기와 조각을 많이 채집하였다.

 위에서 말한 두 성터를 서로 비교해 보면, 우장옛성터는 토성자옛성터보다 규모가 작고 주변의 지리형세가 확 트이지 못하였으며 교통요지에 지어졌기 때문에 상경을 보위하는 성은 될 수 있으나 현의 소재지로서의 조건은 갖추지 못하였다. 그러나 토성자옛성터는 우장옛성터보다 규모가 크고, 상경과의 거리가 5리이며, 주위가 넓고, 작잠과 식량생산의 기지가 될 만큼 풍요로워 인구가 밀집한 곳이다. 이와 같은 정황을 보면 토성자옛성터가 용주 관할 하의 첫 번째 현, 다시 말해 영녕현의 소재지가 될 만하다. 이는 문헌에 기재된 내용과도 부합된다.

 숙신현에 대해 가담의 《도리기》에 '其西南三十里有古肅愼城'이라 하였고 조정걸曹廷杰이 쓴 《동삼성여지도설東三省輿地圖說》숙신국고肅愼國考에는 '今東京城西南三十里有古城基, 當卽肅愼國也'라 하였으며 《송막기문松漠紀聞》에도 '古肅愼城, 四面約五里, 遺堞尙在, 在渤海國都三十里, 亦以石累城脚'라고 하였다. 이상의 문헌 기재에 의하면 상경용천부는 숙신의 옛땅이고 그 서남 30리 되는 곳에 옛 숙신성이 있다고 하니 숙신현은 용주의 속현임이 틀림없다. 숙신현의 소재지는 오늘의 동경성에서 서남으로 30리 되는 곳에 있었다고 판단할 수 있다.

 부리현에 대하여 《요사》 지리지 권1 상경도에 '保和縣. 本渤海國富利縣民, 太祖破龍州, 盡徒富利人散居東南'이라고 한 것으로 보아 부리현은 용주의 관할 하에 있던 현 중 하나였다는 사실을 알 수 있다. 또 《목단강중하류고고조사간보牡丹江中下游考古調査簡報》에 의하면 "대목단강옛성

大牡丹江古城은 목단강 북안에 자리 잡고 있는데 대목단강툰大牡丹江屯에서 동남쪽으로 약 1리가량 된다. 성의 유지는 북쪽이 높고 남쪽이 낮으며 장방형에 가깝다. 성터에서 발해 시기의 천무늬기와, 수키와, 연꽃무늬 기와 등을 많이 주웠다. 또 현무암으로 쪼아 만든 계단식형의 초석도 발견하였다. 이러한 유물과 건물성의 짜임새로 보아 우리는 초보적으로 대목단강옛성은 발해인들이 남겨놓은 옛성이라고 생각한다."라고 하였다. 위의 정황에 의하면 오늘의 영안현 현성에서 동북쪽으로 40리 떨어져 있는 대목단강옛성이 부리현 소재지일 것으로 보인다. 대목단강옛성터는 영안현 현성에서 40리, 상경에서 30여 리 되는 목단강 북쪽 기슭에 위치해 있다. 지세가 험준하여 적을 방어하기 좋고, 수륙교통이 편리하고, 기후가 따뜻하며 토질이 비옥하여 농경에 알맞다. 성은 장방형으로 되었는데 북쪽이 높고 남쪽이 낮다. 북쪽 성벽의 길이는 240미터, 동쪽 성벽의 길이는 220미터이며, 구불구불하고 규모가 큰 남쪽 성벽의 경우 길이는 280미터이고 둘레의 길이는 940미터이다. 성안에는 발해 시기의 천무늬기와, 수키와조각이 많이 흩어져 있다. 그리고 현무암을 쪼아 만든 계단식 기초들도 발견하였다. 이러한 정황으로 미루어 대목단강옛성터가 부리현의 소재지라고 인정할 수 있다.

호주와 속현

위에서 용주龍州는 상경용천부 관할 하의 수주首州이고 그 소재지는 오늘의 동경성東京城 부근이며 그의 관할 구역은 상경을 둘러싸고 있던 주

州, 즉 오늘의 경박호 이북, 동경성을 중심으로 한 일대라고 하였다. 발주渤州는 용주 이북에 설치되었는데 학계의 다수 학자들은 그 소재지가 목단강시牡丹江市 부근에 있는 남성자옛성터南城子古城址라고 주장한다. 이 논설은 비교적 사실과 부합된다.

그렇다면 호주湖州는 어디에 설치된 주인가? 호주는 용주 이북, 구국舊國 이남 지역, 즉 당시의 홀한해忽汗海(오늘의 경박호) 연안지대였을 것이다. 호주는 홀한해와 관련되어 이름 지어진 주州임이 명백한 만큼 경박호 연안을 그 지역 범위로 보면 틀림없을 것이다.

호주와 그의 소재지에 대해 김육불金毓黻은《발해국지장편》권12, 지리고地理考 상경용천부조에서 "호주는 홀한해 부근에 있었을 것이고 대개 홀한해에 의해 이름을 지었을 것이다."고 하였다. 그러나 그 소재지가 어디인지는 분명하게 지적하지 못했다. 손진기孫進己는《동북민족사고東北民族史稿》에서《영안현지》에 의하면 경박호 북안, 즉 진주문珍珠門과 평방점平方店 북쪽산 위에 옛성 유지가 있는데 영안현 현성과의 거리는 140리이고 동경성東京城과의 거리는 80리이다. 둘레의 길이는 약 10리이고 동서향으로 놓인 장방형이며 서쪽문 성벽의 유적 높이는 2장丈가량 되고 성내에는 우물자리가 세 곳 있다. 남쪽은 벼랑으로 되었는데 세속에서 성장립자城牆砬子라고 한다. 민국원년民國元年에 왕십로王十老가 성내에서 발해 시기의 동인銅印을 발견하였다. 도장자루는 사자대가리 모양으로 만들었는데 사발만치 컸다. 도장에는 '홀한주 겸 삼왕 대도독지인忽汗州兼三十大都督之印'이라고 새겼다. 이로 보아 이 성이 발해옛성이고 호주의 소재지가 아닌가 생각된다.…"18라고 하였다. 그러나 다수의 학자들은 성을 직접 답사해 본 결과 이 관점은 믿을 바가 못 되므로 더 자세한 답사와 연구가 필요하다고 본다. 또《영안현지寧安縣志》권3에 "요즘 조사한 데 의하면 발해 상경을 지금 동경성이라고 통속적으로 부르는데 이와 가까운 옛성은 셋이 있다."고 한 내용이 있다. 세 성은 바로 대석두하옛성大石頭河古城, 남호두옛성南湖頭古城, 성장립자옛성을 가리키는 것으로서 이 세 개 옛성은 발해 호주 관할 아래에 있던 3개 현, 즉 풍수豊水, 좌모佐慕, 부라扶羅의 소재지를 가리킨다고 한다. 그중의 하나는 주州소재지를 겸하였다고 보는 이들도 있다. 따라서 호주湖州의 소재지가 어디냐는 문제는 아직 해결되지 못한 셈이다. 지금까지의 조사 연구 결과를 종합해 볼 때 나는 남호두옛성터가 호주의 소재지라고 생각한다. 그 이유는 다음과 같다.

첫째, 지리적 조건으로 보아 남호두옛성이 호주의 소재지이다. 남호두옛성은 경박호 남쪽 끝에 위치해 있고 동, 서, 북 3면은 경박호 만에 임하며 남쪽은 대흥촌, 호남촌과 인접해 있다. 대흥촌과 호남촌 사이에는 돈화로 통하는 신작로가 가로놓여 있어 교통이 매우 편리하다. 이 신작로의 전신은 고도古道, 옛길였는데 위만주국僞滿洲國 시기에 확대하여 국도國道로 하였고 지금은 학대선鶴大線 신작로의 중요한 한 구간이 되었다. 동경성東京城에서 돈화로 오가려면 반드시 이 길을 통해야 한다. 그 때문에 예나 지금이나 할 것 없이 남호두옛성을 지나는 길은 매우 중요한 교통로 구간이다. 발해 시기에도 이 구간을 통해 상경과 구국 사이를 왕래했을 것이다. 남호두는 3면이 호수와 접하였고 경박호의 남쪽 끝에 있다. 그래서 수상교통도 매우 편리하다. 남호두는 지세가 평탄하고 넓으며 토질이 비옥하다. 이 지대는 전 경박호 연안 일대에서 평지가 제일 크고 넓은 곳이다. 성장립자, 중진하 일대, 대석두하 일대의 평지 경작지는 모두 남호두 평지 경작지에 비길 바가 못 된다. 토질이 비옥하기 때문에 농사가 잘 되고 농업 생산이 발전하였다. 따라서 지금도 이 일대에 자리 잡은 촌락의 수가 경박호 연안 일대의 다른 지구에 비해 제일 많다. 이 지대는 세 면이 호수에 임해 있기에 어업도 발전했다. 이처럼 경제가 발전한 지방에 주의 소재지를 설치하는 것은 당연한 일이다. 그러나 성장립자산성은 진주문珍珠門 서쪽 산기슭, 그것도 험한 낭떠러지 위에 쌓았다. 성의 동쪽, 남쪽, 북쪽은 호수에 임해 있지만 벼랑이 매우 가파르다. 성장립자산성의 주위 환경을 살펴보면 다만 넓고 긴 호수와 높이 솟은 산봉우리만 보일 뿐 경작지와 사람이 사는 마을이라고는 찾아볼 수 없어 마치 세상과 동떨어진 곳 같은 느낌이 든다. 산길은 울퉁불퉁하고 험하여 산성으로 오르려면 지팡이에 의지하거나 나뭇가지를 잡고 기어 올라가는 수밖에 없다. 만약 양식과 사료, 무기 같은 것을 나르자면 사람이 직접 메어 나르지 않고는 다른 동물이나 도구에 기댈 수 없다. 이와 같이 3면이 호수에 접하고 깎아지른 듯한 절벽 위에 쌓았으며 경작지가 하나도 없어 농업 생산량도 없을뿐더러 인근 마을과 격리되고 교통이 매우 불편한 곳에는 주의 소재지를 설치할 수 없다. 그러나 이 성은 수륙교통의 요충지에 있으므로 상경을 지키는 호위성으로 사용되었을 것이다. 성산립자산성과 마찬가지로, 중진하산성과 대석두하옛성도 남호두옛성과 같은 조건을 구비하지 못하였기 때문에 호주의 소재지가 될 수 없다.

둘째, 성의 규모와 짜임새로 보아 남호두옛성은 호주의 소재로 될 만하다. 지금 남아 있는 두 곳의 성벽은 도합 446미터이다. 나머지 호수 기슭에 있던 성벽은 허물어 버렸으므로 그 길이를 측량할 수 없지만, 지금의 호수 기슭을 따라 측량한다면 그 둘레의 길이는 1,207미터2.5리가 된다. 《영안현지》에는 "둘레의 길이가 약 4리가량 된다."라고 기재하였다. 이 평지성의 둘레의 길이가 약 4리가량 된다면 처음 지었을 당시에는 너끈히 한 개 주州의 소재지가 될 만한 규모였다. 성벽의 횡단면을 측량한 결과에 따르면 무너진 성벽 밑면의 너비는 25미터 남짓 된다. 이는 상경 바깥성의 몇 면의 너비보다 조금 짧은 정도이다. 따라서 남호두 성벽의 높이도 상경의 성벽보다 좀 낮긴 하나 다른 성들에 비하면 높다고 볼 수 있다.

성안에는 또 담장기초유지가 두 곳에 있다. 한 곳은 남북 방향으로 쌓았는데 동쪽에 좀 치우친 편으로, 길이는 200미터이고 너비는 2미터이다. 다른 한곳은 동서로 쌓았는데 길이가 약 240미터이고 너비는 2미터이다. 이는 내성 성벽터일 것이다. 그리고 북쪽의 높은 곳에는 높은 대를 쌓은 곳이 있다. 높은 대는 중요한 대형건축터이다. 남호두옛성의 이러한 짜임새는 경박호 연안에 있는 발해 시기의 다른 성들과는 분명히 다르다. 이는 남호두옛성이 경박호 연안 일대에서 차지한 지위가 다른 성들보다 높았다는 것을 설명한다.

셋째, 《영안현지》에 의하면 "남호두는 현성 서남쪽에서 200리 떨어져 있으며 둘레의 길이는 약 4리이다. …때때로 엽전(古錢. 동전)이 출토된다."라고 하였다. 다른 옛성에서는 아직까지 당시에 사용한 엽전이 발굴된 사례가 없다. 그리고 남호두 성안은 이미 개간되어 경작지로 변하긴 했지만 지금도 밭이랑 사이에 당시의 건축 유물이 많이 널려 있다. 그 가운데는 회색무늬기와조각과 모래가 섞인 갈색 질그릇 조각들이 특히 많고, 깨어진 돌절구와 절구공이들이 출토되었다. 이 유물은 상경용천부 등 발해의 옛성 유지에서 출토되는 유물과 같다. 이와 같은 사실은 남호두옛성이 발해 때의 옛성이었다는 것을 설명할 뿐만 아니라 남호두옛성은 다른 옛성들보다 더 중요한 위치에 있는 성이었다는 사실을 설명한다.

이와 같은 근거로 미루어 남호두옛성터가 발해 시기 용천부龍泉府 관할 하에 있는 호주湖州의 소재지였다고 인정한다. 기타 성들은 남호두옛성과 같은 조건을 구비하지 못했기 때문에 호주의 소재지로 인정하지 않는다.

호주 관할 하의 속현(소속현)에 대해 명문으로 남아 있는 기록은 없다. 《요사》에 실린 내용을 보고 추리한다면 요나라 때의 황룡부黃龍府(지금의 농안현)에 소속되었던 좌모佐慕, 풍수豐水, 부라扶羅 등 세 개 현이 여기에 해당하지 않나 싶다. 세 개 현의 소재지는 경박호 연안에 있는 세 개 옛성터인 것 같다.

발주와 속현

발주渤州의 소재지에 대해 지금까지 학계에서 토론된 내용을 살펴보면 대략 임구현 삼도통고성설林口縣三道通古城說, 해랑하고성설海浪河古城說, 남성자고성설南城子古城說 등이 있다. 삼도통고성설三道通古城說은 《동북민족사고東北民族史稿》에서 제기된 설이다. 삼도통고성의 동쪽으로는 목단강 지류가 흐르고 성의 둘레는 2,900미터이며 성벽의 남은 높이는 2.9~9.2미터이며 성벽 기초의 너비는 4.5~11미터이다. 성내에서 철제 가마, 동불銅佛, 철촉, 귀가 둘이 달린 질그릇 동이, 암키와, 수키와 등이 출토되었다. 기와와 질그릇 가운데는 헌것무늬를 새긴 회색, 홍갈색인 것이 있다. 임구현 두도하자林口縣頭道河子 북쪽에서 또 발해 시기의 성터를 발견하였다. 두도하자고성은 영안현 동경성에서 북으로 200리 좌우 되는 곳에 위치하였다. 이상의 사실로 보아 삼도통고성이 발주의 소재지인 듯하다고 보는 것이 삼도통고성설이다.

해랑하고성설은 《중국역사지도집》 동북지구자료휘편에서 제기된 설이지만 마땅한 근거가 충분치 않다. 저자는 "'해랑하고성'은 용두산고성龍頭山古城 동남쪽, 목단강 동안에 위치하여 있는데 영안현 현성에서 북으로 60리 떨어졌고 길이는 360궁弓(한 궁은 다섯 자이며 한 자는 30.3센티미터)이며 이미 황폐화되어 주민이 살지 않는다. 이곳이 발주의 소재지인 듯하다."라고 썼다. 그러나 삼도통고성설과 해랑하고성설은 사학계 다수 사람들의 지지를 받지 못하고 있다. 그렇다면 발주의 소재지를 어느 지역에서 찾아야 하는가?

발주는 용천부 관할 밑에 있던 3개 주 가운데 하나이므로 그 지리 위치는 반드시 용주, 호주에 가까운 이른바 숙신고지의 범위 내여야 한다.

《요사》권38,《지리지》권2에 "호주 홍리군 자사 다음에 발주渤州, 청화군淸化軍, 자사刺史를 놓고 그 속현은 공진현貢珍縣 하나인데 주와 현은 발해 이래의 이름이다."고 하였다. 지금 발주와 공진현의 위치에 대해 명문으로 남아 있는 기록이 없기 때문에 정확한 위치를 알기는 어렵다. 그러나 용주, 호주가 배치된 지리 위치와 고고학 자료를 참고해 발주의 위치를 대강이나마 추정할 수 있다. 용천부 가운데서 용주는 중심주이기 때문에 상경을 중심으로 한 지역 범위 내에 있었고 호주는 용주 이남, 오늘의 경박호를 중심으로 한 주변에 있었다. 호주 이남은 구국舊國의 관할 범위 내에 속하니 그곳에 발주를 설치할 수는 없다. 용주를 중심으로 하여 이남에 호주를 설치하였으니 발주는 응당 용주 이북에 설치되었을 것이다. 이것이 지리 위치로 보아 맞는 것이다. 최근 고고학 사업일군들이 조사 발굴해낸 바에 따르면 남성자옛성터南城字古城가 발주의 소재지가 아닌가 미루어 짐작할 만하다. 그 주요한 이유는 다음과 같다. 첫째, 남성자옛성터 부근의 산천山川에 대한 옛 명칭으로 본다면 성북쪽에 있는 좌근左近을 옛날에는 '박륵과전자博勒棵棵甸子'라 했고 세속에서는 박력전자博力甸子라고 한다. 성남쪽에 멀리 있는 산은 박력합달博力哈達이라고 한다. '하다哈達'는 만족어滿族語로 '산봉우리山峰'라는 뜻이다. 성 동쪽에 륵륵하勒勒河가 있다. 륵륵하를 '륵력하勒力河'라고 하는데 이는 '박력하博力河'가 잘못 전해진 것이다. '버리博力'는 버리博力 혹은 '버저우渤州(우리말 발음은 발주)'와 관련이 있다. 발해 제2대 무왕 대무예는 흑수말갈을 칠 때 이곳을 통해 나아가 쳤다. 아마도 그때 이곳에 발주를 설치하였을 것이다. 둘째, 남성자옛성의 규모와 짜임새를 보면 남북이 길고 동서가 좁은 장방형으로 되었는데 남북의 길이 580미터, 동서 너비 450미터, 둘레의 길이 2,060미터이다. 성 밖에 호성하가 있다.[19] 이로 보아 남성자옛성터는 한 개 주의 소재지가 되기에 손색이 없다. 셋째, 남성자옛성터에서 발해 시기의 연꽃무늬기와막새를 비롯하여 발해 시기의 유물을 많이 발견하였다. 이상의 사실로 보아 목단강시 부근의 남성자옛성터가 발주의 소재지라고 추단한다.

위에서 서술한 바와 같이 상경의 위치는 오늘의 흑룡강성 영안현 발해진이고 용천부의 산하에는 용주, 호주, 발주 등 3개 주가 있었으며 그 관할 범위는 목단강 중류를 중심으로 한 그 주변, 즉 오늘의 흑룡강성 동부 지구이다.

중경현덕부 中京顯德府

발해 제3대 문왕 대흠무大欽茂는 천보년간742~755년에 중경中京을 수도로 정하고 전국을 통치하였다. 중경의 위치는 오늘의 화룡시 서성진 북고성촌和龍市西城鎭北古城村이다. 북고성을 일명 서고성西古城이라고도 한다.

발해 중경에 관한 문제는 국내외 학자들이 오랫동안 주목하고 깊은 연구를 거쳐 많은 성과들을 거두었다. 그러나 아직 해결되지 못한 문제들이 적지 않다. 여기서는 발해의 중경에 관계되는 문헌자료와 고고학 자료에 근거하여 새로운 고찰을 시도해보고자 한다.

중경의 지리 위치와 관할 범위

　중경의 지리 위치는 국내외 학계에서 오랫동안 논쟁의 대상이 되어왔다. 지금껏 토론된 내용을 정리하면 대략 소밀성설蘇密城說20, 돈화시설敦化市說21, 돈화시 대포시하진 낭시하촌 서쪽 마권자고성설敦化市大蒲柴河鎮浪柴河村西馬圈子古城說22, 나단불륵설那丹佛勒說23, 안도대성자고성설安圖大城子古城說(대전자고성 혹은 만보고성萬寶古城이라고도 한다.)24, 서고성설西古城設25 등 여섯 가지 설이 있다. 그 가운데서 서고성설이 가장 유력하기 때문에 중경현덕부의 소재지는 마땅히 화룡현 서고성和龍縣西古城으로 보아야 한다. 그 주요한 근거는 다음과 같다.

　첫째, 역사문헌에 기재된 중경현덕부의 방위로 보면 오늘의 화룡현 서고성이 바로 발해국의 두 번째 수도 중경中京이다. 자세한 내용은 본 책 2단원 '발해 도성의 천이'에서 중경中京 부분을 참고하기 바란다.

　둘째, 중경은 바로 5경 가운데서 중간에 위치해 있기 때문이다. 즉 중경은 상경上京(오늘의 흑룡강성 영안현 발해진) 이남, 동경東京(훈춘현 팔련성) 이서, 서경西京(오늘의 길림성 임강진) 이동, 남경南京(오늘의 조선 남경남도 북청) 이북에 위치해 있다.

　셋째, 서고성西古城의 형태와 짜임새, 그리고 그곳에서 출토되는 유물은 발해의 수도였던 상경과 동경의 유지, 그리고 그곳에서 출토되는 유물과 기본적으로 동일하다. 서고성은 내성과 외성으로 나뉘어 있다. 외성外城은 장방형인데 동서의 길이가 630미터, 남북의 길이가 730미터이고 둘레의 길이가 2,720미터이다. 성벽은 흙을 다져 쌓았는데 다짐층의 두께는 0.1미터이다. 성벽 밑면의 너비는 13~17미터이고 윗면의 너비는 1.5~4미터이며 지금 남아 있는 성벽의 높이는 보통 1.8~2.5미터이고 개별적 구간은 4~5미터에 달한다. 동쪽, 남쪽, 북쪽 성벽에는 트인 곳이 각각 두 곳씩 있다. 남쪽 성벽과 북쪽 성벽 중간의 트인 곳은 성의 남북 중추선에 놓였는데 그것은 남문과 북문 자리이다. 그 너비는 약 15미터이다. 성안의 동남쪽에는 약 1,500평방미터 되는 못자리가 있다. 성벽에는 해자가 있었다. 그러나 지금은 거의 메워지다시피 했다. 그나마 남쪽 성벽의 동쪽 끝과 동쪽 성벽의 남쪽 끝에만 남아있던 해자의 흔적도 지금은 얕은 물도랑이 되었다. 내성內城은 외성의 중부에서 다소 북쪽으로 치우쳐 있는데 남북으로 긴 장방형이다. 남북의 길이는 310미터이고 동서의 너비는 190미터이다. 내성의 북쪽 성벽은 외성의 북쪽 성벽에서 약 70미터 떨어져 있다. 내성의 남쪽 성벽은 중간 구간이 안쪽으로 들어갔고 그 가운데에 대문 자리가 있다. 이러한 모습은 팔련성 내성 남쪽 성벽에서도 볼 수 있다. 내성 남쪽 성벽 중부에 설치된 성문에서 북으로 82미터 들어가면 제1궁전이 있고 제1궁전 북쪽 기단에서 북으로 36미터 가면 제2궁전이 나온다. 제2궁전에서 북으로 약 100여 미터 가면 제5궁전이 위치해 있다. 내성 정문, 제1, 2, 5궁전, 북문은 내성 내의 남북으로 놓인 중추선 위에 놓였고 제2, 3, 4궁전은 내성 내의 동서로 놓인 직선 위에 놓였다.

　　2000~2005년도 《발해 중경현덕부유지 전야고고보고》 서고성에 "…1~4호 궁전은 내성의 남부 구역에 마련되었고 5호 궁전은 단독으로

내성의 북부 구역에 마련되었다. 두 구역은 내성 사이벽 중간에 쪽문을 두고 서로 이어져 있다.

1, 2호 궁전은 복합식 건축형태로서 1호 궁전의 좌우 양측에 동, 서 낭무廊廡를 두고 2호 궁전의 좌우 양측에도 동, 서에 곁채配殿를 두었다. 3, 4, 5호 궁전은 단일체 건축에 속한다. 1호 궁전 좌우의 낭무는 서로 동서로 대칭을 이루었고 2호 궁전 좌우의 곁채도 동서 좌우로 대칭을 이루었으며 3, 4호 궁전은 2호 궁전을 중심으로 하여 동서 좌우로 대칭을 이루었다. …5개의 궁전 중 제1궁전 자리 기단이 제일 높고 버금 제2호 궁전 자리 기단이며 3, 4, 5호 궁전 자리 기단의 높이는 서로 비슷하다.

중국 고대의 등급제도에 의하면 궁전 기단의 높이는 응당 그의 공능 및 등급과 관련된다. 그러므로 5개의 궁전 중에서 제1, 2호 궁전은 아주 중요한 위치와 지위에 있었음을 알 수 있다. 1호 궁전은 국왕이 정사政事를 보던 정전政殿(혹은 正殿)이었을 것이고 2호 궁전은 왕이 휴식하는 침전寢殿이었을 것이다."26라고 하였다. 서고성의 모양새, 짜임새와 규모는 발해 시기 서울의 특성을 갖고 있을 뿐 아니라, 상경용천부 자리인 영안현 발해진과 동경용원부 자리인 훈춘시 팔련성琿春市 八連城과도 비슷하다. 중경과 동경, 상경은 모두 발해 제3대 문왕 대흠무 시기에 건축되었다. 발해 시기 수도로 될 만한 조건을 구비한 옛성은 구국, 중경, 동경, 상경을 제외하면 지금까지 더 발견된 바가 없다. 소밀성은 규모가 서고성과 비슷하지만 그 모양새와 짜임새가 回자 형으로 되었고, 내성이 외성의 중부에 위치해 있을 뿐만 아니라 옹성甕城까지 있어서 수도로 보기 어렵다.

최근 몇 년 사이 서고성에서 발해 유물이 많이 발굴되었다. 주요한 것으로는 꽃무늬벽돌, 유약바른 푸른기둥밑치레, 유약바른 푸른기와, 마사진 귀면, 연꽃무늬기와막새, 겨우살이덩굴무늬막새기와, 물결무늬와 공작새무늬가 새겨진 암키와, 유약바른 푸른 연꽃잎치레거리, 검은 기와와 문자기와 등이다.27 특히 유약바른 푸른기와, 유약바른 푸른기둥밑치레, 꽃무늬벽돌 등은 흑룡강성 발해진 발해 상경용천부 유적과 훈춘시 팔련성 발해 동경 유적 등 곳에서 발굴된 것과 완전히 같은 한편 다른 발해 옛성에서는 지극히 찾아보기 힘든 것이다. 소밀성 성내에서는 벽돌과 기와 등의 건축재료가 별로 출토되지 않았다. 또한 아직은 발해 시대의 전형적인 유물을 발견하지 못했다. 유약바른 푸른기와, 유약바른 푸른기둥밑치레, 연꽃무늬벽돌, 문자기와 등이 전혀 나오지 않은 것은 물론이다.

셋째, 중경의 주변에 발해 때의 옛성, 무덤, 기타 유지들이 많이 분포되어 있다는 사실은 중경의 관할 밑에 5개 주가 있었다는 기본 정황과 부합된다. 중경현덕부의 관할 밑에 노盧, 현顯, 철鐵, 탕湯, 영榮, 홍興 등 6개 주州가 있었다.28 5경 가운데서 주와 현을 제일 많이 관할한 것이 중경이므로 중경의 주변에는 응당 발해유적이 제일 많아야 한다. 최근 몇 년 사이 고고학계가 거둔 발굴 성과를 보면 서고성을 중심으로 한 주변 2~300리 범위 내에서 옛성터, 옛유지, 무덤군들이 많이 발견되었다. 길림성과 연변의 고고학일군들은 최근에 몇 차례의 전면적 조사를 거쳐 서고성 주변에서 20여 개의 평원성과 산성을 발견하였다. 이런 평원성과 산성은 서고성 부근의 크고 작은 하천의 강어귀나 교통요로 및 그 부근의 산 위에 자리잡고 있었다. 평원성과 산성으로는 하남둔옛성河南屯古城(서고성에서 남으로 8리 떨어진 곳), 장항옛성獐項古城(서고성에서 서쪽으로 20리 되는 곳), 용해옛성龍海古城(서고성에서 동쪽으로 약 50리 되는 곳), 동흥촌옛성東興村古城(서고성에서 동북쪽으로 약 210리 되는 곳), 북대옛성北大古城(서고성에서 동북쪽으로 약 100여 리 되는 곳), 하룡촌옛성河龍村古城(서고성에서 동북쪽으로 약 120리 되는 곳), 흥안옛성興安古城(서고성에서 동북쪽으로 210리 되는 곳), 태양옛성太陽古城(서고성에서 서북쪽으로 약 100리 되는 곳), 태암옛성太岩古城(서고성에서 서북쪽으로 약 130리 되는 곳), 보마옛성寶馬古城(서고성에서 서남쪽으로 약 300리 되는 곳), 성교옛성, 장인옛성, 영성옛성, 토성툰옛성 등과 팔가자 남산산성, 양목정자산성, 송월산산성, 선구산성船口山城(서고성에서 동쪽으로 130리 되는 곳), 금곡산성, 성자산산성, 오호산산성, 오봉산산성, 다라즈산성 등이다. 평원성은 대부분 장방형이며 크기는 제각각이다. 그 가운데서 비교적 큰 것으로는 하남둔옛성을 들 수 있다. 그 둘레의 길이는 2,500미터이고 성벽은 흙과 돌을 섞어 쌓았거나 부분적으로 돌로 쌓은 것도 있다. 북대옛성은 발해 시기에 비교적 이름이 알려졌던 평원성의 하나다. 성은 연길시延吉市 북쪽 연집강烟集江의 동쪽 기슭, 계곡 아래쪽 평지에 자리 잡았다. 유물이 널린 범위를 보고 추측하면 성의 크기는 동서와 남북이 각기 약 500미터 가량 된다. 이 유지에서 수집된 유물로는 연꽃무늬막새기와, 물결무늬암키와, 꽃변두리기와, 유약바른 푸른기와 등이 있다. 특히 성내에서 발굴된 유약바른 푸른기와가 인상적이다. 이런 기와는 연변의 여러 발해유적 가운데서 중경, 동경 유적과 개별적으로 절간자리를 제외하고는 발견된 사례가 극히 드물다. 북대옛성은 짜임새,

형태로 보아 중경 관할 하에 있는 어느 한 주의 소재지였을 것이다.

서고성 부근에는 발해 시기의 무덤들이 많이 분포되어 있다. 지금까지 발굴 조사한 데 의하면 북대무덤군, 용해무덤군, 장인무덤군, 장항무덤군, 동남구무덤군, 명암무덤군, 혜장무덤군, 덕미무덤군, 청룡무덤군, 복동무덤군, 동흥촌무덤군, 수남무덤군, 태암무덤군, 하룡무덤군, 신광무덤군, 동청무덤군, 용천무덤군, 용암무덤군, 부민무덤군, 영성무덤군, 신품무덤군, 용두산무덤군 등 20여 자리의 무덤군과 1,000여 기의 무덤이 발견되었다.

서고성 부근에 이와 같이 평원성, 산성 무덤군이 많이 분포되어 있다는 점은 중경이 6개 주, 30개 현을 관할했다는 역사 문헌의 기재 내용과 부합된다. 또한 서고성을 중심으로 그 주변에 인구가 밀집하고 방위가 삼엄했으며 신흥도시들이 많이 형성되었고 농업, 수공업, 상업이 발달한 지구가 형성되어 당시 발해의 정치, 경제, 문화의 중심지구로 발전했다는 사실을 설명해준다. 그 풍경은 발해 경내를 여행한 일본의 승려이자 학자인 영충永忠이 직접 눈으로 본 바를 적은 "곳곳마다 마을이 있는데 모두 말갈부락이었다."29라는 묘사와 같다. '현주의 천'과 '위성位城의 철', '노주盧州의 벼'는 모두 이 시기 중경 관할 범위 내의 지역에서 생산되는 유명한 산품이었다. 서고성을 중심으로 한 해란강海蘭江 유역과 부르하통하布爾哈通河 유역은 오늘도 벼 재배로 유명하며 서고성에서 서쪽으로 30리 가면 와룡철광지구가 있다. 이는 '노주의 벼', '위성의 철'이라는 문헌 기재와 부합된다.

소밀성은 화전현樺甸縣 현성에서 동북쪽으로 8리 되는 곳에 위치해 있다. 지금까지 조사한 데 의하면 소밀성 부근 2~300리 범위 내에서 발해 시기의 옛성과 유지라고 추정할 만한 것은 소밀성에서 남쪽으로 6리 되는 곳에 있는 북토성北土城(지금 성벽을 찾아볼 수 없지만 유지의 둘레 길이는 약 1리 가량 되고 연꽃무늬막새기와가 출토되었다)과 화전현 팔도하자향樺甸縣八道河子鄕에서 서쪽으로 약 2, 3리 되는 곳에 위치해 있는 서위자西葳子 발해 유지 정도이다. 그 밖에는 아직 발해 시기의 옛성과 유지, 무덤을 발견하지 못했다. 소밀성 일대를 흐르는 휘발하輝發河 유역은 원래 벼 생산으로 이름난 곳이 아니다. 따라서 '노성盧城의 벼'라는 기재와 부합되지 않는다.

넷째, 하남툰옛무덤과 정효공주묘의 발견은 중경이 서고성에 있었다는 주장을 가장 설득력 있게 뒷받침해 주는 물증이다.

1971년 화룡현 팔가자 하남촌八家子河南村에서 발해 왕실의 귀족 부부의 합장무덤이 발견되었다. 동서로 나란히 있는 두 기의 무덤은 흙으로 봉하였고 주검간 네벽은 장방형 검은 벽돌로 쌓고 백회로 틈새를 발랐으며 무덤 밑바닥은 방형벽돌을 깔았다. 이 두 무덤은 크기가 대체로 같으며 길이 2.40미터, 너비 1.40미터, 높이 0.47미터이다. 백성들의 반영에 의하면 원래 이 두 무덤은 8개 큰 판돌로 무덤 위를 두 층으로 덮었고, 그 위를 다시 동서 약 28미터, 남북 약 20미터, 높이 약 2미터 되게 흙으로 봉하였으며, 그 위에 30여 개의 큰 기초돌(20여 개라고 하는 사람도 있다)이 동서 방향으로 정연하게 줄지어 놓여 있었다고 한다. 이 무덤을 정리할 때 무덤 앞 동남쪽으로 약 2미터 떨어진 곳에 기초돌 한 개가 남아 있었고 땅

위에는 기와조각들이 많이 널려 있었다. 무덤 주위에는 둘레 500미터 되는 방형方形 담이 있었고 남쪽 담장 가운데에 대문 자리가 있었다. 이 두 무덤 속에서 귀중한 금띠와 금치레거리 등 금속제품 83점이 발굴되었다. 이런 금띠와 금치레거리들은 다양한 형식으로 정교하고 아름답게 만들었으며 복잡한 도안과 꽃무늬로 장식하였다. 특히 금띠는 수정과 진한 정도가 다른 녹송석綠松石을 박아놓아 한결 더 아름답고 귀중해 보인다.

발해는 나라가 존속했던 229년 동안 당나라와 왕래가 잦았다. 문헌에 보면 당나라 왕조에서 발해 사신에게 '자줏빛 전포와 금띠'를 은사하였다는 기록이 있다. 이 두 무덤에서 발굴된 금띠는 당나라 때 무덤에서 발굴된 금띠와 비슷하며 당나라풍이 짙다. 그러므로 이 금띠는 당나라 왕실에서 발해 왕실귀족에게 은사한 것일 가능성이 높다.

이 무덤의 주인이 누구인지는 문자로 기재된 내용이 없어서 아직 알 수 없지만, 무덤의 짜임새, 규모 및 껴묻거리로 분석해 보면 무덤의 주인은 직위와 신분이 아주 높은 왕실귀족이며 생전에 서고성에서 살았거나 서고성과 연관되었을 가능성이 높다고 볼 수 있다.

1980년 화룡현 용수향 용두산和龍縣龍水鄕龍頭山에서 발해 제3대 문왕 대흠무의 넷째 딸 정효공주貞孝公主의 무덤을 발굴하였다. 벽돌과 판돌로 쌓은 무덤은 주검간, 무덤안길, 무덤길, 묘상탑 등으로 이루어졌다. 주검간은 지면에서 약 4미터 정도 깊은 곳에 있었다. 주검간벽은 검은 벽돌로 쌓았으며 그 위에는 1~2단의 평행고임을 하고 그 위에 다시 2단의 평행

고임을 한 뒤 큰 판돌로 덮었다. 무덤간은 길이가 3.10미터, 너비가 2.10미터, 높이가 1.90미터이다. 무덤간 안에서 남녀 두 사람의 유골이 출토되었는데 이는 정효공주와 그의 남편의 유골일 것이다. 무덤안길 뒤에서는 벽돌을 깐 바닥에서 세워져 있는 정효공주묘비가 발견되었다. 무덤안길 뒤의 동, 서 두 벽과 주검간의 동, 서, 북 세 벽에는 횡대로 서 있는 사람 12명이 그려져 있다.

  정효공주묘 동쪽 산기슭에서 또 보다 잘 보존되어 있는 무덤 10여 기를 발견하였다. 용두산무덤군은 발해 왕실귀족들의 묘지로서 서고성과 밀접한 관계를 가지고 있었으며 중경현덕부에 사는 왕실귀족들만 묻었던 묘지였다. 정효공주의 비문에는 정효공주를 염곡 서쪽 언덕에 배장하였다고 기재되어 있다. 배장된 것이 누구인가? 아직 잘 알 수 없으나 정효공주보다 신분이 한 계급 더 높은 왕실 귀족이라는 사실만은 분명하다. 아마 이는 정효공주의 백부일 것이다.

  이상에서 서술한 바와 같이 하남툰무덤과 정효공주묘의 발견은 발해의 중경이 서고성에 있었다는 주장을 가장 설득력 있게 뒷받침해주는 물증이다. 소밀성설과 돈화설은 모두 서고성설만큼 유력한 조건을 구비하지 못하고 있기 때문에 그 논거를 믿기 어렵다.

  중경의 관할 범위는 지금의 길림성 화룡현, 용정현, 연길시, 안도현, 왕청현汪淸縣, 그리고 함경북도咸鏡北道의 일부와 양강도兩江道의 일부를 포함하였다.

중경현덕부 관할 하의 주·현들

중경현덕부 관할 하의 주에 대해 《신당서》 발해전에 "숙신고지를 상경으로 삼아 용천부라 하고 용, 호, 흥 등 3개 주를 관할하였다. 그 남쪽을 중경으로 삼아 현덕부라 하고 노, 현, 철, 탕, 영, 흥 등 6개 주를 관할하였다.(以肅慎故址爲上京, 曰龍泉府, 領龍, 湖, 勃, 三州. 其南爲中京, 曰顯德府, 領盧, 顯, 鐵, 湯, 榮, 興六州.)"라고 하였다. 이로 보아 중경현덕부의 관할 하에 노, 현, 철, 탕, 영, 흥 등 6개 주가 있었다는 것을 알 수 있다.

현주

현덕부 관할 하의 6개 주 가운데서 현주顯州는 《신당서》 발해전에 쓴 순서로는 노주의 다음이기 때문에 수주首州가 아니지만 노주의 다음 중경현덕부中京顯德府라는 명칭이나 《도리기道里記》 기사로 보아 중경현덕부의 수주首州가 틀림없음을 알 수 있다. 《신당서》 발해전에 "숙신고지를 상경으로 삼아 용천부라 하였으며 …그 남쪽을 중경으로 삼아 현덕부라고 하였다."라고 하였다. 그 남쪽을 현덕부라고 똑똑히 기재하였을 뿐 노덕부나 철덕부라고는 표현하지 않았다. 《요사》에는 "현주 봉선 군상절도는 본래 발해 현덕부 지역이다.(顯州奉先軍上節度本渤海顯德府地)"라고 하였고 가담이 쓴 《도리기》에는 "신주에서 육로로 400리 가면 현주에 이르는데 이곳은 천보중에 왕이 도읍한 곳이다. 또 정북으로 600리 가면 발해 왕성에 이른다.(神州, 又陸行四百里至顯州, 天寶中王所都; 又正北如東六百里至渤海王城)"라고 하였다. 이 기재에서 알 수 있는 사실은 다음과 같다. 첫째, 신주(오늘의 길림성 임강진)에서 육로로 400리 가면 현주에 이른다. 둘째, 현주는 천보년간에 왕이 도읍한 곳이다. 셋째, 현주에서 정북으로 600리 가면 발해 왕성(오늘의 흑룡강성 영안현 발해진)에 이른다. 다시 말하면 신주와 현주와의 거리는 400리이고 현주와 발해 왕성, 즉 상경과의 거리는 600리이며 현주는 상경에서 정남쪽에 있었다는 뜻이다. 이는 기본적으로 사실에 부합된다. 따라서 현주는 오늘의 서고성을 중심으로 한 지대에 설치되었다고 인정할 수 있다.

현주 관할 하의 현으로는 금덕현金德縣, 상락현常樂縣, 영풍현永豊縣, 계산현鷄山縣, 장녕현長寧縣 등 5개 현이 있었다.

지금까지 사학계에서 현주顯州의 소재지 문제를 둘러싸고 이루어진 토론 내용을 정리해 보면 소밀성설蘇密城說,30 돈화오동성설敦化敖東城說31 나단불륵설那丹佛勒說32, 안도대성자고성설安圖大城子古城說33, 돈화대포시하 재랑하고성설敦化大蒲柴河才浪河古城說34, 서고성설西古城設 등이 있다. 소밀성과 나단불륵성은 신주神州(오늘의 임강진)로부터 발해 왕성(오늘의 발해진)에 이르는 교통로 위에 있는 것이 아니라 발해의 조공도朝貢道와는 멀리 서쪽으로 에돌게 되는 지점에 있다. 그러므로 소밀성설과 나단불륵설은 취할 바가 못 된다. 돈화오동성은 상경上京(오늘의 흑룡강성 영안현 발해진)과의 거리가 300리이다. 이는 '현주에서 600리 가면 발해 왕성에 이른다'는《도리기》의 기재와 맞지 않는다. 그리고 현주는 천보년간에 왕이 도읍한 곳이고 구국舊國은 발해 초기의 수도이다. 그러므로 구국과 현주는 동일한 한 지점이 아니라 서로 다른 곳이며 시간상에서도 구국은 초기의 수도이고 현주는 그 후의 수도이다. 따라서 돈화오동성설 역시 취할 바가 못 된다. 안도현 대성자고성은 만보고성萬寶古城이라고도 한다. 만보고성은 조공도 위에 자리하고 있기는 하지만 최근 몇 년 사이의 조사 결과에 따르면 둘레의 길이가 근근히 800미터밖에 안 되며 요금遼金 시기의 옛성이라고 한다. 그 때문에 만보고성설도 성립될 수 없다. 돈화 대포시하 재랑하고성은 마권자고성馬圈子古城이라고도 한다. 이 옛성은 돈화시에서 서남으로 약 170리 떨어진 곳에 있는 대포시하진大蒲柴河鎭의 서쪽, 재랑하촌才浪河村에 있다. 성의 동, 서, 남 3면은 부이하富爾河가 에워싸고 흐른다. 둘레의 길이는 932미터이고 성터에서 발해 시기의 유물과 요금 시대의 유물이 출토된다. 이 성은 확실히 발해 시기에 쌓고 요금 시기에 계속 사용하였음을 알 수 있다. 마권자옛성은 발해가 조공도로 이용한 길 위에 위치하였고 상경과의 거리가 600리에 가깝기 때문에 일부 학자들은 현주의 소재지를 마권자옛성 일대로 추정한다. 그러나 《도리기》에서는 신주에서 400리를 가면 현주에 이르고 현주는 왕이 도읍한 곳이며 현주에서 정북으로 600리 가면 발해 왕성에 이른다고 하였다. 《도리기》에 기재된 내용은 신주에서 현주, 또는 현주에서 상경으로 가는 조공도 노정을 밝힌 것이지 신주에서 마권자에로, 마권자에서 상경으로 통하는 노선을 말한 것이 아니다. 오늘 현주의 소재지로 인정받는 서고성은 상경의 정남쪽에 위치해 있고 거리는 600리이다. 그러나 마권자는 상경에서 서남 방향에 위치해 있고 상경과의 거리는 500리 남짓밖에 되지 않는다. 그러므로 마권자옛성을 현주의 소재지로 보기는 어렵다.

노주

노주盧州의 소재지에 대해 학계에서 토론된 정황을 귀납하면 대체로 서고성설西古城設35, 선구고성설船口古城說36, 용정시 부근설龍井市附近說37, 안도현 명월진설明月鎭說 화전 교하 지방의 평원지대설樺甸蛟河平原地帶說38, 연길시 북대고성설北大古城說39, 용정시 영성고성설龍井市英城古城說40 등 여섯 가지 설이 있다. 그중 북대고성설이 제일 믿음직하다.

노주의 지리 위치를 밝힘에 있어서 마땅히 의거하여야 할 근거는 다음 네 가지이다. 첫째는《신당서》발해전에 "상경…그 남쪽에 중경이 있다.(上京…其南爲中京)"라고 하였으니 반드시 상경 이남 지역에서 그 위치를 찾아야 한다. 둘째,《신당서》발해전에 "발해 풍속에서 귀중히 여기는 것으로 …노성의 벼…"라고 하였으니 노주의 위치는 발해 경내에서도 벼가 생산되는 지대에서 찾아야 한다. 셋째,《요사》지리지에 "노주는 경京에서 동으로 130리 되는 곳에 있었다."라고 하였으니 도성都城으로부터 130리 되는 지점에서 노주의 소재지를 찾아야 한다. 넷째, 고고학 자료를 바탕삼아야 한다. 지금까지 발굴된 자료에 근거하여 한 개 주의 소재지로 될 만한 유지를 찾아 논증해야 한다. 이상의 네 가지 조건에 근거하여 따져보면 연길시 북대고성설이 제일 유력하고 나머지 다섯 설은 충분한 근거가 없기 때문에 믿기 어렵다.

연길북대고성이 노주의 소재지라고 보게 되는 근거는 다음과 같다.

첫째, 연길시 북대고성은 서고성에서 동북으로 100여 리 정도 되는 곳에 있다. 이는 "노주는 경의 동쪽 130리 되는 곳에 있다.(盧州在京東 百

三十里)"라고 한《요사》지리지의 내용에 기본적으로 부합된다.《요사》 지리지에는 '京東'이라 했고 북대고성은 서고성에서 동북쪽으로 좀 치우친 위치이다. 때문에 '京東'이라고 한 내용과 큰 차이는 없다. 어떤 이들은 용정 부근과 개산툰開山屯 선구고성을 노주의 소재지로 짐작하는데, 용정은 서고성에서 동북 방향으로 70여 리 떨어진 곳이므로 '京東 百三十里'라고 한《요사》지리지의 기재 내용과 엄청난 차이가 있다. 개산툰 선구고성은 경京(오늘의 서고성)에서 약간 동북쪽으로 치우쳤지만 기본적으로 '京東'이라 하여도 무방하다. 그러나 선구고성은 평원성인 것이 아니라 산성山城이며 성내에 발해 유지가 매우 적고 선구고성을 중심으로 한 주변의 개산툰 평원 일대에서 발해 시기의 옛성을 아직 발견하지 못하였다. 이런 이유로 선구고성을 노주의 소재지로 비정하기 어렵다.

둘째, 북대고성은 연길평원의 널따란 평지에 자리잡고 있다. 기후가 온화하고 수원이 풍부하며 토지가 비옥하고 강우량이 넉넉하다. 연길평원은 입쌀벼의 산지로 유명하다. 이곳에서 '쌀알이 길고 흰' 질 좋은 입쌀이 많이 생산된다. '노주의 벼'란 칭호는 입쌀의 품질 및 수량과 관련이 있을 것이다. '京東 百三十里' 이내에서 벼농사에 적합한 지역은 용정벌, 개산툰지대, 연길벌이다. 그중 제일 적합한 지역은 연길벌이다.

셋째, 북대고성은 중경中京에서 떠나 상경上京으로 가는 교통로 위에 위치했고 상경에서 정남쪽에 자리한다. 이는《신당서》발해전에 "상경…그 남쪽에 중경이 있다.(上京…其南爲中京)"이라는 기재와 부합된다.

넷째, 연길평원은 발해 시기 거란도契丹道를 제외한 4개 교통로가 반드시 경유하는 곳이다. 널리 알려진 일본도日本道와 조공도朝貢道는 그 시작점이 상경용천부(오늘의 흑룡강성 영안현 발해진)이든 동경용원부東京龍原府(오늘의 훈춘시 팔련성)이든 상관없이 모두 연길평원을 거쳐 가게 된다. 따라서 이 일대에는 4개 교통로를 오가는 사절과 행상을 접대하기 위한 임시 주숙지 수요가 발생했다. 북대고성의 유적과 유물 정황을 보면 이 임무를 감당할 수 있는 설비와 조건이 구비되어 있었겠다고 짐작된다.

다섯째, 북대고성의 규모와 짜임새, 발굴된 유물로 보아 한 개 주의 소재지로 될 만하다.

북대고성은 연길시 흥안향 북대촌延吉市興安鄉北大村에 있다. 북대고성은 부르하통하의 지류인 연집하烟集河 동안의 평지에 자리 잡고 있다. 성의 평면은 장방형이고 성벽은 흙에 돌을 섞어 다져 쌓았다. 성 안에는 발해 시기의 회색기와가 많이 널려 있다. 성벽은 심하게 파괴되어 둘레의 길이를 똑똑히 알기 어렵지만 남아 있는 유지를 보고 추리하면 대략 2,000미터쯤 된다. 성내에서 남쪽으로 약간 치우친 곳에는 다소 높은 둔덕이 있는데 이는 비교적 큰 집터자리이다. 이 집터 주변에 유물이 많이 널려 있다. 출토된 유물로는 기와막새, 암키와, 수키와와 유약바른 기와 등이 있다. 성의 규모가 크고, 성내 건축 유지가 크며, 부르하통하 연안 연길 벌판에 위치해 있고, 주변에 모아산돈대帽兒山墩臺(돈대 혹은 망대), 대돈대大墩臺, 소돈대小墩臺, 연하돈대烟河墩臺 등이 있다. 특히 이목을 끄는 것은 유약바른 녹색기와가 출토된다는 사실이다. 연변지구 내의 발해 유지에서 유약바른 기와가 출토된 것은 오직 발해의 수도였던 팔련성과 서고성 두 곳뿐이다. 그 밖의 많은 평지성과 산성에서는 유약바른 녹색기와가 출토되지 않았다. 일부 사원 유지에서 유약바른 기와가 나오는 경우가 있다. 그러나 팔련성과 서고성을 제외한 다른 옛성터에서는 지금까지 출토된 전례가 없다. 유약바른 기와가 출토되는 것으로 보아 북대고성 안에는 중요한 관부官府가 있었다는 것을 알 수 있다. 이상의 사실로 보아 북대고성은 발해 시기의 중요한 성이었다. 따라서 북대고성이 노주의 소재지라는 결론에 이른다.

    노주의 속현들로 말하면《요사》지리지 동경도 노주 현덕군조東京道盧州玄德軍條에 "노주 현덕군은 본래 발해의 삼로군으로서 그 옛 소속현은 산양, 삼로, 한양, 백암, 상암 등 5개 현이었는데 요대에 와서는 다 폐지되었다.(盧州玄德軍, 刺史, 本渤海杉盧郡, 故縣五, 山陽, 杉盧, 漢陽, 白岩, 霜岩皆廢)"라고 한 것으로 보아 노주 관할 하에 산양, 삼로, 한양, 백암, 상암 등 5개 현이 있었음을 알 수 있다.

    산양현은 노주 관할 하의 수현首縣이었으니 노주의 소재지였던 북대고성 주변에 위치했을 것이다. 그리고 최근 몇 년 사이의 조사 결과에 따르면 연길시에서 10여 리 떨어진 연집향경 내에 흰돌〔百石子〕이 나는 지방이 있는데 대암고성, 대암유지가 바로 이 경내에 있다. 지명은 산과 물, 자연현상에 따라 정하는 경우가 왕왕 있다. 그러므로 대암고성이 백암현의 소재지일 것으로 짐작해볼 수 있다. 그 밖의 현은 소재지를 잘 알 수 없다.

철주

철주鐵州에 대해 사학계에서 토론되어 온 내용을 정리해 보면 대체로 무산설茂山說41, 마권자馬圈子 서남 60리설42, 신안고성설新安古城說43, 반석현설盤石縣說44, 장항고성설獐項古城說45 등으로 간추려진다.

《요사》지리지 동경도 철주조에 "철주는 본래 발해 때부터 있던 주이고 그 소속현은 위성, 하단, 창산, 용진 등 4개 현이었는데 요대에 다 폐지하였다.(鐵州…渤海置州, 故縣四: 位城, 河端, 蒼山, 龍珍, 皆廢)"라 하였고《신당서》발해전에는 '발해 풍속에서 귀중히 여기는 것' 중의 하나에 '위성의 철'이 있었다고 기록되어 있으며《요사》지리지에서는 "철주는… 경京에서 서남으로 60리 되는 곳에 있다.(鐵州…在京西南六十里)"라고 하였다. 이로 보아 첫째, 철주는 중경(오늘의 서고성)에서 서남 방향으로 60리 되는 곳에 있었다. 둘째, 철주 소재지 부근에 철광이 있는지 여부를 살펴보아야 한다. 셋째, 철주의 산하에 4개 현이 있었다는 것을 알 수 있다.

이상의 조건에 의해 따져보면 오늘의 와룡향臥龍鄕 장항고성설이 여러 가지 설 가운데서 비교적 믿음성이 있다고 여겨진다.

철주와 그 관할 하의 수현首縣 위성의 위치를 밝힐 때 모두 그 관할 범위 내에 철광 혹은 제철소가 있었는지 여부가 매우 중요하였다. 반석현 일대를 철주의 소재지로 미루어 짐작하는 중요한 근거의 하나는 반석현 석취자에 철광이 있기 때문이다. 무산설을 주장하는 주된 근거는 무산에 오늘날에도 세상에 이름난 무산철광이 있기 때문이며, 신안고성설을 주장하는 중요한 근거 역시 그곳에서 발해 시기의 제철 유지를 발견했기 때문이다. 장항설을 주장하는 근거의 하나도 와룡향에 철광이 있고 철이 생산되기 때문이다.

철주 관할 하의 위성位城에서 생산되는 철은 발해 사람들이 귀중히 여기던 명산물名産物이었다. 문헌자료에 의하면 위성은 발해국에서 유명한 철산지로서 철주의 관할 밑에 있던 중심현이었다. 철주가 세상에 이름이 알려진 것은 주내에 유명한 제철소가 있었을 뿐만 아니라 발해 제철업의 중심지의 하나였기 때문이다. 발해 통치자들은 위성에서 생산된 철로 튼튼하면서도 정밀하고, 아름다우면서도 질이 좋은 여러 가지 생산도구와 무기, 생활용구들을 많이 만들었다. 위성의 지리 위치에 대해서는 여러 가지 다양한 설이 있지만 그중 장항설이 비교적 믿음직하다. 장항고성獐項古城은 서고성에서 서남으로 20리 떨어진 곳에 있다. 장항고성에서 또 서남으로 10여 리 되는 곳에 철광이 있고 연변조선족자치주에서 경영한 와룡강철공장臥龍鐵鋼工場이 있다. 이러한 사실은 곧 위성은 서고성의 서남쪽에 있었고 '위성의 철'은 발해의 유명한 철산품이었다는 것을 증명해준다.

탕주

탕주湯州와 관련하여 《요사》 지리지 동경도 탕주조에 "탕주는 발해 때에 주를 설치한 것으로써 그 소속현은 영봉, 상풍, 백석, 균곡, 가리 등 5개 현이었는데 요대에는 다 폐지하였다. …경京에서 서북쪽으로 100리 되는 곳에 있었다.(湯州…渤海置州, 故縣五: 靈峰, 常豊, 白石, 均谷,

嘉利, 皆廢⋯在京西北一百里)"라고 하였다. 이로 보아 탕주는 중경인 서고성에서 서북으로 100리 되는 곳에 있었고 그의 관할 하에 5개 현이 있었음을 알 수 있다.

탕주는 서고성에서 서북으로 100리 되는 지역의 범위 내에서 찾아야 한다. 이 지역 범위 내에 태양고성太陽古城이 있다. 태양고성은 서고성에서 서북으로 100리 되는 곳에 위치한다. 태양고성은 용정시 도원향 태양촌龍井市桃源鄕太陽村에 있는데 성은 흙으로 쌓은 방형方形이며 둘레의 길이는 약 1리가량이다. 성내에서 연꽃무늬기와막새, 수키와, 손가락무늬기와 등이 출토되었고 부근에는 산성과 옛무덤군이 있다. 이러한 사실에 근거하여 태양고성이 탕주의 소재지라고 주장하는 사람도 있다. 그러나 태양고성은 규모가 작고 외진 곳에 자리하고 있어 과연 한 개 주의 소재지로 삼을만 한지 의문이다. 그 때문에 탕주의 소재지를 정확히 알아내려면 앞으로 고고학의 진일보적인 발전을 기다려보아야 하겠다.

어떤 이들은 교하현 횡도자 남산산성蛟河縣橫道子南山山城을 영봉현靈峰縣의 소재지로 보고, 영봉현이 탕주의 수현首縣이므로 교하현 횡도자 남산산성을 중심으로 한 주변에서 탕주의 소재지를 찾아야 한다고 한다.[46] 이는 중경의 소재지를 오늘의 서고성으로 본 것이 아니라 돈화현 대포시하 마권자고성馬圈子古城으로 보고 마권자고성에서 서북 방향으로 100여 리 되는 지점에서 교하현 횡도자 남산산성을 찾은 것이다. 그러므로 횡도자 남산산성은 서고성에서 너무나 멀리 떨어져 있어서 《요사》 지리지의 기재와 부합되지 않는다.

영주

영주榮州와 관련하여 《요사》 지리지에는 영주榮州를 '숭주崇州'라고 하였다. 《요사》 지리지 동경도 숭주조에는 "숭주는 발해 때부터 있던 주로서 그 소속현은 숭산, 위수, 녹성 등 3개 현이 있었는데 요대에는 다 폐지되었다. …경京에서 동북으로 150리 되는 곳에 있었다.(崇州…渤海置州, 故縣三∶ 崇山, 潙水, 綠城, 皆廢. …在京東北一百五十里)"라고 하였다. 이로 보아 영주를 숭주라고도 하며 영주는 서고성에서 동북방향으로 150리 되는 곳에 있었고 소속현이 3개였다는 점을 알 수 있다.

영주의 소재지를 오늘의 하룡고성河龍古城(연길시에서 동으로 약 20리 떨어진 곳)으로 보는 사람들도 있다. 하룡고성은 연길시 장백향 하룡촌에 있다. 성은 흙으로 쌓았고 형태는 방형이며 둘레의 길이는 2리이다. 하룡고성은 서고성에서 동북 방향으로 120리 되는 곳이다. 성내에서 연꽃무늬기와막새, 수키와, 손가락무늬기와 등이 출토되었고 부근에 발해 시기의 산성과 옛무덤군들이 있다. 하룡고성설이 제기되기는 하였으나 아직 학계 다수 사람들의 인정을 받지 못하고 있다.

하룡고성설 이외에 또 성산자산산성설城山子山山城說을 주장하는 사람도 있다. 성산자산성은 돈화시에서 30리 떨어진 성자산촌에 있다. 이 산을 일명 동모산東牟山이라고도 한다. 동모산은 대조영이 천문령天門嶺에서 이해고가 거느린 당나라 추격군을 물리치고 돈화 일대에 이르러 처음으로 성을 쌓고 진국震國을 세운 곳이다. 동모산은 서고성에서 좀 서북으로 치우친 곳이고 서고성과의 거리는 근 300리에 달한다. 그러므로 이 설은 경京에서 동북으로 150리 거리라는 문헌기재와 부합되지 않는다.

영주의 위치에 대해서는 앞으로 고고학계의 새로운 발전을 기다려야 한다.

흥주

흥주興州와 관련하여 《요사》 지리지 동경도 흥주조에 "흥주는 발해 때부터 설치된 것으로서 소속현은 성길, 산산, 철산 등 3개 현이 있었다. 요대에 다 폐지되었다. …경에서 서남으로 300리 되는 곳에 있었다.(興州…渤海置州, 故縣三: 盛吉, 蒜山, 鐵山, 皆廢. …在京西南三百里)"라고 하였다. 이로 보아 흥주는 서고성에서 서남 방향으로 300리 떨어진 지점에 위치했고 그의 관할 밑에 3개 현이 있었다는 것을 알 수 있다.

어떤 이들은 흥주의 소재지를 오늘의 훈강시 송수향영안촌 대묘지渾江市松樹鄕永安村大廟地 일대로 짐작하는데 이는 오해이다. 영안촌 대묘지 일대로 잡는 이유는 중경현덕부의 소재지를 돈화시 대포시하 마권자고성으로 보고 그곳에서 다시 서남 방향으로 300리 되는 거리에서 발해 시기의 유지 영안촌 대묘지 일대의 발해 유지를 찾았기 때문이다. 그러나 영안촌 대묘지 일대를 흥주의 소재지로 본다면 서경압록부의 관할 범위와 상호 모순된다. 오늘의 훈강시는 발해 당시에는 서경압록부의 관할 범위 내에 속했기 때문이다.

문헌상의 기록과 고고학 자료에 의하면 오늘의 안도현 이도백하향 보마성安圖縣二道白河鄕寶馬城을 흥주의 소재지로 보는 것이 제일 합당하다.

《요사》 지리지에 "홍주는 …경京에서 서남으로 300리 되는 지점에 있었다."고 하였는데 보마성은 서고성에서 바로 서남 방향으로 300리 되는 지점에 있다. 이는 문헌에 기재된 내용과 완전히 부합된다.

보마성은 안도현 이도백하향에서 서북쪽으로 12리 떨어진 곳에 있다. 보마성은 보마촌寶馬村에서 동남으로 1리 되는 곳인데 그 둘레의 길이는 468미터이다. 성 안팎에는 지금도 여기저기에 벽돌이 많이 널려 있으며 성내에서 발해 때의 손가락무늬기와를 채집하였다.

모두어 말하면, 중경현덕부의 소재지는 오늘의 화룡현 서고성이고 현주는 수주로서 서고성을 중심으로 한 지대에 있었을 것이며 노주는 서고성에서 동으로 130리 떨어진 곳, 철주는 서고성에서 서남으로 60리 되는 곳, 탕주는 서고성에서 서북쪽으로 120리 되는 곳, 영주는 서고성에서 동북쪽으로 150리 되는 곳, 홍주는 서고성에서 서남으로 300리 되는 곳에 각각 위치하였다. 이리하여 중경현덕부의 관할 범위는 왕청현汪淸縣, 도문시圖們市, 연길시延吉市, 용정시龍井市, 화룡현和龍, 안도현安圖縣, 함경북도咸鏡北道의 일부 등 지역을 포괄한 광대한 지대였음을 알 수 있다.

동경용원부 東京龍原府

동경東京은 발해 5경五京 중의 하나로서 한때는 발해의 수도이자 발해국의 정치, 경제, 문화의 중심이었다. 그 이유로 동경과 그 관할 하의 주, 현의 위치를 밝히는 것은 발해사 연구에 있어서 자못 중대한 의의가 있다.

동경용원부의 위치에 대한 몇 가지 견해

동경용원부의 위치에 대해 지금까지 사학계에서 토론되고 있는 정황을 정리해 보면 팔련성설八連城說, 책성설柵城說, 부거리설富居里說, 성장립자산성설城牆砬子山城說, 종성설鍾城說, 부령설, 경성설, 남경설 등 8종 설이 있다. 그 중에서 필자는 팔련성설이 유력하다고 본다.

책성설

책성설柵城說을 주장하는 학자들은 책성과 동경용원부를 동일한 지점에 있는 성城으로서 부동不同한 시기에 부동한 명칭으로 나타난 것으로 본다. 즉 고구려 시기에는 책성이라 하였고 발해 시기에는 동경용원부, 지금은 팔련성八連城이라고 한다는 것이다. 책성의 지점은 지금의 길림성 훈춘시 팔련성으로 짐작한다. 때문에 해당 저서에는 "발해 국가는 역시 고구려 이래의 이 오랜 요지를 중요시하며 바로 그 자리를 동경용원부로 설정하고 일시 수도를 그리로 옮기기까지 한 것으로 보인다."[47]라고 하였다.

그의 근거에 대해서는 다음과 같이 제기하였다.

"발해의 동경용원부인 책성부는 위의 《신당서》 발해전, 《고금군국지》 등의 기사 내용들, 즉 발해의 동해안 가까이에 있고 상경에서는 동남쪽이며 신라 정천군(덕원)으로부터는 동북방 해변을 따라서 한 1,200리쯤 올라오는 거리에 있어야 하고 이 당시 동방 봉건국가들에서 역은 약 30리를 한 구간으로 하였던 만큼 39역은 1,200리 내외의 거리1리는 약 392.8미터로 된다. 고구려의 고지에서 이러한 위치적 조건들에 가장 적합한 것은 두만강頭滿江 하류 새별군 대안對岸의 중국 길림성 훈춘현으로 생각된다."48라고 하였고 계속하여 동서에서 "동경용원부를 훈춘으로 추정하는 데는 오늘 남아 있는 팔련성(반랍성)을 동경의 유적으로 생각하게 된다. 성은 오늘 훈춘현 거리의 교외 훈춘분지의 넓은 벌판 가운데에 있고 성의 주위는 약 2,800미터인데 이 성의 내부에는 여러 개의 성벽으로 갈라진 구획들이 있고 성안 및 성 밖에는 건축 자리들로 생각되는 유적들이 있으며 거기서는 고구려, 발해 시기의 무늬를 가진 보통기와, 유리기와 및 벽돌들, 불상 파편, 각종 일용도구 및 생산도구 등 유물들이 발굴되었다. 그리고 이 성 남쪽 밖으로 또 하나의 커다란 성이 있었던 것으로 전하는데 지금 그 흔적은 없어졌다. 이상의 제반 사실들은 대체로 그것을 발해의 동경유적으로 인정할 수 있게 한다."라고 하였다.

책성설에서 오늘의 길림성 훈춘시 팔련성을 동경용원부의 소재지로, 팔련성을 발해의 동경유적으로 인정한 것은 매우 정확하다. 그러나 책성과 팔련성은 과연 한 곳이었을까? 고구려 이래의 오랜 요지였던 책성 자리에다 발해가 다시 동경용원부를 설정했을까? 이런 문제에 대해서는 더욱 깊은 연구와 조사가 필요하다. 책성의 위치, 책성과 팔련성과의 관계에 대해서는 아래에 따로 서술하려고 한다.

부거리설

부거리설은 채태형 선생이 《역사과학》 1990년 제3기에서 제기한 새로운 견해이다. 그는 논문 〈발해 동경용원부-훈춘 팔련성설에 대한 재검토〉에서 "함경북도 청진시 청암구역 부거리가 동경용원부 자리가 아니겠는가 하는 가설을 제기한다."라고 하였다.

필자는 팔련성설의 부당성을 네 가지로 제기하였다.

첫째, 성축조 자재와 크기에서 부당하다. 《요사》 지리지에 "개주진국절도는 본래 예맥의 땅인데 고구려는 경주慶州라고 하였고 발해는 동경용원부라고 하였으며 궁전이 있었다. …돌을 쌓아 성을 만들었는데 둘레는 20리이다."라고 하였다. 팔련성은 돌성인 것이 아니라 흙성이며 둘레의 길이는 20리인 것이 아니라 2,800미터, 즉 7리 밖에 안 되는 작은 성이다.

둘째, 바다에 면하지 않았다. 《신당서》 권144 발해전에 "예맥 옛땅을 동경으로 정하였는데 용원부라고 하고 또는 책성부라고도 하였다. …용원은 동남으로 바다에 면하였는데 일본도日本道이다."라고 하였다. 그러나 훈춘 팔련성은 《신당서》에 나오는 동경용원부의 성에 관한 기재와는 달리 동해 바닷가에서 200리가량 떨어진 곳에 위치한 내륙도시이다. 이 내륙도시를 동경용원부 소재지로 보는 것은 부당하다고 보았다.

셋째, 역참驛站 사이의 거리를 계산해볼 때 맞지 않는다. 당나라 지리학자 가담의 《고금군국지》의 기사에 의하면 "발해국의 압록, 남해, 부여, 책성 4부는 모두 고구려의 옛땅이다. 신라의 천정군泉井郡으로부터 책성부에 이르기까지 39개 역이다."라고 하였다. 그러나 역과 역 사이의 거리가 70리, 80리, 90리 되는 것도 있기에 덕원에서 팔련성까지 39개 역이 있고 그 거리가 1,170리라고 할 수 없다.

넷째, 발해와 일본 사이의 항로 선정시 오늘의 함경북도 선봉군과 그 이북 연해는 겨울철에 바닷물이 얼기 때문에 배가 다닐 수 없다. 겨울철에 배가 떠날 수 있는 곳은 바닷물이 얼지 않는 나진항과 그 이남 지역뿐이다. 모구위毛口威(오늘의 뽀씨예뜨항)는 겨울철에 얼어붙기 때문에 팔련성에서 출발해 모구위를 통해 일본으로 갈 수 없다.

이상의 네 가지 조건으로 보아 팔련성은 동경용원부의 소재지가 아니라고 강조하면서 동경용원부의 소재지를 오늘의 함경북도 청진시 청암구역 부거리로 짐작하였다.

그 주요한 근거는 다음 세 가지이다. 첫째, 부거리에는 고구려, 발해시기 성터가 있는데 그것은 팔련성과 같은 흙성이 아니라《요사》지리지 기사에 부합되는 돌성으로 되어 있다. 또한 성내에는 여러 개의 작은 성들이 있다. 둘째, 부거리는 바다에 면하고 있으며 겨울에 얼지 않아 연중 계속 일본에 배를 띄워 보낼 수 있는 용제항과 여진항을 끼고 있다. 셋째, 부거리는 역참 수에서도 참고하여 볼 만한 점이 있다.

팔련성설

팔련성설을 주장하는 대표적인 학자는 도리야마 기이찌鳥山喜一와 김육불金毓黻 등이다. 도리야마 기이찌는《발해사고》, 김육불은《발해국지장편》과 《동북통사》에서 각각 팔련성설을 제기하였다.

학계에서는 동경용원부의 소재지 문제를 둘러싸고 오랫동안 논쟁이 뜨거웠다. 지금은 팔련성설을 지지하는 학자가 절대다수를 차지한다. 왕승례王承禮는 《발해간사》, 주국심朱國沈과 위국충魏國忠은 《발해사고》, 손옥량孫玉良과 이전복李殿福은 《발해국》에서 각각 이 설에 찬성하였다. 이건재李健才는 좀 더 구체적으로 팔련성설을 피력하였다.

이건재는 동경東京이 성장립자城牆砬子에 있었다는 설을 부정하고 다음의 네 가지 근거를 들어 팔련성설의 정당성을 논증하였다. 첫째, 오늘의 훈춘시 팔련성은 역사문헌에 기재된 동경용원부의 지리 위치와 부합된다. 둘째, 팔련성의 건축 형태는 전형적인 발해성渤海城이다. 팔련성의 형태와 그곳에서 출토된 유물은 영안현 동경성寧安縣東京城(오늘의 흑룡강성 영안현 발해진)과 화룡현 서고성和龍縣西古城의 것과 기본적으로 같다. 그러므로 팔련성은 경京 1급에 속하는 성이다. 셋째, 성장립자城牆砬子는 성벽이 없는 건축이므로 형태가 어떠하든 산성山城으로 될 수 없다. 넷째, 《요사》 지리지에 '돌로 쌓아 성으로 하였는데 주위는 20리이다.'라고 한 것은 요나라의 개주開州(오늘의 봉성, 봉황산산성)를 가리키는 말이지 동경용원부를 가리키는 말이 아니다.

필자는 팔련성설에 찬성한다. 동경용원부의 소재지에 대해 여러 가지 설이 있지만, 그 가운데서 팔련성설이 가장 유력하기 때문에 동경용원부의 소재지는 마땅히 길림성 훈춘시 팔련성으로 보아야 한다. 그 주요한 근거는 다음과 같다.

첫째,《신당서》발해전에 "예맥의 옛 지역을 동경으로 삼아 용원부라고 하며 또는 책성부柵城府라고도 하였다. …용원부龍原府는 동남쪽으로 바다에 잇닿아 있는 곳으로서 일본으로 가는 통로이다.(濊貊故地爲東京, 曰龍原府, 亦曰柵城府, … 龍原東南瀕海, 日本道)"라고 하였고 같은 책에는 또 "정원시에 동남으로 동경에 옮겼다.(貞元時東南徙東京)"라고 하였다. 이로부터 동경용원부는 상경용천부上京龍泉府에서 동남쪽으로 바다에 잇닿아 있는 지대이며 오늘의 훈춘현 지대가 바로 이 지대에 속한다는 것을 알 수 있다. 또 용원부와 책성부는 동일한 지역 범위 내에 있었다는 것을 알 수 있다.

둘째,《삼국사기》권37 지리 4에 가담賈耽의《고금군국지古今郡國志》를 인용한 데 의하면 "발해의 남해, 압록, 부여, 책성 등 4부府는 고구려의 옛 지역이다. 신라의 정천군으로부터 책성까지 이르는 사이에는 39개 역이 있었다.(渤海國南海, 鴨綠, 扶余, 柵城四府, 幷是高麗舊地也. 自新羅井泉郡至柵城府凡三十九驛)"라고 하였다. 이로부터 신라의 정천군으로부터 책성까지 이르는 사이에 39개 역이 있었음을 알 수 있다. 책성은 고구려 때의 이름난 성이었고 발해국이 건립된 후 동경용원부와 동일한 지역 범위 내에 있었다. 신라는 조선반도의 중남부에 있는 나라로 발해의 남쪽 변경을 국계로 삼아 서로 인접하였다. 정천군은 신라의 동북쪽 변경 지대에 있는 요색지였는데 지금의 조선 함경남도 덕원德源49에 해당한다. 또《신당서》직관지에 의하면 '30리가 한 개 역이다'라고 하였으니 39개 역의 거리는 1,170리이다. 이 거리에 따라 동북 방향에서 동경용원부의 위치를 찾아보면 오늘의 훈춘현 부근이 그에 해당된다는 것을 알 수 있다. 즉 발해 상경용천부에서 동남쪽 방위에 위치해 있는 훈춘현 팔련성이 바로 이 방향의 위치에 해당된다.

셋째, 《요사》 지리지에서 "개주진국군절도는 본래 예맥의 땅인데 고구려는 경주라고 하였고 발해는 동경용원부라고 하였으며 궁전이 있었고 경, 염, 목, 하의 4개 주를 관할하였으며 그 옛 현으로는 용원, 연안, 오산, 벽곡, 웅산, 백양의 6개 현이 있었는데 요대에는 다 폐지되었다. 돌을 쌓아 성을 만들었는데 둘레는 20리이다.(開州鎭國軍節度本穢貊故地高麗爲慶州渤海爲東南龍原府有宮殿都督慶、鹽、穆、賀四州事故縣六曰龍原、永安、烏山、壁谷、熊山、白楊皆廢疊石爲城周圍二十里)" 라고 하였다. 이로부터 발해 동경용원부 자리에 궁전터가 있고 용원부의 관할 하에 경, 염, 목, 하 등 4개 주州가 있었으며 경주慶州의 산하에 용원, 영안, 오산, 벽곡, 웅산, 백양 등 6개 현縣이 있었다는 것을 알 수 있다. 여기에서 가장 중요한 것은 발해 동경용원부 자리에 궁전터가 있는가 하는 문제이다. 반세기 동안 고고학자들이 이곳에서 발굴, 조사한 결과에 따르면 동경(오늘의 훈춘현 팔련성)은 내성과 외성으로 이루어졌으며 내성 안에는 황성과 궁전터가 있다. 지금도 궁전 유지와 높은 대기臺基, 아주 큰 기초돌이 그대로 남아 자리를 지키고 있다. 이러한 사실은 오늘의 팔련성이 발해 시기 동경용원부의 유지이며 《요사》 지리지의 기재 내용에도 부합된다는 것을 알 수 있다.

사학계의 일부 학자들은 팔련성은 흙으로 쌓은 토성土城이고 둘레의 길이가 겨우 6리밖에 안 되므로 《요사》 지리지 동경도 개주조東京道開州條에 기재된 '돌을 쌓아 성을 만들었는데 둘레의 길이는 20리이다'라는 내용과 부합되지 않는다고 본다. 따라서 오늘의 훈춘현 팔련성은 발해 시기의 동경용원부 자리가 아니라고 부정한다.

위성화魏聲和는 《훈춘고성고渾春古城考》에서 훈춘의 성장립자성城牆砬子城은 동서의 길이는 4리 남짓하고 남북이 약 6리이며 외성은 모두 돌을 쌓아 성을 만들었는데 이는 《요사》 지리지에 기재된 '疊石爲城, 周圍二十里'와 서로 부합된다고 보았다. 그러므로 훈춘현 성장립자성이 발해 시기의 동경용원부 자리라고 주장하였다. 그러나 이는 오해이다.

㉠성장립자성은 훈춘현성에서 동북쪽으로 210리 떨어진 춘화향 초평촌春化鄕草平村 부근에 있다. 둘레의 길이는 확실히 20리 정도이다. 그러나 기록상에서 39개역이라고 한 거리를 너무나 많이 초과하기 때문에 고려할 여지가 없다.

㉡성장립자성 내에서 궁전터를 찾아볼 수 없다. 이 성은 초평촌 동쪽 1.5킬로미터 되는 성장립자산 위에 있다. 성안은 두 개 골짜기로 나뉘어져 있고 골어귀는 모두 서쪽켠에 있는데 남쪽 골짜기를 두도관頭道關이라 하고 북쪽 골짜기를 이도관二道關이라 한다. 두도관골 어귀에는 돌로 쌓은 성벽 기초가 있고 이도관골 어귀 북쪽은 지금 채석장으로 바뀌었다. 이 성은 동서의 길이가 2킬로미터, 남북의 너비가 3킬로미터, 둘레의 길이가 10킬로미터로 이 일대 산성 중에서는 가장 규모가 크다. 1931년도에 이 성 안에서 '덕호로부군정지인德虎魯府軍政之印'이 발굴되었는데 도장

꼭지에 '대동 6년 예부조大同六年禮部造'라는 글자가 새겨져 있었다. 이것은 동하국東夏國의 유물이다. 성을 세운 연대에 대해서는 견해가 다양하다. 어떤 사람들은 고구려의 책성 자리, 발해국의 동경용원부 자리로 보고 있으나 학계의 다수는 그 견해를 부정한다. 성장립자산성 부근에 발해의 유지가 있고 이 성이 훈춘으로부터 동녕에 이르며 또한 블라디보스톡에 이르는 통로에 위치하기 때문에 발해 시기에 쌓고 요, 금 시기에 그대로 사용했던 교통요새지와 군사중진軍事重鎭이라고 인정한다. 그러나 성장립자산성 내에서 건축 유지와 궁전 자리가 아직 발견되지 않았고 서고성, 팔련성, 상경성에서와 같이 유약바른 기와, 수키와, 암키와, 문자기와, 수면기와 등이 출토되지 않았다. 때문에 성장립자산성을 책성자리 혹은 동경용원부 자리라고 인정할 수 없다.

발해는 수도를 건설함에 있어 건국시에 동모산에 의거하여 성을 쌓고 나라를 다스렸다. 그러나 그 후 형세가 난화되고 통치 기초가 잡히고 국력이 강화됨에 따라 오래지 않아 평지성인 오동성敖東城(일부 학자는 영승유지를 초기의 평지성으로 본다)으로 이주하였다. 천보년간에는 오늘의 화룡현 서고성을 수도로 정하였고, 755년부터 785년 사이에는 상경성을 수도로 삼았으며, 785년에 동경용원부로 천도하였고, 794년에는 다시 상경으로 돌아왔다. 오동성, 서고성, 상경성은 모두 넓은 평원지대에 세운 수도이다. 발해가 전시도 아닌 평화 시기에 비옥한 평원지대, 경제문화의 중심 지대를 굳이 떠나 편벽한 춘화 일대의 성장립자산에다 산성을 쌓고 천도할 이유가 없는 것이다.

ⓒ《요사》 지리지 동경도 개주조에 대한 이해가 다르기 때문이다.

《요사》 지리지 동경도 개주조에 "개주진국군절도는 본래는 예맥고지로서 고구려 때에는 경주라 하였고 발해 때에는 동경용원부라고 하였는데 궁전이 있었고 경, 염, 목, 하 등 4개 주를 관할하였다. 옛현으로 용원, 연안, 오산, 벽곡, 웅산, 백양 등 6개 현이 있었는데 요대에 다 폐지되었다. 돌을 쌓아 성을 만들었는데 둘레는 20리이다. 당나라 설인귀가 고구려를 정복하고 그 대장 온사문과 웅산에서 싸워 선사자를 석성에서 사로잡았다는 것이 이것이다.(開州鎭國軍節度本穢貊故地, 高麗爲慶州, 渤海爲東京龍原府, 有宮殿, 都督賓, 鹽, 穆, 賀四州事. 故縣六: 曰龍原, 永安, 烏山, 壁谷, 熊山, 白楊皆廢. 疊石爲城, 周圍二十里. 唐薛仁貴征高麗與其大將溫沙門戰熊山擒善射者於石城, 卽此…)'라고 하였는데 '…本穢貊故地'로부터 '熊山, 白楊, 皆廢'까지는 동경용원부의 역사 변천 과정과 그의 관할 하의 주州와 현縣에 대해 서술한 것이고 개주로 옮긴 후의 정황에 대해 서술한 것이 아니다. '…疊石爲城, 周圍二十里'로부터 '擒善射者於石城, 卽此…'까지는 요나라가 발해국을 멸망시킨 다음 동경용원부 내의 발해인들을 개주로 강제 이주시키고 개주를 설치한 경과를 서술한 것이다. 즉 앞단락은 발해 시기의 동경용원부의 역사 변천 과정이고 뒷단락은 요나라 때 개주의 설치와 변천과정을 서술한 것이다. 그 때문에 '疊石爲城, 周圍二十里……擒善射者於石城, 卽此'는 개주의 석성石城50을 가리키는 것이지 발해 시기의 동경용원부, 즉 오늘의 훈춘시 팔련성을 가리키는 것이 아니다. 이런 이유로 팔련성은 흙으로 쌓은 토성이고 성장립자산성은 돌로 쌓은 성이며 둘레의 길이가 20리이니 동경용원부의 소재지는 팔련성인 것이 아니라 성장립자산성이라고 보는 것은 오해이다.

넷째, 팔련성의 형체와 그곳에서 출토된 유물로 보아 팔련성이 발해시기의 동경용원부 자리라고 인정할 수 있다.

팔련성은 훈춘강과 도문강의 삼각 충적평원 서북부, 훈춘현 국영우량종농장國營良種場 남부의 경작지에 위치한다. 성내에는 작은 성 7개가 있는데 중앙에 3개, 좌우에 각각 2개가 있었다. 작은 성은 서로 연속되었고 문이 도합 14개가 있었다. 북쪽 외성안과 작은성 북쪽에 담을 가로 쌓았는데 현지에서는 북대성이라고 부른다. 여기에 7개 성을 합쳐 성이 도합 8개가 되었기 때문에 팔련성이라 불렀다. 팔련성은 내성과 외성으로 이루어졌으며 성벽은 흙을 다져 쌓았고 방향은 남쪽에서 서쪽으로 10도 치우쳤다. 성 전체 둘레의 길이는 2,894미터, 북쪽 성벽의 길이는 712미터, 동쪽 성벽의 길이는 746미터, 서쪽 성벽의 길이는 735미터, 남쪽 성벽의 길이는 701미터이다. 성 밖에는 해자가 있고 네 성벽에는 문이 각기 하나씩 있다. 장방형의 내성은 외성 중부에서 북쪽에 치우친 곳에 있다. 내성의 둘레의 길이는 1,072미터, 남북 성벽의 길이는 각기 218미터, 동서 성벽의 길이는 각기 318미터이다. 남쪽 성벽 중간 약 80미터 되는 곳은 안쪽으로 약 5미터가량 들어갔고 그 중부에 대문자리가 있는데 대문 안 통로의 너비는 25미터이다. 성안의 중부에서 북쪽에 치우친 곳에 궁전 자리가 있다. 북쪽에서 남쪽을 향해 자리 잡은 팔련성의 배치는 기본적으로 서고성의 배치와 같으며 그 면적도 대체로 비슷하다. 첫 궁전 자리 북쪽 약 28미터 되는 곳에 동서로 쌓은 성벽이 있고 그 성벽이 성안을 두 개 구역으로 나누었다. 성벽 뒤에 두 번째 궁전 자리가 있으며 첫 궁전 자리와 두 번째 궁전 자리 사이는 복도로 연결되어 있다. 두 번째 궁전 자리는 동서의 길이가 약 14미터, 남북의 너비가 약 9미터 되는데 동서의 길이 21미터, 남북의 너비 15미터인 둔덕 위에 건축되었다. 그밖에 첫 궁전 자리와 두 번째 궁전 자리의 동서 양 켠에 모두 궁전 자리가 있다. 첫 궁전 자리 앞은 광장으로 되어 있다. 궁전의 배치로 미루어보면 첫 궁전 자리는 당시 발해 제3대 문왕 대흠무가 정사를 보던 곳일 것이고 두 번째 궁전 자리는 왕의 침전이었을 것이다. 이밖에 내성의 동북 모퉁이 부근에 늪 자리가 있었다. 궁전터의 기초돌은 후세 사람들이 움직여 놓았기 때문에 어떤 모양으로 줄지어 있었는지 그 정형을 알 수 없다. 그중 한 기초돌은 길이가 60센티미터, 너비가 50센티미터, 두께가 20센티미터이다.

팔련성은 그 주변에 있는 모든 발해 시기의 성들 가운데서 규모가 제일 크고 내성, 외성, 궁전까지 갖추어진 전형적인 발해옛성이다.

팔련성에서 발해 시기의 양식과 특징을 갖춘 연꽃무늬기와막새, 손가락무늬암키와, 문자기와, 녹색유약바른기와 등 유물이 많이 출토되었다. 이 유물들은 상경上京에서 출토된 같은 종류의 유물과 매우 비슷하다.

위에서 서술한 바와 같이 역사 문헌의 내용과 고고학 자료에 의하면 길림성 훈춘시 팔련성이 발해시대의 동경용원부였다는 사실을 알 수 있다. 이 결론은 이미 국내외 학자들이 확인한 바이다.

책성

《신당서新唐書》 발해전渤海傳에서 "예맥고지를 동경으로 하고 용원부 또는 책성부라고 하였으며 경, 염, 목, 하 등 4개 주를 관할하였다.(穢貊故地爲東京, 曰龍原府, 亦曰柵城府, 領慶, 鹽, 穆, 賀四州)"라고 하였다. 이 문헌에서 '책성柵城'이란 말이 제기되었는데 연구를 진행하려면 책성의 위치를 밝히는 작업이 매우 필요하다.

책성유지가 곧 동경용원부유지인지 여부를 둘러싼 문제를 해결하려면 우선 책성의 위치와 동경용원부의 위치를 밝히는 것이 관건이다. 동경용원부의 위치에 대해서는 위에서 이미 서술하였다. 아래에서는 책성의 위치에 대해 살펴보겠다.

책성의 위치에 대해 지금까지 사학계에서 이루어진 토론 내용을 정리해보면 팔련성설, 성장립자산성설城牆砬子山城說, 종성설鍾城說, 경흥설慶興說, 살기성설薩其城說, 성자산산성설城子山山城說, 온특혁성설溫特赫城說 등 8종설이 있다.

팔련성은 훈춘현 현성에서 12리 떨어진 국영우량종농장 내에 있고 성장립자산성은 훈춘현 현성에서 동북쪽으로 200여 리 떨어진 춘화향 초평촌春化鄉草平村에서 동쪽 3리 되는 곳, 성장립자산 위에 있다. 종성은 조선 함경북도 북단 두만강 연안에 있고 경흥은 함경북도 북부 두만강 연안, 즉 경신敬信 맞은편에 있다. 살기성은 훈춘현 양포향 양목림자촌楊泡鄉楊木林子村 동남쪽에서 약 3리(1.5킬로미터) 떨어진 높은 산위에 자리잡고 있고 성자산산성은 연길에서 동쪽으로 10킬로미터 떨어진 지금의 도문시 장안진 마반촌 산성리툰 서쪽 성자산에 있으며 온특혁성은 삼가자향 고성촌三家子鄕古城村 부락 안에 있다.

　위의 8종 설 가운데서 온특혁성설이 가장 유력하므로 책성柵城의 소재지는 마땅히 훈춘현 온특혁성으로 보아야 한다. 그 주요한 근거는 다음과 같다.

　첫째, 《삼국사기》에서 인용된 가담賈耽의 《고금군국지古今郡國志》에는 "발해국의 남해, 압록, 부여, 책성 등 4개 부는 모두 고구려의 옛땅이다."라고 하였다. 이로 보아 책성은 고구려의 옛 지역이었음이 틀림없다. 《신당서》 발해전에 "예맥의 옛땅을 동경으로 삼아 용원부 또는 책성부라고 하였으며 경, 염, 목, 하 4개 주를 거느렸다."라고 하였다. 이로 보아 용원부와 책성부는 같은 지역 범위 내로 예맥고지에 있었다는 것을 알 수 있다. 또 《신당서》 발해전에는 "천보말 흠무는 상경으로 천도하였다. …정원 때에는 동남으로 동경에 이주하였다."라고 하였다. 상경은 오늘의 흑룡강성 영안현 발해진이다. 정원貞元은 당나라 덕종 이적德宗李適의 연호인데 그 재위 기간은 785년부터 805년이다. 상경의 동남쪽은 오늘의 훈춘현 지대이고 동경은 오늘의 훈춘현 팔련성이다. 발해 제3대 문왕 대흠무는 정원 때에 상경에서 동남 방향에 있는 동경으로 천도하였다. 《삼국사기》에 인용한 가담의 《고금군국지》에는 또 "신라 정천군으로부터 책성부에 이르는 사이에 39개 역이 있었다."라고 하였다. 정천군은 오늘날 조선의 덕원德源이다. 당나라의 도리道里에 따라 한 개 역을 30리로 계산한다면 39개 역의 거리는 1,170리이다. 덕원에서 동경용원부까지는 대략 1,170리이다.《신당서》발해전에 또 "…용원 동남쪽은 바다에 잇닿아 있는 곳으로서 일본으로 통하는 길이다.(龍原東南瀕海, 日本道也)"라고 하였다. 이는 첫째, 용원의 동남쪽은 바다에 닿았고 둘째, 용원은 일본으로 내왕하는 주요한 교통로였다는 것을 설명한다. 그러므로 용원은 오늘의 훈춘 지대이다. 이상의 문헌 기록에 따르면 책성은 반드시 '예맥고지'에서 그 위치를 찾아야 한다. 다시 말해 책성은 상경에서 동남 방향에 있는 동경용원부 일대, 즉 오늘의 훈춘 일대, 신라 정천군井泉郡에서 북으로 1,170리 되는 동경용원부 지역에 있어야 한다.《신당서》발해전에 '예맥고지는 동경으로서 용원부 혹은 책성부라고 한다'는 것으로 보아 용원부와 책성부는 같은 지역 내 혹은 가까운 지역 범위 내에 있었다는 것을 알 수 있다.

둘째, 지금까지 고고학 학자들이 조사 발굴한 데 의하면 훈춘 경내에 고구려 시기의 성터로 온특혁성, 살기성, 정암산성亭岩山城, 석두하자옛성石頭河子古城, 성장립자산성 등이 있다. 그 가운데서 문헌 기록, 발굴된 유물, 지리조건 등으로 보아 책성자리라고 볼 수 있을 만한 조건을 구비한 곳은 온특혁성밖에 없다.

온특혁성은 훈춘현 현성에서 서남쪽으로 약 10킬로미터 떨어진 두만강 동쪽 기슭의 둔덕 위에 자리 잡았다. 성벽의 둘레의 길이는 2,269미터이며 동쪽 성벽과 서쪽 성벽의 길이는 381미터, 북쪽 성벽의 길이는 468미터이다. 성내, 성외에서 고구려 때의 유물이 많이 발굴될 뿐만 아니라 발해 때의 유물도 많이 발굴된다. 이로 보아 온특혁성은 고구려 시기에 쌓고 사용하였을 뿐만 아니라 발해 시기에도 그대로 계속 사용하였다는 사실을 알 수 있다. 《요사》지리지에는 "개원현開元縣은 본래 책성의 지역이다. 고구려 때에는 용원현으로 했는데 발해 때에는 그대로였다." 라고 기재하였다. 온특혁성은 넓은 벌에 자리잡았고 규모가 크며 출토되는 유물로 보아 한 개 부의 소재지로 될 만하다.

셋째, 지금까지 고고학 학자들이 조사하고 발굴한 데 의하면 동경용원부의 소재지, 즉 오늘의 훈춘현 팔련성에서는 발해 때의 유물이 많이 출토되는 반면 고구려 때의 유물은 전혀 출토되지 않는다. 이러한 정형으로 보아 팔련성은 발해 때의 성일뿐 고구려 때에 쌓고 사용한 성은 아니라는 점을 알 수 있다. 팔련성은 대흥 48년, 즉 785년 이전 문왕 대흠무가 수도를 상경에서 동경으로 옮기기 전에 수축하였다. 따라서 팔련성은 고구려 때의 책성 유지가 아니다.

이상 세 가지 조건으로 보아 책성의 소재지는 팔련성에서 5리, 훈춘현 현성에서 서남쪽으로 약 20리 되는 곳에 있는 온특혁성이라는 것을 알 수 있다. 기타 설說은 이러한 조건을 구비하지 못하였기 때문에 믿기 어렵다.

오랫동안 사학계의 적지 않은 학자들은 고구려 때의 책성과 발해 시기의 동경용원부의 자리 위치를 자세히 살펴 구분하지 않고 동일한 지역에 쌓은 성으로 인식해 저술하였다. 예를 들어, 동만륜董万崙은 "발해 제3대 문왕 대흠무는 상경上京(오늘의 흑룡강성 영안현 발해진)으로 천도하였다가 후에 또 당나라 덕종 정원德宗貞元 때에 책성으로 천도하여 동경용원부를 설치

발해의 5경 121

하고 동경東京으로 하였다."[51]라고 하였다. 이 내용에 따르면 동경, 즉 오늘의 팔련성은 고구려 때 쌓은 책성 자리에 증설한 것이 된다. 이러한 견해가 생겨난 원인은 《요사》 지리지의 "개원현은 원래 책성지이다. 고구려 때는 용원현이었는데 발해 때에는 그대로였다."는 기재와 《신당서》 발해전의 "예맥고지를 동경으로 삼아 용원부 혹은 책성부라고 하였다.…"는 기재에 있다. 이 내용 때문에 팔련성을 책성 유지에 쌓았고 팔련성과 책성이 같은 지점이라고 인식해 온 학자들이 적지 않았다. 그러나 문헌에 남아 있는 기록과 고고학 발굴 자료를 결합해 자세히 분석해 보면 팔련성은 책성 유지 위에다 증설한 것이 아니라는 사실을 알 수 있다. 그 구체적 내용은 위에서 이미 서술하였다.

발해는 나라가 존속했던 229년 사이에 수도를 네 곳에 정하고 네 번 천도하였다. 수도를 새로 건축할 때마다 전前조대에서 쌓고 사용하던 성을 바탕으로 하여 그 위에 증설한 적은 한 번도 없다. (그러나 부, 주, 현의 지방성은 정황이 다르다.) 구국오동성舊國敖東城은 목단강 유역의 평원 지대에 신설했고 중경中京(오늘의 화룡현 서고성)은 해란강 유역의 두도평원頭道平原 지대에 새롭게 건축했으며 상경上京은 목단강 중류의 좌안에 신설하였다. 동경東京도 마찬가지로 전조대의 책성이거나 그 어떤 성의 유지를 토대로 하여 증설한 것이 아니라 완전히 새로운 지대를 선택해 건축한 수도였다. 이것이 바로 팔련성이다.

요약하자면 고구려 때의 책성 유지는 팔련성에서 5리 떨어져 있는 온특혁성이며 팔련성은 발해 시기에 새로 건설한 동경용원부이다. 그러므로 책성 유지가 곧 동경용원부의 유지라는 말은 틀렸다. 책성 유지와 동경용원부의 유지는 5리 거리를 사이에 둔 두 개의 서로 다른 성 자리이다.

동경용원부 관할 하의 주, 현들

동경용원부의 관할 범위는 오늘의 길림성 훈춘현과 러시아, 조선 등 세 나라 지역이 서로 접하는 삼각지대라고 볼 수 있으며 그 산하에 경주, 염주鹽州, 목주, 하주賀州 등 4개 주가 있었다. 따라서《신당서》발해전에 "예맥고지를 동경으로 하고 용원부 또는 책성부라고 부르고 경, 염, 목, 하 4개 주를 관할하였다.(穢貊故地爲東京, 曰龍原府, 亦曰柵城府, 領慶, 鹽, 穆, 賀四)"라고 기재했다. 아래에 각 주의 위치를 밝히려 한다.

㉠ 염주鹽州: 염주에 대해《요사》지리지에 "염주는 본래 발해의 용하군이었다. 옛현으로 해양, 접해, 격천, 용하 등 4개 현이 있었는데 다 폐지되었다. …상거한 거리는 140리이다.(鹽州本渤海龍河郡, 故縣三: 海陽, 接海, 格川, 龍河…相去一百四十里)"라고 하였다. 상거한 거리 140리는 염주로부터 동경용원부까지의 거리에 해당되는데 해양과 접해는 모두 바다와 가까운 곳에 있었기 때문에 그런 명칭을 얻었다. 그러므로 염주의 소재지는 응당 동경용원부의 동남 140리 되는 해변에서 찾아보아야 한다. 뽀씨예뜨만의 모구위毛口威(오늘날 러시아 연해주의 크라스끼노)가 바로 이 방향과 위치에 해당된다. 그리고 염주는 그곳에서 소금이 생산되었기 때문에 염주라는 명칭을 얻게 되었다.《요사》에 "해양海陽에서 소금이 생산된다."라고 하였고《훈춘향토지琿春鄕土志》에서는 모구위 일대는

"넓고도 아득하며 땅이 비옥하다. 만일 잘 경영하기만 한다면 소금을 많이 생산할 수 있고 좋은 땅을 개척할 수 있다."라고 하였다. 이로 보아 이 일대가 소금 생산에 적합하였다는 사실을 알 수 있다. 요컨대 오늘날 뽀씨예뜨만의 크라스끼노에서 남으로 4리쯤 가서 바다에 잇대인 곳에 옛 성 유지가 있다. 이곳이 바로 염주의 소재지이다. 염주의 산하에는 해양, 접해, 격천, 용하 등 4개 현이 있었다.

ⓒ 목주穆州: 목주에 대해서는 《요사》 지리지에 "목주는 본래 발해 회농군으로써 고현이 회농, 수기, 순화, 미현 등 4개 현이었는데 요대에는 다 폐지되었다. …동북으로 개주까지 이르는데 120리이다.(穆州…本渤海會農郡, 故縣四: 會農, 水岐, 順化, 美縣皆慶…東北至開州一百二十里)"라고 하였다. 이로 보아 목주는 동경용원부에서 서남으로 120리 되는 곳에 있었다는 것을 알 수 있다. 오늘의 조선 함경북도 경원慶源 일대가 바로 이 방향과 위치에 해당된다.

ⓒ 경주慶州: 발해 용원부 관할 하에 경주, 염주, 목주 하주 등 4개 주가 있었다. 경주는 용원부 관할 하의 수주首州이다. 경주가 수주였던 것만큼 경주는 팔련성을 중심으로 한 주변지대에 위치하였을 것이고 주의 소재지는 부의 소재지와 같은 지역에 있었을 것이다. 《요사》 지리지에 "요의 동경도 관할 하의 개주 진국군은 본래 예맥 지역이다. 고구려 때에 경주라 했고 발해 때에는 동경용원부라고 하였는데 궁전이 있었다. 동경용원부는 경주, 염주, 목주, 하주 등 4개 주를 관할하고 그 옛현으로는 용원, 영안, 오산, 벽곡, 웅산, 백양의 6개 현이 있었는데 요대에는 다 폐지되

었다.(開州, 鎭國軍節度. 本穢貊故地, 高麗爲慶州, 渤海爲東南龍原府. 有宮殿. 都督慶, 鹽, 穆, 賀四州事. 故縣六, 曰: 龍原, 永安, 烏山, 壁谷, 熊山, 白楊, 皆廢)"라고 하였다.

㉣ 하주賀州: 염주, 목주, 경주의 지역을 밝혔으니 하주의 위치는 자연히 알 수 있다.《요사》지리지에 "하주는… 본래 발해의 길리군이고 옛 현으로는 홍하, 송성, 길리, 석산 등 4개였는데 요대에는 다 폐지되었다.(賀州…本渤海吉理郡, 故縣四:洪賀, 送誠, 吉理, 石山, 皆廢)"라고 하였다.《요사》지리지에 하주와 용원부와의 거리를 말하지 않았기 때문에 하주의 위치를 찾는 데 다소의 어려움이 있다. 그러나 염주, 목주, 경주의 위치를 알아내었으니 이를 기초삼아 그 위치를 찾을 수 있다. 즉, 하주는 염주의 서북쪽, 목주 이북, 경주의 동북 방향에 설치되었을 것이다. 그 산하에 홍하, 송성, 길리, 석산 등 4개 현이 있었다.《동북역사지리東北歷史地理》의 저자는 하주의 위치를 오늘의 훈춘현 춘화향春化鄕 일대로 짐작하는데52 이는 앞으로 고고학의 발전을 기다려야 확실히 밝혀질 수 있겠다.

남경남해부 南京南海府

《신당서》발해전에 "옥저의 고지로서 남경남해부로 하고 옥沃, 정睛, 초椒 등 3개 주를 관할하였다.(以沃沮故地爲南京南海府, 領沃, 睛, 椒三州)"라고 하였다. 또 "남해는 신라로 가는 길이다.(南海, 新羅道也)"

라고 하였으며 '발해 풍속에서 귀중히 여기는 것'의 하나로 '남해의 곤포'가 있었다는 내용이 기재되어 있다. 이로 보아 발해의 남경남해부는 옥저의 고지이고 신라로 통하는 길목이며 산하에 옥, 정, 초 등 3개 주州가 있었고 곤포의 산지였다는 것을 알 수 있다. 문헌에는 또 발해는 "남으로 신라와 니하泥河를 경계로 하였다."53라고 기재하였다. 이상의 문헌 기재 내용을 통해 니하 이북부터 동경용원부 지역에 이르기까지의 옥저 지역, 즉 대체로 오늘의 함경남북도 일대가 남경남해부의 지역이었다는 것을 알 수 있다.

옥저의 고지란 옛날 옥저족의 거주지역을 가리키는 말인데 오늘의 함경남북도 지방에 해당한다. 원래는 옥저족의 거주 지역이었지만 후에는 고구려에 통합된 지방이다. 이 지역 범위 내에서 남경의 소재지와 남해부 관할 하의 세 개 주의 위치를 찾아야 한다.

남경의 소재지

남경의 소재지에 관해 지금까지 사학계에서 이루어진 토론 내용을 정리하면 함흥설咸興說, 백운산고성설白雲山古城說, 종성설鍾城說, 북청설北靑說, 신창설新昌說, 경성설, 덕원설德源說 등이 있다.

함흥설의 대표적인 주장자로는 정약용丁若鏞과 와다 기요시和田淸가 있고《중국역사지도집》동북지구자료휘편에서 이 설을 지지하였다.

함흥은 신라의 북쪽 국경에 치우쳐 있으며 곤포의 산지도 아니다.《신당서》발해전에서는 발해의 지방특산물의 하나로 '남해의 곤포'를 들고 있는데 함흥 지방은 다시마의 명산지도 아니었다. 전날에 다시마는 북청北靑 지방 동쪽 바다에서는 생산되었으나 함흥 지방에서는 생산되지 않았다.

백운산고성설의 대표적인 주장자는 《동북역사지리》 2권(1989, 흑룡강인민출판사)의 편자들이다. 《동북역사지리》의 편자는 《요사》 지리지에 "돌을 쌓아 성을 만들었는데 둘레는 9리이다."는 기재에 근거하여 이는 남경의 소재지로 될 만한 규모이고 또 남경이 자리 잡을 만한 위치라고 하였다. 그런데 이러한 크기의 성은 동해바닷가에 길성(길주군 김책시 일대) 지방에만 있다. 《동국여지승람東國輿地勝覽》 권50 길성현 고적조古城縣古迹條에 "다신산성多信山城은 현에서 남쪽으로 31리 떨어진 곳에 있는데 강성江城이라고 한다. 그의 둘레의 길이는 1만 5,075자, 높이 16자이며 성내에 10개의 못이 있다. 옛날 군용창고가 있었다."는 것과 "소파온고성所波溫古城은 현에서 남쪽으로 89리 떨어진 곳에 있다. 성은 흙으로 쌓았고 둘레의 길이는 1만 2,020자이다."라는 기재가 있다.

이와 같이 보아 동해 바닷가에 있는 다신산성, 소파온고성, 백운산고성 등 세 개 성만이 그 규모가 남경의 소재지로 될 만하다. 그 밖에도 여러 개의 성이 있으나 규모, 형태, 위치로 보아 모두 남경의 소재지로 될 만한 조건을 구비하지 못하였다. 덧붙여 소파온고성(김책시 망양대)은 흙으로 쌓은 토성이고 소파온고성과 다신산성은 모두 발해와 후기 신라의 경계인 덕원에서 지나치게 멀리 떨어져 있는 경성과 북청 사이에 있으므로 모두 남경남해부의 소재지로 보기 어렵다고 하였다.

따라서 《동북역사지리》 편자는 덕원 지방에서 그다지 멀리 떨어져 있지 않으며 성의 규모도 비교적 큰 함흥지방의 백운산성을 남경남해부의 소재지로 결론지었다.

백운산성은 돌로 쌓았고 둘레의 길이는 14,573미터이다. 《동북역사지리》 편자는 백운산성의 형태로 보나 크기, 위치 등으로 보아 남경남해부의 소재지가 될 만하다고 보았다.

백운산성은 오늘의 함경남도 영광군 봉흥리 홍덕골에 위치한 해발 1,077미터 되는 산성이다. 험하고 높은 준령들로 형성된 백운산 줄기의 주봉인 백운산에 있는데 이곳은 동해 바닷가와 100여 리나 떨어져 교통이 매우 불편한 곳이다. 이러한 곳에 남경남해부의 소재지를 정하기는 어렵다. 그러므로 《동북역사지리》 편자들이 제기한 백운산성설은 성립될 수 없다.

경성설을 주장한 대표적 학자는 마츠이 히토시이다. 그가 제기한 근거는 대체로 세 가지이다.

첫째, 경성 지방에는 《요사》 지리지에 "돌로 성을 쌓았는데 둘레의 길이는 9리이다."라고 한 기재 내용에 부합되는 성이 있다는 것이다. 마츠이 히토시가 지적한 성은 《동국여지승람》에 기재된 남산성이다. 남산성은 돌로 쌓았는데 둘레의 길이는 3,289자, 높이 9자이며 안에 우물이 2개 있고 군용창고가 있었다. 그런데 경성의 남산성은 15세기에 이용된 성으로, 이곳에서는 아직 발해 시기의 유물을 발견하지 못하였다. 그 때문에 남산성을 발해 시기의 성이라고 할 수 없으며 발해국 남경남해부의 소재지라고는 더욱 인정하기 어려운 것이다.

둘째, 경성은 함경북도 지방의 큰 도시였고 금나라 때의 갈라로의 수부首府였던 것으로 보아 발해 시기 남경남해부의 소재지로도 볼 수 있다는 것이다. 그러나 가령 경성이 함경북도 지방에서 큰 도시였고 금나라 때의 갈라로의 수부였다고 하더라도 반드시 발해 시기 남경남해부의 소재지로 될 수 있다고 말하기는 어렵다. 더구나 경성이 금나라 때 갈라로의 수부였다는 결론도 확실하지 않은 가운데 경성이 금나라 때 갈라로의 수부였으니 발해 시기 남경남해부의 소재지였을 것이라고 단정적으로 말할 수는 없다.

셋째, 경성이 곤포의 산지였을 것이므로 남경남해부의 소재지로 볼 수 있다는 것이다.

경성은 확실히 곤포의 산지이다. 그러나 곤포의 산지라고 해서 꼭 남경남해부의 소재지라고 할 수는 없다. 반드시 주장을 뒷받침하기에 충분한 문헌 기록과 고고학적 근거가 따라야 한다.

곤포는 경성에서만 생산되는 것이 아니다. 《동국여지승람》에 의하면 단천, 이원, 경성, 길성, 명천, 경원, 회령, 부령 등지가 곤포의 명산지로 알려지고 있다. 즉 함경남도 이원 이북부터 두만강 하구에 이르기까지 1,000여 리의 바닷가에서 생산되었다. 그러므로 곤포의 생산지라고 하는 점만으로는 남경남해부의 소재지라고 특정해 말할 수 없다.

이상의 7종 설 가운데서 가장 유력한 것은 북청설이다. 이런 이유로 남경남해부의 소재지는 마땅히 함경남도 북청으로 보아야 한다. 그 주요한 근거는 다음과 같다.

　첫째, 덕원은 양국 변계지대에 위치해 있으니 남경남해부의 소재지를 변계지대에 설치했다고 볼 수는 없다. 함흥은 신라의 북쪽 국경에 치우친 곳이고 종성은 너무나 북에 치우쳤을 뿐만 아니라 용원부 경내에 위치해 있다. 그러나 북청은 기본적으로 남해부의 중심지대에 위치해 있기에 남경남해부의 소재지로 적절하다.

　둘째, 북청에 있는 발해 시기의 평지성을 토성리토성 혹은 청해토성이라고 부른다. 청해평지성은 동서로 좀 길쭉한 장방형으로 생겼는데 그 둘레는 1,342미터이다. 성에는 동서남북에 각각 성문이 한 개씩 있는데 남문이 정문이다. 성안은 가로세로 구획을 이루고 남문에서 북쪽으로 가장 큰 도로가 나 있다. 이러한 성의 구조형식은 훈춘의 팔련성 및 화룡현 서고성의 구조형식과 비슷하다. 성안의 북쪽 가운데 부분에서는 발해 시기 건축물의 주춧돌과 10개의 온돌시설, 부엌, 3개의 우물과 수백 점의 유물이 드러났다. 유물 가운데에는 관청건물에 썼던 기와와 기와막새를 비롯해 무기류, 공구류, 수레부속품, 생활용품 등이 있다. 이러한 발굴 내용은 이 성이 발해 시기의 중요한 관청이 있던 평지성이라는 것을 잘 말해준다. 지금까지 발굴된 정황에 의하면 청해평지성은 남해부 경내에서 제일 크고 유일한 평지성이다.[54]

　셋째, 청해평지성에서 동쪽으로 약 8킬로미터 되는 곳에 북청군 평리산성이 있다. 성의 지형 선정은 돈화현 관지 부근에 있는 통구령산성과 비슷하다. 성안에서는 막새기와, 활촉, 긴칼, 마구 등이 나왔다. 이 성은 청해평지성의 동쪽에 있는 방어성이다. 평지성과 산성, 발굴된 유물, 무덤 등은 남해부의 소재지가 북청에 있었다는 점을 가장 설득력 있게 입증하는 고고학 자료이다.

넷째, 북청은 교통의 중심지이자 군사요새인 동시에 경제가 발달한 곳이었다. 일반적으로 지방의 행정 중심을 설치하는 곳은 그 지역 내에서 경제, 정치, 문화의 중심지, 교통이 발달한 곳이었다. 북청은 당시 그러한 조건을 모두 구비한 지대였다.

다섯째, 북청설은 역사 문헌에 기재된 내용에 부합된다.《북청도호부신증읍지》산천풍토조에 "보청사토성 즉 숙신고도는 흙으로 쌓았는데 둘레가 3,497자이다."라는 기록과 "대속후사 하천산⋯ 옛날 칭호는 발해고도이다."는 기재가 있다.《증보문헌비고》권29 여지고 성곽함경도조에서도 북청 청해토성을 숙신고도라고 이른다.[55]

위에서 든 역사기록에 의하면 북청 지방을 '숙신고도' 또는 '발해고도'라고 하였던 사실을 알 수 있다.

여기에서 숙신고도라고 한 것은 북청 지방이 고구려에 속했던 옥저의 정치 중심지였다는 사실을 보여주며, 발해고도라고 한 것은 발해국의 수도라는 뜻이 아니라 남경南京의 소재지라는 의미이다. 신창설, 함흥설, 백운산고성설, 종성설, 덕원설, 경성설은 모두 북청설과 같은 유력한 조건을 구비하지 못하고 있기 때문에 그 논거는 믿기 어렵다.

남해부 관할 하의 주, 현들

발해 남경남해부의 관할 하에는 옥주沃州, 정주睛州, 초주椒州 등 3개 주가 있었다. 그의 지역 범위는 오늘의 함경도 지방이다.

옥주

옥주沃州는 남경남해부의 수주首州인 만큼 북청, 즉 남경남해부의 소재지를 둘러싼 주였을 것이며 옥주의 소재지도 북청을 중심으로 한 일대에 있었을 것이다. 《요사》 지리지 권2에 의하면 "남해부는 옥주, 정주, 초주 등 3개 주를 관할하였다. 고현故縣으로 옥저沃沮, 추암鷲岩, 용산龍山, 빈해濱海, 승평升平, 영천靈泉 등 6개 현이 있었는데 요나라 때에는 그것을 다 폐지하였다."라고 한 것으로 보아 옥주의 관할 하에 옥저, 추암, 용산, 빈해, 승평, 영천 등 6개 현이 있었음을 알 수 있다.

옥저현은 옥주의 수현인만큼 옥주의 소재지인 북청 일대에 있었을 것이다.

옥주의 소재지에 대해서는 사학계의 의견이 분분하다. 백운산고성, 신창新昌, 경흥, 종성, 덕원, 함흥, 북청 등의 다양한 설이 있지만 그중에서 북청으로 보는 것이 제일 믿음직하다. 따라서 이 책에서는 북청설을 취하고 기타 설은 다루지 않기로 한다.

정주

정주睛州는 발해 남경남해부 관할 하에 있던 주들 중 하나였다. 《요사》

지리지 권2에 의하면 "발해 정주에는 고현故縣이 천정天睛, 신양神陽, 연지蓮池, 낭산狼山, 선암仙岩 등 5개 현이 있었는데 요나라 때에 다 폐지되었다. …동남으로 해주海州에 이르기까지 120리이다."라고 하였다. 이로 보아 정주의 관할 하에 5개 현이 있었음을 알 수 있다. 여기에서 제기된 지명인 해주는 남해부의 소재지를 가리키는 것이다. 그래서 '동남으로 해주에 이르기까지 120리'라는 말은 정주睛州에서 남해부까지의 거리가 120리라는 뜻이다. 위치로 보면 정주의 동남쪽에 해주가 있고 해주의 서북쪽에 정주가 있는데 양자 간의 거리는 120리이다. 해주는 남해부를 의미하기 때문에 남해부에서 서북쪽으로 120리 떨어진 곳에 정주가 있다는 뜻이 된다. 그러므로 정주는 남경의 북쪽, 즉 오늘의 함경북도 일대를 포괄한 주였겠다고 짐작된다.

《중국역사지도집》동북지구자료휘편에는 정주와 천정현은 오늘날 조선의 함흥 서북쪽에 있는 구진리舊津里, 연지현은 연화산蓮花山, 낭산현은 낭림산狼林山 부근이라고 하였으나 진실 여부는 아직 고증하지 못하였다.

초주

초주椒州는 발해국 남경남해부 관할 하에 있던 주들 중 하나였다.《요사》지리지에 의하면 "요주遼州는 본래 발해의 초주椒州이다. 고현故縣으로 초산椒山, 초령貂嶺, 시천澌泉, 첨산尖山, 암연巖淵 등 5개 현이 있었는데 요나라 때에는 다 폐지되었다. …동북으로 해주海州까지 이르는 데는 200리이다."라고 하였다.

요주는 요나라가 발해를 멸망시킨 후 원래 발해 남해부 산하에 있던 초주를 요동 쪽으로 옮긴 후에 고쳐 붙인 이름이다. 해주는 오늘의 요녕성 해성현海城縣 일대에 해당한다. 이 역시 발해의 주, 현을 옮긴 후의 이름들이다. 그러므로 요주는 초주로, 해주는 남해로 보아야만 해석을 제대로 할 수 있다. 이렇게 보면 요주에서 동북으로 해주까지는 200리라는 말은 초주에서 동북쪽으로 남해부까지 이르는 데 200리라는 뜻이다. 따라서 초주는 남해부에서 서남으로 200리 되는 곳에 있었다는 것을 알 수 있다. 초주의 관할 범위는 남경남해부의 남쪽, 즉 옥주의 남쪽인 니하泥河 이북 지대였다.

초주의 관할 하에 있던 5개 현의 지리 위치에 대해서는 문헌에 기재된 내용이 없기 때문에 고증하기가 매우 어렵다.

서경압록부西京鴨綠府

서경압록부에 대해 《신당서》 발해전에 "…고구려의 옛 지역을 서경으로 하고 압록부라 하였으며 신, 환, 풍, 정 등 4개 주를 관할하였다.(高麗故地爲西京, 曰鴨綠府, 領神, 桓, 豊, 正四州)"라고 하였다. 이로 보아 서경西京은 고구려의 옛 지역에 설치하였고 그 관할 하에 신, 환, 풍, 정 등 4개 주가 있었다는 것을 알 수 있다.

신주神州는 서경압록부 관할 하의 4개 주 가운데서 수주首州이고 신주의 소재지와 서경압록부의 소재지는 같은 지역 내에 있었을 것이다. 그러므로 신주의 소재지를 밝히면 서경의 소재지를 자연히 알 수 있다. 그러므로 아래에서 신주의 지리 위치를 먼저 밝히려고 한다.

신주

　신주神州의 지리 위치에 대해 지금도 사학계에는 세 가지 서로 다른 견해가 존재한다. 첫째는 장성리설長城里說이고 둘째는 집안설集安說이며 셋째는 임강진설臨江鎭說이다. 이 세 가지 설 가운데서 세번째 설說이 비교적 믿음직하다. 그 주요한 근거는 다음과 같다.

　첫째, 가담賈耽의 《도리기道里記》에 '환도현성에서 동북쪽으로 거슬러 200리를 올라가면 신주에 이른다. 또 육로로 400리를 가면 현주顯州에 이르는데 천보년간 왕이 도읍했던 곳이다. 또 정북으로 600리를 가면 발해왕성에 이른다.(丸都縣城 : 又東北泝流二百里, 至神州, 又陸行四百里至顯州, 天寶中王所都. 又正北如東六百里, 至渤海王城)"라고 하였다. 여기에서 알 수 있는 사실은 환도현성丸都縣城(오늘의 집안현 현성)에서 신주까지의 거리는 200리이고 초주椒州현성에서 신주까지 가려면 배를 타고 압록강 물줄기를 따라 거슬러 올라가야 한다는 점이다. 또 신주로부터 현주(오늘의 화룡현 서고성)까지의 거리는 400리이다. 그러므로 신주의 위치는 초주椒州현성에서 동북쪽으로 200리 좌우 떨어진 압록강 연안, 현주에서 서남쪽으로 400리 떨어진 압록강 연안에서 찾아보아야 한다. 오늘의 임강진이 바로 이 위치에 해당된다. 《요사》 지리지 동경도 녹주조에 "발해… 서경압록부는 신神, 환桓, 풍豊, 정正 4개 주를 통솔하였다."

라고 하였다. '동경도 녹주涤州'라는 말은 요나라는 동경도의 관할 하에 녹주를 두었는데 발해 때의 서경압록부라는 뜻이다. 서경압록부의 산하에는 신, 환, 풍, 정 등 4개 주가 있었다. 이렇기 때문에 신주가 곧 서경압록부 소재지라고 볼 수 있다.

 오늘날 사학계의 대다수 학자들은 서경압록부와 신주의 소재지가 모두 오늘의 임강진에 있었다고 확인한다. 그러나 일부 학자들은 압록강 좌안에 신주의 소재지가 있었다고 주장한다. 《중국역사지도집》을 보면 신주가 압록강 좌안 조선 중강군 장성리中江郡長城里에 표기되어 있다. 그러나 이는 사실과 맞지 않는다. 신주의 소재지는 마땅히 압록강 우안右岸에 있어야 한다. 신주의 소재지가 좌안에 있었다고 가정한다면 압록강을 거슬러 올라가 먼저 좌안에서 내린 다음 다시 강을 건너 우안으로 가서 뭍에 오른 뒤 육로를 통해 발해의 수도로 가야만 한다. 반대로 발해 수도에서 떠난 사절단은 먼저 압록강 우안에 도착한 다음 강을 건너 좌안으로 간 뒤 그곳에서 또 다시 배를 타고 압록강 물줄기를 따라 남으로 내려가야 한다. 신주의 소재지는 조공도 수로水路의 기점이기 때문에 반드시 압록강 우안에 설치되어야만 오고 가기에 편리하다. 장성리長城里 대안對岸의 착초구錯草溝는 임강臨江에서 40리나 떨어진 곳일 뿐만 아니라 통행하기 매우 불편하다. 나팔형으로 생긴 매우 좁은 골짜기이고 주변의 너비가 10리도 못 되며 강안의 아래와 위는 모두 절벽이기 때문이다. 이곳에서 상경용천부로 가려면 높고도 험한 산과 초목이 우거진 밀림지대를 사람의 발로 걸어서 통과해야 한다. 그러므로 이곳으로는 통행할 수 없다. 구국, 중경, 상경, 동경에서 조공도를 통해 당나라로 가는 사절단은 모두 굳이 압록강 좌안으로 건너갈 필요 없이 우안에서 배를 타고 가는 것이 제일 편리하다. 그러므로 신주의 소재지는 마땅히 압록강 우안에 설치되어야 한다. 발해의 중심지역이 우안에 있는데 하필 좌안에 설치할 필요는 없는 것이다. 임강진은 압록강 중상류 우안에 위치해 있을 뿐만 아니라 신주의 소재지로 될 만한 모든 조건을 구비하였고 어느 모로 보나 신주의 소재지로 가장 이상적인 지대이다.

둘째, 《발해국지장편》 권34 지리고 서경압록부조에 의하면 '성벽의 높이는 2장이고 둘레의 길이는 20리이다.'라고 하였다. 이는 신주의 지역이 넓었다는 사실을 설명한다. 신주의 소재지는 적어도 이만큼 넓은 지역이 아니고는 발해 5경 가운데 하나인 서경의 소재지를 설치할 수 없다. 해동성국海東盛國인 발해는 서경의 소재지를 설치할 때 틀림없이 지역이 넓고 경제, 문화가 발전하였으며 인구가 밀집하고 교통이 발달한 지대를 신중히 선택하여 평지성平地城을 쌓았을 것이다. 임강진 부근은 이러한 조건을 모두 구비하였을 뿐만 아니라 압록강 중상류 유역에서는 제일 좋고 이상적인 곳이다.

셋째, 고고학 자료로 보아 임강진이 신주의 소재지이다. 임강진 내에서 무너진 발해 시기의 성벽을 발견하였는데 무너진 성벽이 남아 있는 부분의 길이는 약 30미터이고 높이는 0.3~0.5미터이다. 성내에서는 질단지, 질주전자 등 질그릇 조각과 연꽃무늬막새기와, 기와, 철로 만든 화살, 돌사자 등을 발굴하였다. 돌사자의 중량은 50근 좌우이다. 지금까지 발해 유지에서 돌사자가 발굴된 것은 모두 세 곳이다. 돈화시 육정산六頂山 발해 제3대 문왕 대흠무의 둘째 딸 정혜공주묘貞惠公主墓와 상경용천부 유지, 임강진 발해 유지가 그 세 곳이다. 서경압록부의 전 지역 내에서 지금까지 돌사자가 발굴된 곳은 임강진 한 곳뿐이다. 이는 서경압록부의 관할 지역 내에서 임강진에 가장 중요한 관사官舍들이 있었다는 사실을 실증한다.

상술한 세 가지 조건으로 보아 신주의 소재지는 임강진이라고 확인할 수 있다. 장성리설은 이러한 조건을 구비하지 못하였기 때문에 받아들이지 않는다.

환주

《요사》 지리지에 "환주桓州는 고구려 중기의 도성都城이다. …고구려 왕은 이곳에 궁궐을 지었고 국인國人들은 신국新國이라고 불렀다. 진강제 건원초晉康帝建元初, 고구려 고국천왕 12년, 342년 모용황慕容皝에게 함락당하여 궁실이 불살리웠다. 그 위치는 요대 녹주淥州(발해 때의 신주) 서남 200리에 있다."라고 한 것으로 보아 환주의 소재지는 고구려 중기의 수도이고 모용황의 침입을 받아 몹시 파괴된 곳이었다는 것을 알 수 있다.

그리고 《신당서》 지리지에 가담의 《도리기》를 인용한 데 의하면 "박작구에서… 또 거슬러 500리를 올라가면 환도현성丸都縣城에 이른다. 이곳은 옛 고구려의 수도였다. 또 동북으로 200리를 거슬러 올라가면 신주神州에 이른다."라고 하였다. 이로 보아 환주는 박작구에서 500리 되는 압록강 연안, 신주에서 서남으로 200리 되는 곳에 있었다는 것을 알 수 있다. 신주는 오늘의 임강진이다. 임강진에서 서남으로 200리 되는 곳에 환도현성, 즉 오늘의 길림성 집안현 집안진集安鎭 국내성國內城이 있고 국내성과 박작구와의 거리는 500리이다.

이상의 자료로 보아 환주의 소재지는 집안현 집안진 내의 국내성이라는 것을 알 수 있다.

환주의 속현에 대해서는《요사》지리지에 "고현故縣(발해 시기의 현)이 환도丸都, 신향神鄕, 패수浿水 등 세 개 현이 있었는데 요대에 와서는 다 폐지되었다."라고 한 것으로 보아 환주의 관할 하에 환도, 신향, 패수 등 3개 현이 있었다는 것을 알 수 있다.

풍주

풍주豊州의 소재지에 대해 지금까지 사학계에서 토론되어온 내용을 정리해보면 대략 다음과 같은 몇 가지가 있다.

혜산진설

혜산진설惠山鎭說은 와다 기요시和田淸가《동북아연구東北亞硏究》만주편滿洲篇에서 제기한 것이다. 그는 '풍주는 오늘의 길림성 장백조선족자치현 남쪽의 혜산진惠山鎭이다'고 가리켜 말했다. 그러나 이는 문헌상의 기록과 맞지 않는다. 문헌에 풍주의 위치는 서경 소재지에서 동북쪽으로 210리 떨어진 곳에 있다고 하였다. 210리라는 거리는 같지만 방향이 맞지 않는다. 와다 기요시는 서경에서 동남쪽으로 210리 되는 혜산진을 풍주의 소재지로 보았으니 그 방향이 완전히 다르다. 그리고 지금까지 혜산진에서 발해 시기 풍주의 소재지로 될 만한 유지와 유물을 발견하지 못하였다. 그 때문에 혜산진설은 믿기 어렵다.

앙검성설

앙검성설仰瞼城說은 손진기孫進己가 1977년 발행한《동북민족사고東北民族史稿》권3에서 풍주의 소재지는 안도현安圖縣 앙검성이라고 주장하면서 제기하였다. 안도현은 임강진에서 동북 방향에 위치해 있으므로 그 방향은 문헌 기재와 들어맞는다. 그러나 안도현은 서경압록부의 관할구역 범위가 아니라 중경현덕부의 관할구역 범위 내에 속한다. 그러므로 이 설도 성립될 수 없다.

유수천고성설

유수천고성설楡樹川古城說은《정우현문물지靖宇縣文物志》에서 제기된 설이다. 유수천고성은 정우현 유수촌에서 서남으로 2리 떨어진 곳에 있고 무송현 신안고성撫松縣新安古城과 강을 사이에 두고 서로 바라보고 있다. 성 둘레의 길이는 1,455.6미터이다. 1986년과 1987년 두 차례에 걸쳐 이루어진 답사 연구는 이 성이 확실히 발해 시기의 성터라는 점을 증명했다. 유수천고성과 신주(지금의 임강진)와의 거리도 대략 210리이며 방향도 신주의 동북쪽에 놓여 있다. 그러므로 유수천고성이 풍주의 소재지라고 주장한 학자들이 적지 않았다. 그러나 자세히 살펴보면, 지금까지 유수천고성에서 출토된 유물을 가지고서는 유수천고성이 풍주의 소재지, 즉 한 개 주의 소재지로 될 만하다고 단언하기 어렵다.

신안고성설

신안고성은 송화강 북안 무송현 송교향 신안촌撫松縣松郊鄕新安村에 있다. 성벽은 지금도 쉽게 감별할 수 있을 만큼 잘 보존되어 있다. 유지에서는 질단지, 질사발, 질망추, 철로 만든 칼, 활촉, 연꽃무늬막새기와, 암키와, 밧줄무늬기와, 구리그릇 등 유물이 많이 발굴되었다.56 신안고성 둘레의 길이는 4,000미터에 가까우며 그 범위가 아주 넓다.57 1986년 6월 27일 무송현 문물복사대가 신안고성 발해 유지에 대한 답사를 진행할 때 성벽 동북쪽 모서리에서 제철煉鐵 유지를 발견하였다. 동서 길이는 50미터인데 너비는 잘 알 수 없다. 지면에 노출된 부분은 5개 층으로 나눌 수 있는데 제1층은 홍회색 부식토이고 두께는 30센티미터이다. 제2층은 철찌꺼기와 난석卵石(둥근 자갈)이고 두께는 20센티미터이다. 제3층은 불에 붉게 탄 흙층인데 두께가 40센티미터이다. 제4층은 다시 난석卵石과 철찌꺼기인데 두께는 15센티미터이다. 제5층은 불에 붉게 탄 흙층인데 그 두께는 잘 알 수 없다. 중경현덕부 철주鐵州의 산하에 있는 '위성의 철'은 국내에서 유명한 명산품이었다. 위성은 철의 산지이고 철주는 그의 관할 하에 있는 위성에서 철이 생산되었기 때문에 철주라고 하였다. 《왕청현문물지汪淸縣文物志》에 의하면 '고성옛성高城古城'에서도 제철할 때 남긴 철찌꺼기를 많이 발굴하였다고 한다. 이로 보아 당시 고성옛성에도 제철소가 있었다는 사실을 알 수 있다. 이와 마찬가지로 신안고성에도 제철소가 있었겠다고 짐작해볼 수 있다.

이상과 같은 지리 조건, 유적과 유물, 성의 규모로 보아 신안고성은 풍주의 소재지로 되기에 손색이 없다.

문헌에 "풍주를 반안군이라고도 하는데 서경에서 동북쪽으로 210리 되는 곳에 있다. 그는 안풍, 발각, 십양, 협석 등 4개 현을 관할하였다. (豊州, 一名盤安郡, 在京東北二百一十里. 領縣四, 安豊, 渤恪, 隰壤, 硤石.)"[58]라고 하였다. 이 기재는 실제 거리 및 위치와 부합된다.

이상의 네 가지 설 가운데서 신안고성설이 제일 유력하다. 나머지 세 가지 설은 신안고성설과 같은 조건을 구비하지 못했기에 다루지 않는다.

이 밖에도 어떤 학자들은 풍주의 소재지가 무송撫松[59]이라고 짐작하기도 한다. 지금까지 무송현성에서 발해 시기의 유물이 발굴되기는 했지만 성터는 아직까지 발견된 바가 없다. 그러므로 무송현성을 풍주의 소재지라고 단정할 수 없다.

정주

정주正州에 관해서는 《요사》 지리지 권2에 "정주는 본래 비류왕고지沸流王故地였는데 공손강公孫康에게 병탐되었다."라고 하였다. 발해 때에는 비류군沸流郡을 설치하였다. 거기에는 비류수沸流水가 있었다. 정주는 요나라 때에는 녹주淥州에 속하였고 그 위치는 녹주(지금의 임강진)로부터 서북쪽으로 380리 되는 곳에 있었다. 녹주의 관할 하에는 동나현東那縣 하나가 있고 그는 주의 소재지에서 서쪽으로 70리 떨어진 곳에 있었다는 등의 내용이 씌여져 있다.

비류수는 오늘의 부이강富爾江이고 비류왕고지는 오늘의 부이강 상류이며 비류왕고지는 비류국의 고지이다. 여기에서 비류왕이라는 것은 고구려 초기에 비류수라는 강의 상류지방에 있었던 소국 비류국의 왕 송양을 말하는 것이다. 그러므로 정주의 소재지는 부이강 상류, 비류국의 고지, 임강진에서 서북 방향으로 380리 좌우 되는 곳에서 찾아야 한다. 일부 학자들은 오늘의 신빈현 왕청문 전수호산성新賓縣旺淸門轉水湖山城 혹은 통화시通化市 일대를 정주의 소재지로 보고 있다. 그러나 아직까지는 신빈현 일대와 통화시 일대에서 한 개 주의 소재지로 될 만한 발해 유적을 발견하지 못하였으며 신빈현은 신주神州에서 서북 방향이 아니라 바로 서쪽에 속한다. 그 때문에 이 설도 믿을 바가 못 된다. 정주의 소재지 문제에 대해서는 앞으로 고고학 발전의 새로운 성과를 기다려야 하겠다.

발해 정주의 고현에 대한 기록은《요사》지리지에는 없고 다만 요나라 때 정주의 속현으로 동나현 하나가 있었다고 기록되어 있다. 이 내용만 보고 동나현을 발해 시기 정주 관할 하의 현이라고 긍정해 말하기는 어렵다.

발해에는
장령부, 부여부, 막힐부, 회원부, 인원부,
동평부, 철리부, 장리부, 안변부, 솔빈부의
10부와 3개의 독주주가 있다

발해의 10부와 3개의 독주주

장령부

장령부長嶺府에 대해《신당서》발해전에 "고구려의 고지故地로서 서경西京으로 삼아 압록부鴨綠府라 하고 신神, 환桓, 풍豊, 정正 4개 주를 관할했다. 또 장령부長嶺府를 설치하고 하叚, 하河 두 개 주를 관할하였다. 장령長嶺은 영주營州로 가는 길이다."라고 하였다. 이로 보아 고구려의 고지에 서경압록부와 장령부를 설치하였고 장령의 관할 하에 하주叚州와 하주河州 두 개 주가 있었으며 장령은 영주로 가는 큰 길목이었다는 점을 알 수 있다.

또 가담의《도리기》에는 당나라에서 발해 상경으로 가는 두 길 가운데서 영주를 통하는 육로는 "영주에서 도호부都護府(요양)로 가고 다시 동북 방향으로 옛 개모蓋牟, 신성新城을 지나고 또 발해 장령부를 거쳐 모두 1,500리를 가면 발해 왕성에 이른다."라고 하였다. 도호부는 안동도호부를 가리키고 개모는 오늘날의 요녕성 심양시遼寧城沈陽市, 신성은 오늘날의 요녕성 무순시撫順市, 영주는 오늘날의 요녕성 조양시朝陽市, 안동도호부는 오늘날의 요녕성 요양시, 발해 왕성은 오늘날의 흑룡강성 발해진黑龍江省渤海鎭을 각각 가리킨다. 그러므로 영주에서 떠나 요양, 심양, 무순을 거쳐 흑룡강 영안현 발해진(발해의 왕성)까지 이르는 거리가 1,500리이며 이 영주도營州道 구간에 장령부가 있었다고 하겠다. 발해 장령부의 위치에 대해《신당서》발해전과《도리기》에 기재된 내용은 서로 일치한다. 장령부는 발해의 서남쪽 경계에서 안동도호부와 접하는 변경 지역에 위치한 한 개 부이다.

장령부의 소재지

연구자들은 장령부의 소재지를 길림합달령산맥吉林哈達嶺山脈을 중심으로 한 일대에서 찾으려고 애써왔다. 안동도호부安東都護府에서 발해 왕성, 즉 상경용천부로 가려면 먼저 길림합달령산맥을 넘고 송화강松花江을 건넌 뒤 돈화敦化를 거쳐 오늘날의 흑룡강성 영안현 발해진에 이르러야 한다.

길림합달령산맥은 오늘날의 길림성 서남쪽에서부터 요녕성 동북쪽을 거쳐 남서 방향으로 멀리 뻗은 산맥이다. 과거에는 이 산맥의 북쪽을 고륵납와집庫勒納窩集(와집은 밀림지대를 뜻한다) 남쪽을 납로와집納嚕窩集으로 나누어 부르고, 산맥 전체를 이를 때는 장령長嶺이라고 불렀다. 이 장령의 북단에 해당되는 곳에는 오늘날에도 장령자長嶺子라는 곳이 있다. 지명의 유래는 물론 장령산맥과 관련되었을 것이다. 장령長嶺은 송료평원松遼平原의 분수령이다. 장령의 동쪽에서는 유하柳河, 1통하一統河, 3통하三統河가 휘발하輝發河와 합쳐 송화강으로 흘러들어가고, 서쪽에서는 2통하二統河, 음마하飮馬河가 서북쪽으로 흘러 송화강과 합친다.《만주원류고滿洲源流考》권10에 의하면 서북쪽으로 영액英額, 점니占尼, 합달哈達, 엽혁叶赫, 혁이소赫爾蘇 등 강이 흘렀다고 한다.

장령은 서쪽으로는 요하 계통, 동쪽으로는 송화강 계통, 남쪽으로는 압록강 계통 등 많은 지류들이 나뉘는 지점인 분수령이다.

정리하자면 장령부는 장령을 중심으로 한 동, 서, 남, 북 주변, 즉 오늘날의 청원淸原, 유하柳河, 매하구梅河口, 동풍東丰, 해룡海龍, 휘남輝南, 반석盤

石, 화전시樺甸市, 요원시遼源市, 쌍양双陽, 장령長嶺 등을 포괄하는 부였다.

장령부의 소재지를 놓고 지금까지 사학계에서 이루어진 토론 내용을 간추려보면 대체로 다음과 같은 몇 가지로 나누어 볼 수 있다.

첫째, 해룡부근설海龍附近說이다. 이 설은 정겸丁謙이《신당서》북적전고이 北狄傳考异에서 제기하였다.

둘째는 산성자설山城子說이다. 이 설은 이케우치 히로시池內宏의《철리고鐵利考》와 와다 기요시和田淸의《동양사연구東洋史硏究》만주편滿洲篇에서 제기되었다. 두 사람은 모두 장령부의 소재지를 오늘날의 매하구시梅河口市 (당시의 해룡현) 산성진山城鎭의 산성자로 보았다.

셋째는 영액성설英額城說이다.《만주역사지리滿洲歷史地理》권1에 그 내용이 기재되었다.

넷째는 엽혁성설叶赫城說이다. 오승지吳承志의《가담기변주입사이도리고실賈耽記邊州入四夷道里考實》에서는 오늘날의 위원보威遠堡에서 동북쪽으로 90리 떨어져 있는 엽혁성이 장령부의 소재지라고 주장했다.

이상의 네 가지 설은 모두 송료분수령과 신성으로부터 발해 왕성에 이르는 교통로의 교차점 주변에서 장령부의 소재지를 찾아본 결과이다.

다섯째는 화전현 소밀성설樺甸縣蘇密城說이다. 이 설을 주장한 주요한 학자는 이건재李健才로, 고고학 조사자료를 주된 근거로 삼아 결론을 내렸다. 그는 신성으로부터 발해 왕성에 이르는 교통로 상에 있는 옛성터를 모두 조사해 본 결과 위의 네 개 성은 모두 발해 때 성이 아닐 뿐만 아니라 그 규모가 너무 작다고 하였다. 덧붙여 장령부의 소재지로부터 발해 왕성에 이르는 교통로 위에 위치한 발해 때 성은 화전현의 소밀성 하나 뿐이라고 하였다. 그는 논문 〈화전소밀성고樺甸蘇密城考〉에서 소밀성은 화전현성에서 동쪽으로 6리 떨어진 휘발하 남안에 있는데 외성 둘레의 길이는 2,600미터이고 내성 둘레의 길이는 1,400미터이며 휘발하 유역의 발해 시기 옛성 중에서는 그 규모가 가장 크기 때문에 소밀성이 마땅히 장령부의 소재지여야 한다고 주장하였다.

《중국역사지도집》 동북지구자료휘편도 이건재가 주장한 소밀성설을 따른다. 이 설은 최근 들어 점차적으로 학계의 주목을 받고 있다. 그러나 장령부와 장령자와의 관계, 화전 부근에 따로 장령이 있는지 여부 등 몇 가지 문제는 아직 해결되지 못했다. 덧붙여, 최근의 고고학 조사 결과에 따르면 해룡, 산성자, 영액성, 엽혁성에서 발해시기의 유물이 출토되지 않았지만 앞으로 고고학의 발전에 따라 영원히 발해유물이 출토되지 않는다고 담보할 수 있느냐 하는 등의 문제도 해결해야 한다.

장령부 관할 하의 주

《신당서》 발해전에 장령부는 서경압록부와 같이 고구려의 고지이며 하주瑕州와 하주河州 두 개 주를 관할하였다고 기재하였다. 서술의 순서로 보아 하주瑕州가 장령부의 수주首州이다. 그러므로 하주瑕州는 장령부 중심지역, 즉 부소재지의 근방에 있었을 것이며 하주의 소재지는 부의 소재지 혹은 그 근방에 설치되었을 것이다. 소밀성에서 남쪽으로 6리 떨어진 곳에는 발해시기의 작은 성이 하나 있다. 필자는 이 자리가 하주의 소재지가 아닌가 생각한다.

하주河州에 대한 문헌 기록을 찾아보면《요사》권38, 지리지 권2 동경도東京道에 "하주 덕화군河州德化軍에는 군기방軍器坊이 설치되었다."라고 하였고,《만주원류고滿洲源流考》권10 하주조에는 "…개원開元에서 동북쪽으로 500리 떨어진 곳에 은도하穩圖河가 있는데 방주坊州 북산에서 기원하여 북으로 송화강에 흘러 들어간다. 방주가 하주河州 아닌가 생각한다."라고 하였으며,《중국역사지도집》동북지구자료휘편에서는《만주원류고》의 관점에 동의하면서 산성진山城鎭을 방주坊州로 간주함과 동시에 발해 때 하주라고 하였다. 김육불은 명나라 때의 방주는 하주가 개칭改稱된 것이며 방주의 '방坊'은 군기방에서 유래했다고 보았다.《요동지遼東志》권1 개원산천지리도開元山川地理圖에는 "개원에서 동으로 방주까지 300리이다."라고 하였다.

이상의 자료로 보아 오늘날의 길림성 해룡현 산성진海龍縣山城鎭이 하주河州의 소재지인 듯하다.

부여부

발해의 서쪽에는 부여부扶余府와 막힐부鄭頡部가 있었다. 이 두 개 부는 모두 거란契丹 및 실위室韋와 접했다.

《신당서》 발해전에 "부여의 옛 지역을 부여부로 삼아 항상 강한 군사를 두어 거란을 막았다. 산하에 부扶, 선仙 두 개 주州가 있었다.", "부여는 거란으로 통하는 길목이다."라고 하였다. 이 내용으로 미루어 발해 시기의 부여부는 옛날 부여국의 지역 내에 설치되었다는 사실을 알 수 있다.

옛날 부여국扶余國의 위치에 관련해《후한서后漢書》부여전扶余傳에 "부여국의 영지는… 본래 예맥의 영지이다."라고 기록하였다. 따라서 부여족은 예맥족의 한 갈래였다는 것과 예맥의 영지 내에 부여가 있었다는 것을 알 수 있다.

부여족이 활동한 지역에 대해서는《위서魏書》부여전에서 "부여국은 현토 북쪽 천리千里에 있다. 남쪽은 고구려, 동쪽은 읍루, 서쪽은 선비와 접하였고 북에는 약수弱水(오늘의 눈강)가 있다. 지역은 사방 2천리이고 호는 8만이었다."라고 하였다. 이 기록에 따르면 부여족이 활동한 지역은 지금의 송화강 중하류, 눈강嫩江, 호란하呼蘭河 유역이었다고 볼 수 있다.

부여족의 활동 지역은 땅이 비옥한 곳이다. 부여족은 이곳에서 농업과 목축업, 어업에 종사하면서 부여의 찬란한 문화를 창조하였다. 그러나 후기로 가면서 국력이 약화되었고 부여왕은 494년 고구려에 투항하였다. 이리하여 600여 년의 역사를 자랑하던 부여는 멸망하고 부여의 영토는 고구려에 병탐되었다. 또 그 후에는 발해국의 영토로 들어갔으며, 발해국이 망한 후에는 요遼, 금金, 원元, 명明, 청淸 등의 영역이 되었다. 본문에서는 발해국 시기의 부여부에 대해 서술하려고 한다.

부여부의 소재지

부여부의 소재지에 대한 지금까지의 토론 내용을 정리해 보면 대체로 세 가지 관점이 있다. 개원현설開元縣說, 회덕현설懷德縣說, 농안현설農安縣說이 그것이다.

개원현설을 주장하는 사람들은 옛날 부여국의 중심지, 고구려의 부여성, 발해의 부여부가 모두 오늘날의 요녕성 개원현遼寧城開元縣이었으리라고 본다. 물론 오늘날의 개원현 이북은 대체로 옛날 부여국의 영역에 포함되었을 것이다. 그러나 개원현 자체가 그 중심지역이라고 말하기는 어려우며, 발해국의 부여부로 보기도 어렵고, 부여부의 중심지라고 보기는 더욱 어렵다.

개원현은 발해 때 영주로 가는 길목에 해당된다. 그러나 거란契丹으로 가는 길목 위치는 아니었다. 개원현을 부여부의 중심지라고 오해하게 된 데는 그럴 만한 유래가 있다. 원나라는 금나라를 멸망시키고 금나라의 중심지대였던 동북지역 내에 요양행성遼陽行省 아래에 개원로開元路라는 대행정구역을 설치하여 오늘날의 개원현을 포함한 그 이북 요녕성의 많은 지역과 길림성의 전체 지역, 내몽골의 동부 일대에 걸친 광활한 지역을 관할하였다. 그 소재지는 황룡부黃龍府(지금의 농안현)에 두었다가 후에 개원현으로 옮겼다. 명나라 때에는 개원開元을 개원開原으로 고쳐서 개원삼만위開原三萬衛로 하였다. 청나라 때에는 개원삼만위를 개원현開原縣으로 또 고쳤다. 이상과 같이 개원현의 명칭이 변화한 과정과 《요사》 지리지에 "용주 황룡부龍州黃龍府는 본래 발해 때의 부여부이다."라고 기록된 내용을 연계시켜 부여부扶余府가 황룡부→개원현開元縣→개원삼만위→개원현開原縣으로 변화된 것으로 보았기 때문에 개원현설이 나오게 되었다.

회덕현설은 오늘날의 길림성 농안현성吉林省農安縣城에서 서남으로 200~300리 떨어진 회덕현을 부여부의 중심지로 본다. 그러나 이는 문헌에 기록된 내용으로 보나 고고학 자료로 보나 중심지가 될 만한 조건을 구비하지 못했다.

농안현설農安縣說을 주장하는 학자들의 근거는 다음과 같다.

《요사》 지리지에 "통주通州는 본래 부여국扶余國의 왕성王城으로서 발해 때에는 부여성扶余城이라고 하였다. 태조太祖(아보기)가 용주龍州라고 고쳤고 그후 성종聖宗, 983~1030년이 다시 통주로 고쳤으며 보녕 7년保寧七年, 975년에 황룡부黃龍府의 반란인叛人 연파燕頗가 여당 천여 호를 가지고 그 자리에 주를 꾸렸다."라고 하였다. 이 기록에 따르면 통주는 부여국의 왕성이었고 발해 때에는 부여성으로 불리었으며 요나라 때에는 용주로 개칭되었다가 성종 때에는 다시 통주라는 이름을 회복했다는 사실을 알 수 있다.

《요사》 지리지에는 또 "용주 황룡부는 본래 발해 때의 부여부이다. 태조阿保机가 이곳에 돌아와 죽을 때 성 위에 황룡黃龍(누런 용)이 나타났으므로 성의 이름을 고쳤다.(부여성을 용주 황룡부로 승격시켰다는 뜻-인용자) 보녕 7년975년 군교軍校 연파가 반란하였으므로 부府를 폐지하였다. 개태 9년開泰九年, 1020년에는 성을 동북쪽에 옮기고 종주宗州, 단주檀州의 한호漢戶 천여 호를 가지고 주를 꾸렸다."라고 하였다.

《요사遼史》 본기本紀에는 "천찬 4년天贊四年, 925년 12월 을해乙亥, 12월 17일에 군사를 동원하여 친히 발해를 정벌하였다. ⋯윤월 임진閏月壬辰, 윤 12월 목엽산木葉山에 이르렀다. 임인壬寅, 윤 12월 14일에는 청우靑牛와 백마白馬로써 오주烏州에서 천지제사를 지내었다. 기유己酉, 윤 12월 21일에 살갈산撒葛山에 이르러 귀전鬼箭을 쏘았다. 정기丁己, 윤 12월 29일에 상령商嶺에 이르러 밤에 부여부를 포위하였다. 천현 원년 춘 정월 경신天顯元年春正月庚申, 정월 3일에 부여성扶余城을 함락하였다. 병인丙寅, 정월 10일 밤에 홀한성忽汗城을 포위하였다."라고 하였다. 이 행정行程을 살펴보면 요나라 상경上京(임서)에서 목엽산(오늘날의 웅우특기서라목륜하 옆)까지 이르는데 17일이 걸렸고 목엽산에서 오주(오늘날의 과좌중기)까지 이르는 데는 10일이 걸렸으며 오주에서 살갈산, 상령을 지나 부여부까지는 15일이 걸렸다. 부여에서 홀한성까지 싸우면서 행군하였는데 7일이 걸렸다.

이로 보아 부여성은 오늘날의 농안農安 부근이지, 회덕懷德이나 사평四平 부근, 개원현은 아니라는 점을 알 수 있다.

이전복李殿福과 손옥량孫玉良은 저서《발해국渤海國》에서 "발해국 서쪽 변계의 북쪽 구간은 실위室韋와 접하였고 남쪽 구간은 요하遼河를 넘어 거란契丹의 송막도호부都護府와 서로 경계를 이루고 있었다. 최근년래 고고학

사업일군들은 부여현 현성 북쪽에 위치한 백도白都 옛성터 내에서 발해 시기의 연꽃무늬막새기와, 불상, 깨어진 불상 장식품 등 유물을 발굴하였는데 이는 발해가 이 지대에 사원을 지었다는 것을 설명하는 동시에 발해국 부여부의 위치를 비교적 구체적으로 알 수 있게 되었다."라고 하였다.

이상의 사실로 보아 발해 시기 부여부의 중심지는 오늘날의 길림성 농안현이며 그 소재지는 농안현 현성이라고 볼 수 있다.

개원현설, 회덕현설, 농안현설 외에 사평설四平說을 제기한 학자도 있지만 사평설은 자료적 근거가 부족하고 지리 위치 역시 거란으로 가는 길목이 아니기에 믿기가 어렵다.

덧붙여, 오늘날 통용되는 《중국지도책》을 보면 길림성 서쪽 경계 쪽에 농안현과는 따로 부여현이라는 현이 있다. 그것을 보고 오늘날의 부여현이 곧 발해 시기의 부여부 지역이 아니냐고 생각하는 사람들도 있다. 오늘날의 부여현은 농안현 북쪽 약 300리 되는 곳, 송화강松花江이 크게 동쪽으로 꺾이는 굽이에 가까운 우안에 위치한다. 이 현은 원래 금나라 이래 여러 가지 다른 이름들로 불리며 내려오다가 1911년 이후에 부여현으로 개칭되었다. 물론 부여현이라고 개칭된 이유는 이 일대가 먼 옛날 부여국의 영역 안이라는 데에 있을 것이다. 그렇다고 해서 이곳이 옛 부여국의 중심지, 즉 발해의 부여부라는 뜻은 아니다.

부여부 관할 하의 주, 현들

부여부의 관할 하에는 부주扶州와 선주仙州가 있었다. 그 가운데서 부주가 그 명칭으로 보나 서술상의 위치로 보나 부府의 수주首州이며 선주가 그 다음 주였다.

부주의 소재지는 오늘날의 농안현 현성이고 주의 산하에 부여扶余, 포다布多, 현의顯義, 작천鵲川등 4개 현이 있었다.《요사》지리지 동경도 통주 안원군조 아래에 "주의 속현이 4개인데 통원현通遠縣은 본래 발해의 부여현에 포다현을 합쳐서 만든 것이고 안원현安遠縣은 본래 발해의 현의현에 작천현을 합쳐서 만든 것이다."라고 하였다.

선주의 산하에 강수强帥, 신안新安, 어곡漁谷 등 3개 현이 있었다.《요사》지리지에 "귀인현歸仁縣은 본래 발해의 강수현强帥縣에 신안현新安縣을 합쳐서 만든 것이고 어곡현漁谷縣은 본래 발해의 옛 현 이름대로 둔 것이다."라고 하였다.

이상에서 본 바와 같이 부주와 선주의 관할 하에 7개 현이 있었다.

부여현은 부주의 수현首縣이기 때문에 그 위치와 소재지를 대체로 짐작하기 쉽다. 포다, 현의, 작천 등 그 밖의 3개 현은 부여현을 중심으로 그 주변에 있었겠지만 구체적인 위치는 고증할 수 없다.

선주 관할 하의 강수, 신안, 어곡 등 3개 현의 위치에 대해서도 분명하게 기재된 바가 없다. 일부 학자들은 오늘날의 이통현성伊通縣城과 그 주변 지역이었으리라고 추정한다.

막힐부

막힐부鄚頡部에 대해《신당서》발해전에 "부여의 옛지역을 부여부로 하고 항상 강한 군사를 두어 거란의 침입을 막았다. 산하에 부扶, 선仙 2개 주를 설치하고 관할하였다. 막힐부의 관할 하에는 막鄚, 고高 두 개 주州가 있었다."라고 하였다. 이로 보아 부여부와 막힐부는 함께 '부여의 옛 지역'에 있었고 서로 인접한 부府였다는 것을 알 수 있다. 그러나 막힐부가 부여부에서 볼 때 어느 방향으로 접해 있었는지에 대해서는 딱 부러지는 기록이 없다.

《삼국지三國志》부여전扶余傳에 "부여는 장성長城(만리장성) 북쪽에 있었다. 현토玄菟까지 가는데 천리千里이다."라고 하였다. 이로 보아 부여는 장성에서 북쪽 방향에 위치해 있었고 그곳에서 현토까지 가는 거리는 천리라는 것을 알 수 있다. 삼국시기의 현토군玄菟郡은 오늘날의 무순시撫順市를 중심으로 한 지대이다. 무순시에서 부여고지扶余故地로 가는 거리에서 대체로 천리에 해당되는 곳은 오늘날의 길림성 농안현農安縣 일대이다. 그러므로 농안현 일대가 부여국의 중심지역이라고 보는 것이 타당하다. 일부 학자들은 삼국시기 부여의 활동 중심지가 오늘날의 길림시吉林市 일대라고 주장한다. 그러나 이는 '부여는 장성에서 북쪽 방향으로 되는 곳에 있었다.'는 문헌 기록과 모순된다. 지금의 길림시는 장성에서 볼 때 북쪽이 아니라 동북쪽 방향에 있다. 그러므로 길림시 일대설은 믿기가 어렵다.

《삼국지》위서 오환선비동이전烏丸鮮卑東夷傳에 "부여는 장성에서 북쪽 방위에 있었다. 그곳에서 천리를 가면 현토이다. 남쪽은 고구려, 동은 읍루, 서는 선비와 접하였고 북에는 약수弱水가 있었다. 지역은 사방 2천리이다."라고 하였다. 《후한서》 부여전에도 이와 똑같은 기록이 남아 있다.

위의 기록으로 보아 부여고지는 동쪽으로는 송화강松花江 유역, 서쪽으로는 통유通楡와 장령長嶺 일선, 남쪽으로는 길림합달령吉林哈達嶺에 이르고 북에는 약수弱水(오늘날의 눈강)가 있는 비교적 넓은 범위였다는 것을 알 수 있다.

따라서 막힐부는 반드시 위의 지역 범위 내에서 찾아야 한다.

지금까지 사학계에서 이루어진 토론 내용을 정리하면 크게 다음 네 가지 설을 들 수 있다. 첫째는 이수현성 능자북성설梨樹縣城楞子北城說이고 둘째는 창도팔면성설昌圖八面城說이다. 셋째는 발해 막힐부가 오늘날의 부여현, 송화강의 하곡, 눈강 유역 일대였으리라고 보는 설이다. 넷째는 막힐부의 위치가 부여고지의 북쪽 부분이며 그 소재지는 오늘날의 흑룡강성 아성黑龍江城阿城 일대라고 보는 설이다.

이상의 네 가지 설 가운데서 가장 믿음직한 것은 네 번째 설이다.

막힐부의 관할 하에는 막주鄚州와 고주高州가 있었다. 그중 막주는 첫 번째 주州로서 부府의 소재지와 같은 지역이거나 그 근처에 있었을 것이다. 막주의 산하에는 오희奧喜, 만안萬安 등 2개 현이 있었으나 고주에서 관할한 현은 알려진 것이 없다.

회원부

《신당서》 발해전에 "월희고지를 회원부懷遠府로 하고 달, 월, 회, 기, 부, 미, 복, 사, 지 등 9주를 관할하였다.(越喜故地爲懷遠府, 領達, 越, 懷, 紀, 富, 美, 福, 邪, 芝九州)"라고 하였다. 안원부安遠府도 원래의 월희고지越喜故地에 설치했다고 했다. 그러므로 회원부와 안원부는 모두 원래의 월희고지에 위치하되 서로 가까이 접해 있었을 것이다. 안원부는 미타호(오늘날의 흥개호) 동안 일대에 위치해 있었다는 사실은 이미 밝혀진 바이다. 따라서 회원부는 안원부 주변에서 찾아야 한다. 안원부의 동쪽은 바다에 인접한 안변부安邊府와 접했고 북쪽은 흑수말갈과 접하였으며 서남쪽에는 동평부東平府와 철리부가 위치해 있다. 따라서 회원부는 안원부의 서쪽, 흑룡강 중류 이남지역에 위치했다고 보아야 한다.

안원부

《신당서》발해전에 "월희고지를 회원부로 하고 달, 월, 회, 기, 부, 미, 복, 사, 지 등 9개 주州를 관할하게 하였으며 안원부는 영, 미, 모, 상 등 4개 주를 관할하게 하였다.(越喜故地爲懷遠府, 領達, 越, 懷, 紀, 富, 美, 福, 邪, 芝九州, 安遠府, 領寧, 郿, 慕, 常四洲)"라고 하였다. 이는 발해가 건국 후 '월희말갈'의 옛 지역에 회원부와 안원부 두 개 부를 설치하고 다스렸다는 뜻이다.

《신당서》흑수말갈전에 월희말갈과 불날말갈은 당나라 개원년간에 함께 당나라에 6차 조공하였다는 사실이 있다. 이로 보아 월희말갈과 불날말갈은 서로 인접해 있었던 것으로 보인다.

오늘날의 홍개호를 발해 시기에는 미타호라고 불렀다. 미타호 동안에 미주湄州가 있고 서안西岸에 타주沱州가 있다. 미주는 안원부 산하의 한 개 주州이고 타주는 동평부 산하의 한 개 주이다.

이상의 사실로 보아 미타호(오늘날의 홍개호) 서안 일대에 동평부가 있고 동안 일대에 안원부가 위치해 있었다고 판단할 수 있다.

동평부

《신당서》 발해전에 "불날고지를 동평부로 하고 이, 몽, 타, 흑, 비 등 5개 주를 관할하였다.(拂捏故地爲東平府, 領伊, 蒙, 沱, 黑, 比一作北五洲)"라고 하였다. 불날고지는 불날말갈의 옛 지역을 의미하며 불날말갈은 말갈靺鞨 7부 중의 한 개 부이다.《신당서》 흑수말갈전에는 불날말갈은 안차골말갈安車骨靺鞨 이동에 위치하였다."라고 하였고《수서隋書》 말갈전靺鞨傳에 "백돌伯咄은 속말粟末의 북쪽에 있으며 안차골부安車骨府는 백돌의 동북쪽에 있고 불날부拂涅部는 백돌의 동쪽에 있다."라고 하였다. 위의 문헌자료에 의하면 백돌부는 속말부의 북쪽에 있었고 불날부는 속말부에서 조금 더 동북 방향으로 치우친 끝, 백돌부의 동쪽 방향에 위치하였다는 것을 알 수 있다. 또한《신당서》 발해전에 기재된 미타호湄沱湖가 오늘날의 홍개호興凱湖인 점으로 미루어, 동평부 관할 하의 타주沱州는 미타호의 '타沱'와 관련되며 타주는 미타호의 서쪽 부근에 위치해 있었을 것이다. 그러므로 동평부는 미타호 이서 일대에 있었을 것으로 짐작된다. 동평부 소재지에 대해서는 오늘날의 이주伊州에 있었으리라는 설이 제기되고 있으나 아직 구체적인 위치와 근거는 찾지 못했다.

이주

이주伊州에서 관할한 현은 알려진 것이 없다.

몽주

몽주蒙州에서 관할한 현은 자몽현紫蒙縣 하나다. 김육불은 저서《발해국지장편》권14 동평부조에서 "동경도 요주東京道遼州가 관할하는 기주祺州 우성군祐聖軍 조목 아래에 '본래 발해의 몽주땅이다.'라고 하였다.… 또 요양부遼陽府가 관할하는 자몽현 아래에 이르기를 '불날국이 동평부를 두고 몽주를 관할했다. 자몽현은 뒤에 요성遼城으로 옮겼으며 황령현黃岺縣에 병합되었는데 발해는 이를 다시 자몽현으로 만들었다.'"라고 하였다. 이에 근거하면 자몽현은 곧 발해 몽주의 속현이다.

타주

타주沱州의 위치에 대해 명확히 알려진 것은 없다. 그러나《신당서》발해전에 "발해에서 귀하게 여기는 것 가운데 미타호의 붕어(湄沱之鯽)가 있다.'라고 했다. 미타호는 오늘날의 흥개호이고 흥개호 동쪽에 미주가 있었으므로 타주는 흥개호 서쪽에 위치했을 것이라고 짐작된다.

흑주

흑주黑州에서 관할한 현과 그 위치는 알려진 것이 없다.

비주

비주比州에 대해《요사》지리지에는 비주를 북주北州라고 하였다. 김육불은 "'비'를 '북'이라고 한 것은 모양이 비슷한 데서 생긴 잘못이라고 여겨지나 그대로 고치지는 않았다."라고 하였다. 필자는 《신당서》 발해전에 실린 내용대로 '북北'이 아니라 '비比'라고 생각한다.

비주에서 관할하던 18개 현의 위치에 대해서도 아직까지는 알려진 것이 없다.

철리부

철리鐵利는 철려鐵驪, 철리鐵離, 철전鐵甸이라고도 하며 당나라와 요나라의 문헌에 자주 언급된다. 철리 문제를 연구하려면 먼저 철리의 위치를 밝혀야 한다. 발해 때 철리의 위치는 어디였을까? 역사문헌에는 그 위치를 명확히 밝힌 기록이 없다. 그러나 학자들은 새로운 조사와 꾸준한 연구를 통해 작지 않은 연구 성과를 이루어 발표했다. 지금까지의 연구 성과를 종합하면 철리의 위치에 대해 대체로 다음과 같은 다섯 가지 설을 생각해볼 수 있다. 첫째, 철리부는 발해의 동북쪽에 있었다는 설이다. 즉 우수리강 하류 유역에 위치하여 북으로 흑수부黑水部와 접하고 동으로 대해大海에 이르렀다는 것이다.60 둘째, 러시아 연해주의 하바로브스크 부근으로 동은 막예개부莫曳皆部와 접하고 바다에 임하지 않았다는 설이다.61 셋째, 오늘날의 두만강 이북과 홍개호 이남 일대라고 보는 설이다.62 넷째, 철리는 발해의 서북쪽에 위치했다고 보는 설이다.63 다섯째, 오늘날의 흑룡강성 이란현伊蘭縣이라는 설이다.

아직까지는 하나로 통일된 결론을 얻지 못했지만, 필자는 철리가 발해의 서울 상경용천부의 북쪽에 위치해 있었다고 본다. 그 이유는 다음과 같다.

첫째,《신당서》발해전에 "철리고지鐵利故地를 철리부鐵利部로 삼고 광廣, 분汾, 포蒲, 해海, 의義, 귀歸 등 주를 관할하였다."라고 하였고, 또《요사》식화지에는 "신책초神冊初, 916~921년에 발해를 평정하고 광주廣州를 얻었다. 광주는 본래 발해 때의 철리부이다. 후에 철리주鐵利州로 고쳤다. 지역 내에서 철이 많이 생산된다."라고 하였다. 철리부가 발해국의 동북쪽에 위치해 있었다면 요나라가 철리부를 점령했다는 사실에 모순이 생긴다. 요나라가 발해를 멸망시킨 것이 926년이니, 요나라가 발해를 멸망시키기 전에 발해국 내의 동북쪽에 위치한 철리부를 먼저 점령할 수는 없기 때문이다. 그러므로 철리부의 위치는 마땅히 상경용천부에서 북쪽 방향이어야 한다.

둘째, 《삼조남북맹회맹三朝南北盟會盟》 정선상질政宣上帙 3에 "여진女眞은 동으로 바다에 임하고 남으로 고려와 이웃하였으며 서쪽은 발해의 철리와 접하였고 북쪽은 가까이에 실위室韋가 있었다."라고 하였고 《대금국지大金國志》 금국초흥본말金國初興本末에는 "서쪽 변계는 발해의 철리이다."라고 하였으며 《북풍양사록北風揚沙錄》에도 철리는 여진의 서쪽에 있었다고 하였다. 여진이 오늘날의 아스허阿升河 유역 일대를 중심으로 하여 활동하였다는 사실을 생각하면 철리는 마땅히 여진의 서쪽에 위치해야 한다.

셋째, 지금 흑룡강성 호란하呼蘭河 상류에 철리현鐵利縣이 있는데 철리현이라는 명칭은 역사상에 존재했던 철리, 철리국, 철리부와 관련이 있을 것이다.

철리말갈부鐵利靺鞨部는 말갈의 여러 부部들 가운데서도 비교적 세력이 강한 말갈부 중의 하나였다. 이미 무왕 대무예 통치시기에 발해의 한 부분이 되었지만 한편으로는 어느 정도의 독립성도 유지하고 있었다. 《책부원구》의 기록에 의하면 철리말갈부는 714년부터 741년까지의 사이에

14차나 당나라에 조공하였다. 또 일본 문헌의 기록에 따르면 철리부 사람들은 746년과 779년 전후로 두 차례 발해인들과 함께 배를 타고 일본에 가서 무역활동을 벌였다. 779년 일본으로 간 발해인과 철리인들은 누가 앞자리에 앉느냐는 '좌석' 문제를 가지고 쟁론까지 벌였다. 이러한 사실은 철리인들이 발해의 통제를 받으면서도 일정한 독립성을 지켰다는 사실을 보여준다. 특히 발해국의 국력이 약화되어 사회가 혼란하고 불안할 때는 독립성이 더욱 커졌다. 그러나 선왕 대인수 시기에 이르면 완전히 복속되어 단독으로 활동하지 못했다. 그리하여 철리는 비단 당나라에 조공하지 않았을 뿐만 아니라 일본과도 더 이상 왕래하지 않았다.

간추리자면 철리부의 위치는 대략 흑룡강黑龍江 중류 이남, 발해 상경용천부 이북, 막힐부鄚頡部 동북쪽, 미타호湄沱湖와 동평부東平府 이서이고 부府의 소재지는 광주廣州, 즉 오늘날의 의란依蘭이었다고 하겠다.

정리부

정리부定理府의 지리 위치에 대해 사학계에서 이루어진 토론 내용을 정리해 보면 대략 다음의 네 가지 설로 나눌 수 있다. 첫째는 백산흑수설白山黑水說, 둘째는 길림 흑룡강설吉林, 黑龍江說, 셋째는 상경용천부 동쪽이자 흑수부 동남쪽설, 넷째는 정리부의 동쪽 경계는 올가에서 안변부와 접하고 서쪽 경계는 우수리강 유역에서 솔빈부와 접했으며 남쪽은 동해에 임하고 북쪽 경계는 레소자보츠크 근처에 접해 있었다는 설이다. 세 번째 설과 네 번째 설은 기본적으로 같은 내용이며, 필자는 이 설이 신빙성이 있다고 본다.

《신당서》 발해전에 "읍루의 고지를 정리부로 하고 정, 반 등 2개 주를 관할하였다.(以挹婁故地爲定理府, 領定, 潘二州)"라고 했다. 그러니 읍루의 고지가 어디였는가를 알면 자연히 정리부의 위치 범위를 알 수 있을 것이다.

《삼국지》 읍루전挹婁傳에 "읍루는 옛 숙신의 나라였다.(挹婁, 古肅代之國也)"라 하였고 《진서晉書》 4이전四夷傳에는 "숙신을 일명 읍루라고도 하는데 불함산 이북에 있고 부여까지 가는 데는 60일이다. 동으로 대해에 임했고 서쪽으로는 구막한국에 접하였으며 북쪽은 약수에 이르렀다.(肅愼一名挹婁, 在不咸山北, 去夫餘可六十行, 東賓大海, 西接寇莫汗國, 北極弱水)"라고 하였다. '읍루'와 '숙신'은 같은 지역이지만 서로 다른 시대에 사서에 기재되면서 명칭이 서로 달라졌다.

《진서》숙신전肅愼傳에는 "숙신은… 동쪽은 대해에 임했고 서쪽은 구만한국과 접하였으며 북쪽 끝은 약수에 이르러 그 영토는 넓고 수 천리에 뻗치었다.(肅愼… 東濱大海, 西接寇漫汗國, 北極弱水, 其土界廣袤數千里)"라고 했다. 대해는 오늘날의 동해이고 약수는 흑룡강 중하류이다. 구만한국은 숙신으로부터 서북쪽으로 350일행日行, 다시 말해 350일을 가야 하는 거리라고 《진서》4이전에 기록하였다. 350일행은 35,000리에 해당되는데 이는 사실과 부합되지 않는다. 그러므로 서쪽은 부여부와 접했다고 보는 것이 타당하다.

《진서》동이전東夷傳에 "숙신은 불함산不咸山 이북에 있다."고 했고 《산해경山海經》 대황북경大荒北經에는 "숙신에서 요동으로 가는 데는 3,000여 리이다."라고 했다. 또 두예 주杜預註 《춘추좌전春秋左傳》에는 "숙신은 현토에서 북으로 3,000여 리 되는 곳이다."라 하였고 《삼국사기》에는 "숙신은 고구려의 북쪽 경계에 있었다."라고 일렀다. 《산해경》 대황북경에는 다시 "숙신에서 요동까지 가는 데 3,000여 리이다."라고 하였다.

《삼국지》북옥저전北沃沮傳에서는 북옥저가 "읍루와 접하였다. 읍루는 배를 타고 노략질하기를 좋아하므로 북옥저는 이를 두려워하였다."라고 했다. 《삼국지》관구검전毌丘儉傳에는 "옥저를 지나 천여 리 가면 숙신 남쪽 경계에 이른다."라 하였으며 《삼국지》 동이전에는 "옥저를 지나면 숙신의 뜰을 밟게 되며 동으로 대해大海에 임했다."라고 하였고 《후한서後漢書》 읍루전과 《삼국지》 동이전에는 "읍루는… 부여에서 동북쪽으로 천여 리 되는 곳에 있다."라고 하였다.

불함산은 오늘날의 장백산長白山(백두산)이고 진대晉代 현토의 중심 소재지는 오늘날의 요녕성 무순시 노동공원遼寧省撫順市勞動公園이다.

이상의 문헌자료를 종합해 보면 읍루의 위치는 북옥저 이북, 용천부 이동, 약수 이남, 대해에 임하는 넓은 지역이다. 이 너른 지역에서도 어디에 정리부定理府를 설치하였을까? 아마도 용원부의 동쪽이자 솔빈부의 남쪽이며 대해에 임한 지역이었을 것으로 보인다. 그 이유는 첫째, 미타호를 중심으로 동쪽에 미주湄州와 안원부安遠府가 있고 서쪽에 타주沱州와 동평부東平府가 있으며 남쪽에 솔빈부가 있었기 때문이다. 각 부가 설치된 위치로 보아 정리부의 위치는 안원부와 솔빈부의 동쪽 위치에서 찾아야 한다. 둘째, '동쪽으로 대해에 임하였다.(東賓大海)' 대해에 임한 지역은 안원부와 솔빈부의 동쪽뿐이다. 이 지역의 남쪽에 정리부, 북쪽에 안변부를 설치했을 것이다. 이때 안변부와 정리부는 서로 접하였다.

정리부의 소재지에 대해서는 수창壽昌(연해주의 파르치잔스크) 근처인 세르게예프카에 원형 그대로 보존된 큰 규모의 발해성이 정리부라고 보는 견해가 있는데 이는 매우 연구 가치가 있다.

정주定州는 일명 안정군安定郡이라고도 한다. 정리定理, 평구平邱, 암성岩城, 모미慕美, 안이安夷 등 5개 현縣을 관할했다.

반주潘州는 심수沈水, 안정安定, 보산保山, 능리能利 등 4개 현을 관할했다.

김육불은 《발해국지장편》 권14 지리고에서 "정주는 정리부의 첫 번째 주州이고 정리현의 이름은 부府의 이름과 같으므로 정주의 부곽현附郭縣일 것이라고 생각한다."고 했는데 이는 맞는 말이다.

안변부

《신당서》 발해전에 "…읍루고지를 정리부로 하고 정, 반 두 개 주를 관할하였으며 안변부安邊府는 안, 경, 두 개 주를 관할하였다.(挹婁故地 爲定理府, 領定潘二州; 安邊府領安, 瓊二州)"라고 했다. 이는 읍루挹婁 옛 지역 내에 정리부와 안변부 두 개 부府를 설치하였다는 뜻이다. 정리부와 안변부는 남북으로 서로 접해 남에 정리부, 북에 안변부가 위치했다. 정리부와 안변부는 동쪽으로 대해에 임했다는 내용으로 보아 안변부는 마땅히 안원부의 동쪽, 솔빈부의 동쪽, 정리부의 북쪽, 대해에 임한 지역에 설치되었음을 알 수 있다.

안변부는 안주安州와 경주慶州 두 주를 관할하였다. 안주와 경주에서 관할한 현은 알려진 것이 없다. 안변부의 중심지역은 안주인 것으로 보인다.

솔빈부

《신당서》 발해전에 "솔빈의 옛 지역을 솔빈부率濱府로 하고 화, 익, 건 등 3개 주를 관할하였다.(率濱故地爲率濱府, 領華, 益, 建三州)"라고 하였다. 솔빈의 옛 지역이란 솔빈말갈의 옛지역을 의미한다. 오늘날의 수분하綏芬河를 당나라 때와 요나라 때에는 솔빈수率濱水라 하였고 금나라 때에는 휼품수恤品水, 휼품하恤品河, 소빈수蘇濱水, 속빈수速頻水, 명나라 때에는 솔빈강率濱江, 청나라 이후에는 수분하綏芬河라고 하였다. 그러므로 솔빈부, 즉 솔빈고지率濱故地는 오늘날의 수분하 유역이다.

조정걸曹廷杰 선생은 솔빈부의 소재지는 화주華州, 즉 오늘날의 쌍성자雙城子(일명 우수리스크)라는 주장을 제기했다. 관련 학자들 대부분은 이 주장에 동의했지만, 의문을 제기한 학자들도 일부 있었다. 그 주요한 근거는 쌍성자설을 입증하는 고고자료考古資料가 사실과 부합되지 않는다는 것이다. 첫째, 쌍성자성에는 모두 치雉가 있는데 이는 요금遼金 시기의 고성古城에 나타나는 특징이다. 둘째, 쌍성자성에서 출토된 유물은 모두 요금 시기에 속하는 유물뿐이다. 셋째, 쌍성자 남쪽에 비록 둘레 16리 되는 산성이 있기는 하지만 그 역시 금원金元 시기의 성이다. 그러므로 쌍성자를 요대의 솔빈부 또는 금나라 때 휼품로恤品路의 소재지로 볼 수는 있으나 발해 시기 솔빈부의 소재지로는 볼 수 없다.[64]

최근의 고고학 연구 중 흑룡강성 동녕현 대성자黑龍江省東寧縣大城子에서 고성이 발굴되었다. 대성자는 수분하에서는 남쪽으로 4리, 동녕현東寧縣

에서는 동남쪽으로 10여 리 떨어진 곳에 위치해 있다. 둘레 길이는 3,570미터이고 모양은 장방형이며 치 또는 마면이 없고 출토된 유물도 모두 전형적인 발해 유물이다. 그 때문에 이 성을 발해 시기 솔빈부의 유지라고 인정한다.[65]

화주

화주華州에서 관할한 현은 알려진 것이 없다. 화주는 솔빈부의 수주首州이니 솔빈부의 소재지와 같은 지역에 있었을 것이다. 그래서 동녕현 대성자고성으로 보게 된다.

익주

익주益州에서 관할한 현은 알려진 것이 없다.

이건재李健才의 1985년 조사에 의하면 오늘날의 동녕현 금창향 토성자촌東寧縣金廠鄉土城子村 남쪽에 토성 하나가 있는데 세속에서 '토성자土城子'라고 한다. 성 남쪽은 수분하에 임하였고 동남으로는 대성자와 100여 리 떨어져 있다. 둘레는 약 2리이고 성벽은 돌로 기초를 쌓고 벽은 흙으로 쌓았으며 치 또는 마면이 없고 발해 유물이 출토되었다.[66] 그렇기 때문에 토성자를 익주의 소재지라고 추정한다.

건주

건주建州에서 관할한 현은 알려진 것이 없다.

쌍성자(우수리스크) 부근 보리소프카촌 부근의 건축유지에서 발해무늬가 새겨진 암키와가 출토되었다. 또한 남우수리스크 옛성에서 장방형 석판石板이 발견되었는데 석판에는 돌궐突厥의 문자부호가 음각되어 있었다. 새겨진 명문銘文은 발해 수빈부綏賓府의 명칭이다. 이러한 자료에 근거하여 쌍성자 지역은 발해 솔빈부 산하의 건주라고 한다.[67]

해북제부의 제부 문제

　해북제부海北諸府의 제부諸府는 흥개호興凱湖 이북에 있는 말갈제부靺鞨諸府를 가리킨다.《신당서》북적전北狄傳에 "처음에 흑수의 서북쪽에 사모부思慕部가 있었다. 그곳에서 북으로 10일 가면 군리부郡利府에 이른다. 동북으로 10일 가면 굴설부窟說部에 이르는데 굴설窟說을 굴설窟設이라고도 한다. 동남으로 10일 가면 막예개부莫曳皆部에 이른다. 이외 또 불날拂涅, 오루奧婁, 월희越喜, 철리鐵利 등 부部가 있었다. 그 지역의 남쪽은 발해이고 북쪽과 동쪽은 바다에 임하였고 서쪽은 실위室韋에 이르렀다. 남북의 길이 2,000리이고 동서 너비 1,000리이다."라고 하였다. 이로 보아 흥개호 이북의 말갈제부는 주로 불날, 월희, 오루, 철리, 흑수 등 여러 개의 말갈부였다고 본다. '해북제부'에서 '제부'의 위치와 관할 범위에 대해서는 발해의 10부와 독주주獨奏州 장절에서 자세히 취급하였기에 여기서는 생략한다.

　발해는 선왕 대인수宣王大仁秀 통치시기에 이르러 '해북의 제부,' 즉 월희, 불날, 오루, 철리, 흑수 등 말갈부를 토벌해 완전히 복속시키고 통제했다. 발해는 새로 정복한 지역에 대한 관리管理와 공제를 강화하며 근본적으로 이전 '해북제부'들의 독립성과 이심離心 경향을 개변시키기 위해 새로 점령한 지역에 행정기구를 건립하여 다스렸는데 이것이 바로 '군읍을 설치하였다'는 것이다. 예컨대 읍루고지에는 안정군安定郡, 철리고지에는 철리군鐵利郡 등등을 설치했다. 그 후 행정구역을 정돈하여 선후로 철리고지에 철리부를 설치하여 광, 분, 포, 해, 의, 귀 등 6개 주를 다스리게 하였고, 불날고지에는 동평부를 설치하여 이, 몽, 타, 흑, 비 등 5개 주를 다스리게 하였으며, 읍루고지에는 정리부定理府를 설치하여 정定, 반瀋 등 두 개 주를 다스리게 하였고, 안변부安邊府는 안安, 경瓊 등 2개 주를 다스리게 하였으며 월희고지에는 회원부懷遠府를 설치하여 달達, 월越, 회懷, 기紀, 부富, 미美, 복福, 사邪, 지芝 등 9개 주를 다스리게 하였고, 안원부安遠府는 영寧, 미郿, 모慕, 상常 등 4개 주를 다스리도록 하였다.

위에서 제기된 6부 28주 지역은 발해국이 미타호(오늘날의 흥개호) 이북으로부터 흑룡강 중하류 유역에 이르는 지대에 정식으로 설치한 부府, 주州, 군郡, 현縣제이다.

독주주의 지리 위치

발해는 전국을 5경 15부 62주로 나누고 그 지역에 해당하는 지방행정 제도를 설치하여 통치하였다. 또한 그 밖에도 3개의 독주주獨奏州를 따로 설치하였다.《신당서》 발해전에 "… 또 영郢, 동銅, 속涑 등 3개주를 '독주주'로 하였다. 속주涑州는 그 가까이에 속말강涑沫江이 있으므로 인해 이름하였는데 아마도 이른바 속말수涑沫水를 가리킨 것이다."라고 하였다.

발해의 독주주에 대해서는《신당서》 발해전에 몇 마디의 간단한 기록이 남아 있을 뿐 다른 자료는 전혀 없다. 지금까지 몇몇 학자들이 독주주의 위치와 내용, 그 작용을 밝히고자 몹시 애써왔지만 아직까지는 똑똑히 밝혀진 바가 없다. 이는 발해사 연구에 있어서 꼭 해결해야 할 중요한 과제이다. 본문은 선인들의 연구결과를 종합해 앞으로의 연구를 위한 실마리로 삼고자 한다. 미흡한 점이 적지 않을 테니 올바른 지적과 가르침이 있기를 바란다.

발해 독주주의 성질과 작용

발해는 지방행정기구로 5경 15부 62주 이외에 또 독주주를 설치하였다. 발해의 독주주에 대해《만주원류고滿洲源流考》에는 "독주의 뜻은 현재의 직예주와 같은 것으로 부에 소속되어 있는 것이 아니고 그들의 업무는 오로지 중앙에 직접 전달되는 것이다.(獨奏之義, 堂猶今直隷州, 不轉於府而事得傳達也.)"[68]라고 하였다. 이로 보아 독주주는 지방에 설치된 한 개 행정구획이며 독주주는 중앙의 직접적인 관할 하에 있을 뿐 지방의 부府에 소속되지 않았음을 알 수 있다. 독주주는 중앙정부로부터 직접 지령을 받아 지방에서 관철하며 지방의 정황을 중앙에 상주上奏할 때도 부를 거치지 않고 곧바로 중앙에 반영하였다. 독주주의 장관은 지방에 설치된 다른 주의 장관 자사刺史와 같은 직관職官이었을 것이다. 그러나 다 같이 지방에 설치된 주급州級 직관이라 하더라도 독주주는 보통 주와는 달리 중앙의 직속 하에 있는 주이자 요충지대에 설치된 특수급의 주였다. 그러므로 독주주에 배치된 직관은 국왕이 가장 신임하고 총애하는 관리였을 것이며 그의 직분은 다른 주의 자사들보다 한결 높았을 것이다.

발해의 독주주는 발해 영역에서 중요한 요충要沖지대에 설치되었다. 독주주는 본 지역내의 안전을 도모할 뿐만 아니라 주변 각 주들에 대한 요해了解(형편을 깨달아 납득함)도 하고 주변 주들 간의 갈등을 조절함으로써 대씨 왕족의 지방통치정권을 공고히 다지고 유지하는 작용을 하였다. 그리고 독주주의 정황을 중앙에 상주할 때 주변 주들의 정황도 함께 상주하여 발해 대씨 왕실이 제때 적절한 조치를 강구하여 지방통치를 유지할 수 있도록 도왔다. 다시 말하면 독주주는 중앙정부에 직속된 직할주였다.

독주주의 지리 위치

《신당서》 발해전에 "… 또 영郢 동銅, 속涑 등 3개 주를 독주주로 하였다. 속주涑州는 그 가까이에 속말강涑沫江이 있으므로 인해 이름하였는데 아마도 이른바 속말수涑沫水를 가리킨 것이다."라고 하였다. 이로 보아 발해가 설치된 독주주는 영주, 동주銅州, 속주 등 3개 주이다. 아래에서는 세 개 주의 지리 위치에 대해 살펴보겠다.

속주

속주涑州의 지리 위치에 대해 지금까지 사학계에서 토론된 내용을 정리하면 길림시 오랍가설吉林市烏拉街說69, 길림시 부근설70, 제2송화강설第二松花江說71 등이 있다. 이 설들은 속주의 지리 위치를 구체적으로 고증하는 부분은 서로 다르지만 모두 제2송화강 연안의 길림시 부근을 대상으로 한다는 공통점이 있다.

속주의 지리 위치에 대해서는 문자로 명확히 기록된 바가 없다. 다만 《신당서》 발해전에 "…속주는 그 가까이에 속말강이 있으므로 인해 이름하였는데 아마도 이른바 속말수를 가리킨 것이다.(涑州以其近涑沫江, 盖所渭粟末水也)"라는 기록이 있다. 속말강과 속말수는 같은 강의 이름이며 이 강은 오늘날의 제2송화강이다. 또 《요사》 지리지 권2에 "속주자사는 발해 때부터 설치했던 것인데 요대에 와서 그 병사兵事(군사관계)는 남병마사의 관할 하에 속하게 하였다."72라고 한 내용이 있다. 이로 보아 발해 시기에 속주가 존재했던 것은 틀림없다. 《길림통지吉林通志》에 "속주는 오늘날의 타생오랍성打牲烏拉城이다."라고 하였고 조정걸曹廷杰은 "오늘날의 오랍성에서 서북쪽으로 몇 리 되는 곳에 토성土城이 있는데 토인土人들은 고구려성이라고 부른다. 이곳은 속말말갈의 옛지역으로 당나라 때의 속주도 이곳에 해당된다."라고 하였다. 《길림통지》의 내용과 조정걸의 말은 같은 내용을 담고 있다. 즉 속주의 소재지는 오랍성이며 지역은 오늘날의 길림시 부근이다. 속주의 소재지가 오랍가라고 제일 처음 제기한 학자가 바로 조정걸이다. 《중국역사지도집》 동북지구자료휘편도 이 견해를 좇아 속주가 오늘날의 길림시 오랍가에 있다고 보았다. 조정걸은 오랍성에서 서북으로 몇 리 되는 곳에 토성이 있다고 하였는데 그 토성이 어느 것인지는 아직 확인하지 못했다. 《영길현문물지永吉縣文物志》에 "오랍가에서 서북으로 8리 되는 곳에 양툰楊屯이란 곳이 있다. 이곳에 발해무덤떼가 있는데 1,000여 건의 유물이 출토되었다. 양툰의 대해맹 발해유지大海猛渤海遺地에서 동으로 4리 되는 곳에 흙으로 쌓은 옛 토성이 있다. 그 둘레의 길이는 2리로서 성의 명칭은 대상옛성大常古城이라고 부른다."라고 하였다. 이 성은 규모가 작아 발해 시기 한 개 독주주의 소재지로 되기에 합당하지 않다. 조정걸의 주장은 속주의 지리 위치와 소재지를 밝히는데 일정한 작용을 하였다. 동북의 유명한 고고학자 이문신李文信도 속주의 지역을 길림시 부근으로 보았다. 그는 속주의 소재지에 대해 동단산설東丹山說을 주장하였다. 동단산설과 서토성자설西土城子說 가운데서 어느 설이 옳은지는 앞으로 고고학의 발전과 고증을 통해 밝혀나가야 한다. 정리하자면 속주의 지리 위치는 마땅히 오늘날의 길림성 길림시 일대여야 한다. 속주산하의 현에 대해서는 밝힐 방법이 없다.

동주

동주銅州의 위치에 관해서 지금까지 사학계에서 토론된 내용을 정리해

보면 상경용천부 남쪽, 중경 북쪽, 동경 서쪽의 요충지대설, 상경 이남 오늘날의 할바령哈䰾嶺 일대설, 영안현 남쪽 할바령 일대설, 발해 구국舊國 지역설, 화전설, 천보산 동광 부근설, 요양 이남, 요동반도 북쪽 경계의 한 지방이라는 설 등 다양한 견해가 있다.

　상경용천부 남쪽, 중경 북쪽, 동경 서쪽의 요충지대에 위치하였다고 보는 설과 영안현 남쪽 할바령 일대설은 대체로 그 뜻이 같다. 즉, 동주의 위치는 할바령 일대라는 견해이다. 이 설은 《중국역사지도집》 동북지구자료휘편의 기록에서 비롯되었다. 《중국역사지도집》 동북지구자료휘편은 김육불金毓黻이 제기한 "동주의 위치는 상경용천부 남쪽, 아마 발해 시기의 구국 지역인 듯하다."는 내용 가운데서 동주의 위치는 상경용천부 남쪽이라는 부분만을 취하여 동주의 위치는 영안현 남쪽 할바령 일대라는 주장을 제기했다. 영안현 남쪽이나 상경용천부 남쪽은 모두 할바령 일대를 가리킨다. 오늘날의 흑룡강성 영안현 경내에 발해 상경용천부유지가 있고 영안현 남쪽 경계는 할바령을 사이에 두고 길림성 왕청현, 돈화현과 접했기 때문이다.

　상경용천부 남쪽, 중경 북쪽, 동경 서쪽의 요충지대에 위치했다고 보는 설은 영안현 남쪽 할바령 일대라고 보는 설에 비해 그래도 지리 위치의 범위가 밝혀졌기에 위치를 고증하기 편리하다. 그러나 영안현 남쪽 할바령 일대라고만 보면 지리 위치의 범위가 너무 넓어서 고증하기가 어려워진다.

　발해 구국 지역설은 김육불이 제기하였다. 그는 《발해국지장편》 권14

에서 동주는 상경용천부 남쪽, 아마도 발해 구국 지역에 위치한 듯하다는 견해를 제기했다. 구국은 오늘날의 돈화시 일대이다. 돈화시는 상경용천부의 남쪽이 아니라 서남쪽에 위치했다. 상경용천부의 정남 방향은 중경 일대이다. 그리고 구국 경내에 동주를 설치하였겠다고는 믿기 어렵다. 그러므로 발해 구국 지역설은 근거가 불충분하다.

화전樺甸 이북설은《동북민족사고》권3에서 제기된 설이다. 그 주요한 근거는 동주의 명칭 유래에 있다. 그 주에서 동銅(구리)이 생산되었기에 구리 '동'자를 붙여서 동주銅州라고 했다는 것이다. 확실히 오늘날에도 화전 경내에 동광이 있다.

요양 이남, 요동반도 북쪽 경계의 한 지방으로 보는 설은《요사》지리지 권2에서 온 것이다.《요사》지리지 권2에 "요대의 동주 광리군 자사는 발해 때부터 설치한 것인데 요대에 와서 그 병사관계는 북병마사에 속하였다. 속현이 하나로서 그 이름은 석목현析木縣인데 발해 때에는 화산현花山縣이고 요나라 초에는 동경요양부에 속하였다가 후에 여기 동주에 소속되었다."라는 기록이 있다.

그리고 같은《지리지》동경요양부속현 석목현조 아래에는 그것이 본래 발해 화산현이었다는 기록이 보인다. 그렇다면 동주는 오늘날의 요양 이남과 요동반도 북쪽 경계의 한 지방에 있었다는 뜻이다. 그러나 발해 시기 발해의 영역은 요양과 요동반도의 북쪽 경계에까지 미치지 못하였다. 따라서 자기 나라의 영역을 벗어나 요양과 요동반도의 북쪽 경계 일대에 독주주를 설치할 리 만무하다.《요사》지리지 권2에 기재된 내용을 다시 살펴보면, 발해 독주주 동주를 요양과 요동반도 북쪽 경계 일대에 옮겼으며 그 산하의 속현이었던 석목현은 원래 발해 동주 속현인 화산현의 이름을 고쳐서 만든 것으로서 처음에는 동경요양부 속현이었다가 후에 다시 동주 속현으로 복귀하였다는 것을 알 수 있다. 다시 말해《요사》지리지 권2에 기재된 동주는 발해 때의 동주가 아니고 그 자리를 옮긴 요대의 동주이다. 그렇다면 발해 동주의 속현이었던 화산현도 물론 오늘날의 석목성이 아니다. 석목성은 화산현의 이름을 고쳐 멀리 서남으로 옮긴 것이다. 따라서 발해 동주의 위치는 요양 이남, 요동반도 북쪽 경계 지대였다는 설은 믿을 바가 되지 못한다.

천보산 부근설天寶山附近說은 아직 확정할 만한 설은 아니지만 그래도 여러 가지 설 가운데서 제일 믿음직하다.

첫째, 동주와 천보산 동광과의 지명地名 관계로 보아 믿음직하다. 어느 지역의 명칭은 그 지역의 경제, 정치, 문화, 역사와 관련되어 지어지는 경우가 많다. 예를 들면 발해 중경현덕부 산하의 철주鐵州는 그 산하의 위성현에서 철이 생산되었으므로 철주라는 지명을 갖게 된 것이고, 철리부鐵利部는 철리부 경내에서 철이 생산되었기 때문에 철리부라는 부명府名을 얻게 된 것이며, 동경용원부東京龍原府 산하의 염주鹽州는 그 지역에서 소금이 많이 생산되었기 때문에 염주라고 하였다. 이와 마찬가지로, 동주도 주내에서 구리가 생산된 것으로 하여 동주銅州라고 하는 주명州名이 지어졌겠다고 생각한다.

《동북요람東北要覽》권5에서 길림성내 동광을 소개한 내용을 보면 길림성 내에서 유명한 동광으로 반석현盤石縣의 석취산石 山과 연길현延吉縣(지금의 용정시)의 천보산天寶山 두 곳이 있다. 천보산은 할바령의 동남쪽과 부르하통하布爾哈通河의 상류에 위치하며 지금은 천보산광업주식회사에서 경영한다고 했다. 이로 보아 길림성 내에서 중요한 동광은 석취산과 천보산 동광이다. 이외에 임강臨江과 화전樺甸에도 동광이 있지만 그리 중요한 동광은 되지 못한다. 그 때문에 동주의 위치를 할바령 동남쪽에 있는 천보산 동광 부근으로 설정하는 것이 타당하다고 생각된다.

둘째, 천보산 동광이 발해 상경, 중경, 동경, 구국과 접하고 있는 위치로 보아 천보산 부근이라는 추정이 가능하다. 천보산 동광은 상경용천부 이남, 중경 이북, 동경 이서, 구국 이동, 할바령의 동남쪽에 위치해 있다. 이곳은 상경, 동경, 중경, 구국 등과의 지리환경에서 중심지대에 속하고, 상경, 중경, 동경과 같은 경제, 정치, 문화의 중심지대는 아니지만 지세가 험악하고 인적이 드문 희박한 원시림지대도 아니다. 그야말로 독주주를 설치하기에 아주 좋은 '상길지지上吉之地'인 것이다.

셋째, 옛 성터유지로 보아 천보산 부근설이 타당해 보인다. 《용정시문물지龍井市文物志》에 의하면 천보산에서 동으로 10여 리 떨어진 곳에 옛 성터가 두 개 있다. 그중 하나는 도원향 태양촌桃源鄕太陽村에서 북으로 1리 떨어진 강가의 대지 위에 있다. 부르하통하가 성터의 북, 동, 남 3면을 에워싸고 흐른다. 둘레의 길이는 348미터이다. 성벽은 흙과 돌을 섞어서 쌓았다. 고고학자들의 조사 결과에 따르면 이 성은 확실히 발해 시기의 성이다. 다른 하나는 도원향 태양촌에서 동남으로 3리 떨어진 백석립자산白石砬子山 위에 있다. 부르하통하가 산기슭을 흐른다. 둘레의 길이는 1,675미터이고 성벽은 흙과 돌로 쌓았다. 성내에서 아직은 유물을 채집하지 못하였다. 성에 옹성, 망루, 치 등이 설치되어 있는 것으로 보아 요금 시기의 성인 것 같다는 견해도 있으나 아직 성에 대한 발굴조사가 전면적으로 이루어지지 못했기에 섣불리 요금 시기의 성이라고 단언할 수는 없다. 발해 시기에 쌓고 요금 시기에 계속 사용하였거나 요금 시기에 증설했을 가능성도 열려 있는 것이다. 이 두 성 가운데서 앞의 것은 규모가 작아서 한 개 주의 소재지로 인정하기는 어렵다. 뒤의 것은 그 건축 모양으로 보아 고구려 것이 아니면 발해 것이라고 추리하는 사람도 있다. 이에 대한 상세하고도 정확한 해답은 앞으로 고고학의 발전을 기다려야 한다.

영주

김육불의 저서《발해국지장편》 권14 지리고 영주조鄂州條에서 "삼가 생각컨대《요사》지리지2 동경도 영주 창성군조 아래에 이르기를 발해가 설치하였다."라고 한 내용과《동국통감》에 흥요국 영주자사興遼國營州刺史 이광록李匡祿이 고려에 가서 급보를 알렸다는 기록으로 보아 발해영역 내에 독주주 영주가 있었다는 것을 알 수 있다.

발해 독주주 영주의 원래 위치에 관해서는 문헌에 명확히 남아 있는 기록이 없기 때문에 그 정확한 내용을 알 수 없다. 지금까지 사학계에서 논의된 내용을 정리해보면 상경의 북쪽으로 철리부, 회원부, 안원부로 통하는 요충지인 현재의 임구林口 일대에 설치하였다는 설과 영안현 북쪽, 의란현 남쪽설, 길림 구태 부근설, 아마 오늘날의 요녕성 심양시 이북, 철령현 이남 일대설 등이 있다.

 영안현 북쪽, 의란현 남쪽설은 《중국역사지도집》 동북지구자료휘편에 실린 내용에 토대를 둔다. 《중국역사지도집》 동북지구자료휘편은 와다 기요시가 쓴 《동아사연구》 만주편에서 인용한 것이다. '상경의 북쪽으로 철리부, 회원부, 안원부로 통하는 요충지인 현재의 임구에 설치하였다'는 설도 기본적으로 와다 기요시가 쓴 《동아사연구》 만주편에서 비롯되었다. 와다 기요시는 《동아사연구》 만주편에서 '영안현 북쪽, 의란현 남쪽'이라는 주장만 제기하였을 뿐 주장을 입증할 만한 충분한 논거를 제시하지는 못했다. 그러므로 이 설은 믿기 어렵다. '길림 구태 부근설'은 《요사집》 태조기太組記에 "3월 을유에 (홀한성으로부터) 군사를 이끌고 돌아오다가 4월 정해삭丁亥朔에 산자산傘子山에 이르고 6월 병오에 심주瀋州에 이르렀으며 갑술에 부여부에 이르렀다."는 기록이 남아 있는 것을 토대로 하여 제기되었다. 이 문헌 기재를 인용한 《동북민족사고》의 저자는 "심주는 홀한성과 부여부 사이에 있는데 부여부 쪽에 가깝다. 심주는 오늘날의 구태현 경내에 있다. 심주는 속말말갈의 옛 지역이며 발해 때의 영주가 곧 심주이다."라는 추리에 따라 구태설을 도출한 것이다. 그러나 이 설도 충분한 근거가 없다. 심양시 이북과 철령 이남 일대설 역시 믿을 만한 자료적 근거가 없다. 그러나 이 설은 다른 설보다 문헌상으로 한 가지 기록이 있다. 즉 《요사》 지리지 권2에 "요대의 영주 장성군

자사는 원래 발해 때로부터 설치했던 것인데 요대에 와서 그 병사관계는 북녀직병마사의 군할하에 속하게 되었다."라고 하였다. 요대 영주의 병사관계를 따진다면 그것은 대체로 오늘날의 심양 이북, 철령 이남 땅이 된다. 그러나 여기에서 요대 영주의 위치는 발해 때 영주의 위치인지 혹은 옮긴 후의 위치인지 명확한 기재가 없기에 단언하기 어렵다. 《고려사》 현종본기 21년조에는 이 해 8월에 흥요국의 영주자사 이광록이 고려에 가서 구원을 요청하였으나 뒤이어 흥요국이 망했다는 소식을 듣고 드디어 고려에 머무르고 돌아오지 않았다는 기사가 있다. 1030년 요동의 발해 사람들이 주장 대연림大延琳을 흥요국왕으로 추대하고 반요 복국 투쟁을 진행하였다. 이들은 요양 일대를 중심으로 싸웠는데 그 세력이 멀리 원 발해의 지역에까지는 미치지 못하였다. 따라서 이광록이 관할하는 영주는 요양과 매우 멀리 떨어진 지역이 아니라 당시 흥요국 경내의 어느 지역이었을 것이다. 이리하여 추정된 것이 심양 이북, 철령 이남 일대설이다. 그러나 과연 발해 시기에 서남 변경 쪽에 독주주 영주를 설치하였을지는 의문이다. 다시 말해, 영주의 지리 위치에 대해서는 여러 가지 다양한 견해가 있으나 이들은 모두 믿을 만한 충분한 근거가 없기에 앞으로 새로운 연구성과를 기다릴 수밖에 없다.

   영주의 산하에는 연경延庚, 백암白岩 등 2개 현이 있었는데 그 위치는 알려진 것이 없다.

발해의 산, 강, 호수

산

발해 지역 내에는 산이 많이 있었지만 문헌에 전해 내려온 주요한 산은 태백산太白山, 동모산東牟山, 천문령天門嶺 등 세 개뿐이다.

태백산

태백산은 중국 길림성 동남부와 조선 양강도 동북부의 중조 양국 변경에 위치하여 있다. 즉 북위北緯 41° 31′~42° 28′과 동경東經 127° 9′~128° 55′에 우뚝 솟은 웅위롭고 아름다우며 화산폭발로 형성된 매우 크고 높은 산이다. 총면적은 8,000여 평방킬로미터이다.

태백산은 오늘날의 장백산이다. 조선과 한국에서는 백두산이라고 한다.

태백산의 명칭은 오랜 역사 흐름 속에서 여러 차례의 변화가 있었다. 서한西漢 이전에는 불함산不咸山[73]이라 했고 한위漢魏 시기에는 개마대산蓋馬大山[74]이라 하였으며 남북조南北朝 시기에는 도태산徒太山[75]이라 하였고 당조 때에는 태백산[76]이라고 하였으며 요금 시기부터는 장백산[77]이라 하였다.

《신당서》흑수말갈전에 "속말부粟末部는 제일 남쪽에 있으며 태백산까지 이르는데 도태산이라고도 한다."라고 하였고《신당서》발해전에 의하면 "…태백산의 동북부에 웅거하여 오루하奧婁河를 막고 성벽을 쌓으니 자연히 견고하여졌다.…"라고 하였다.

《삼국유사三國遺事》권1 기이紀異 2 말갈발해조가 인용한《삼국사》에 의하면 "의봉3년678년 고종 무인高宗戊寅 고구려의 남은 자손들이 한데 모여 북쪽의 태백산 밑에 웅거하여 나라 이름을 발해라 했다."라고 하였다.

이상의 사실로 보아 태백산의 명칭은 시대에 따라 여러 가지로 나타났지만 발해 시기에는 틀림없이 태백산이란 전용 이름으로 쓰였다는 것을 알 수 있다. 그러므로《발해국지장편》의 저자 김육불은 "…삼가 생각컨대 태백산의 본명은 불함산인데 또는 개마대산이라 한다. …지금은 장백산이라 부르고 조선에서는 백두산이라고 한다."라고 하였다.

동모산

동모산의 지리 위치에 대해서는 당서唐書에 다음과 같은 기록이 보인다.

《구당서》 발해전에 "…대조영은 드디어 자기의 무리를 거느리고 동쪽으로 계루부의 옛 지역을 차지한 뒤 동모산에 웅거하여 성을 쌓고 살았다."라 하였고 《신당서》 발해전에는 "발해는 본래 속말말갈로서 고구려에 부속되어 있던 자로 성은 대씨이다. 고구려가 망한 후 무리를 거느리고 읍루의 동모산을 차지하였다. …요수를 건너 태백산 동북쪽을 차지하고 오루하를 막고 성벽을 쌓으니 자연히 공고하여졌다."라고 하였다.

《구당서》와 《신당서》의 발해전에 기재된 내용을 자세히 살펴보면 대조영 등은 요수를 건너 태백산의 동북쪽에 위치한 동모산에 성을 쌓았다는 사실, 그리고 동모산과 오루하는 매우 밀접히 연계되어 한 지역 내에 있었다는 사실을 알 수 있다.

동모산의 위치에 대해서는 사학계에서 오랫동안 논쟁이 계속되어 왔다. 토론된 내용을 정리해 보면 심양沈陽, 집안集安, 액목額穆, 화전樺甸, 돈화시敦化市 경내의 성산자산城山子山 등 다섯 가지 위치에 따른 설이 있다. 그중 성산자산설이 제일 믿음직하다. 성산자산성의 규모와 위치, 산성 안의 시설, 산성에서 출토된 유물, 다시 말해 성 내외에서 쇠로 만든 창, 칼, 화살, 당나라 때의 개원통보開原通寶 등이 출토되었다는 사실이 근거가 된다. 신·구당서의 내용과 오루하의 지리 위치도 성산자산설에 힘을 보탠다. 특히 정혜공주묘와 진릉珍陵을 비롯한 육정산 발해왕실공동묘지의 발견은 성산자산성이 동모산성이라는 것을 증명하는 고고학적 실물자료이다.

이와 같은 사실에 근거하여 성산자산성이 바로 대조영이 698년에 진나라를 세울 때 세운 동모산산성이라고 단정하며 발해초기의 첫 수도라고 인정한다.

동모산산성은 돈화시에서 서남쪽으로 22.5킬로미터 떨어진 홀한하忽汗河(오늘날의 목단강) 상류의 큰 지류인 오루하(오늘날의 대석하) 남안의 외딴 높은 산에 자리잡고 있는데 돈화시 현유향 성산자촌城山子村에 속해 있다. 동모산은 비교적 큰 덕땅(너른 둔덕) 위에 외따로 우뚝 솟아있다. 높이는 해발 600미터이며 성벽의 둘레는 2,000미터이고 산 북쪽기슭으로는 오루하가 흐른다.[78]

천문령

천문령은 대조영이 '고구려와 말갈의 무리들을 연합하여' 이해고李楷固가 거느리는 당나라 추격군을 격퇴하고 대승리를 거둔 전적지이다. 대조영은 계속 동북쪽으로 이동하여 동모산 일대에 이르러 698년 진국을 세웠다.

천문령과 그 전적지의 위치를 밝히는 작업은 발해사 연구에 있어서 매우 중요하다. 천문령과 관련되는 내용을 신·구당서에서 찾아보면 다음과 같다.

《구당서》 발해전에 "발해말갈 대조영은 본래 고구려의 별종別種이다. 고구려가 멸망하자 대조영은 가속을 거느리고 영주營州로 옮겨가 살았다. 만세통천년간萬歲通天年間에 거란의 이진충李盡忠이 반란을 일으키자 대조영은 말갈의 걸사비우乞四比羽와 함께 각기 망명자들을 거느리고 동쪽으로 나가 험준한 지역에 의지하여 자신을 굳게 지켰다.

이진충이 죽자 무측천武測天은 우옥검위대장군 이해고에게 군사를 거느리고 그들의 나머지 무리를 토벌하라 명령했다. 먼저 걸사비우를 격파하여 목을 베고 또 천문령을 넘어 대조영을 바짝 뒤쫓았다.

대조영은 고구려와 말갈의 무리들을 연합하여 이해고에 항거했다. 황제皇帝의 군사는 크게 패하고 이해고는 자기 몸만 빠져나와 돌아왔다. 거란과 해奚에 속하는 무리들은 모두 돌궐突厥에 항복하므로 길이 막혀 무측천은 토벌할 수 없었다.

대조영은 드디어 자기의 무리를 거느리고 동쪽으로 계루桂婁의 옛땅을 차지한 뒤 동모산에 웅거하여 성을 쌓고 살았다."라고 하였다.

이 글은 일이 일어난 선후를 차례대로 분명히 서술했다. 그러나 '천문령'이 어디에 위치해 있었느냐에 대해서는 전혀 언급하지 않았다.

《신당서》 발해전에 "만세통천년간에 거란의 이진충이 영주도독 조홰趙翽를 죽이고 반란을 일으키자 사리 걸걸중상舍利乞乞仲象이라는 자가 말갈 추장 걸사비우乞四比羽 및 고구려의 남은 종족과 함께 동쪽으로 달아나 요수遼水를 건너 태백산 동북쪽을 차지하고 오루하奧婁河의 험준함을 이용하여 성벽을 쌓으니 자연히 공고하여졌다.

무측천은 걸사비우를 허국공許國公으로 걸걸중상을 진국공震國公으로 책봉하고 그 죄를 용서했다.

걸사비우가 그 영을 받아들이지 않자 무측천은 옥검위대장군 이해고와 중랑장中郎將 색구索仇에게 조서를 내려 그를 죽였다.

이때 걸걸중상은 이미 죽고 그의 아들 대조영이 남은 무리를 이끌고 도망쳐 달아났다. 이해고는 추격하여 천문령을 넘었다. 대조영이 고구려 병사와 말갈병을 거느리고 이해고를 항격하니 이해고는 패하여 돌아왔다. 이때에 거란이 돌궐에게 복속되었으므로 왕의 군사는 길이 끊겨 그들을 토벌할 수 없었다.

대조영은 걸사비우의 무리를 합병하고 지역이 먼 것을 믿고 나라를 세워 스스로 진국왕震國王이라 하고 돌궐에 사신을 보내 통교했다."라고 하였다.

《신당서》 발해전에서도 《구당서》 발해전과 마찬가지로 대조영 무리가 영주營州에서 봉기한 후 동진東進하여 천문령을 넘고 이해고가 거느린 당나라 추격군을 격퇴시켜 대승한 후 계속 전진하여 동모산에 이르러 나라의 터전을 닦고 진국을 세운 전반과정에서 관건이 되는 주요 내용만 간략하여 제기했을 뿐 '천문령'이 어느 위치에 있었고 이해고의 추격군을 어떻게 격퇴시켰는지에 대해서는 전혀 언급하지 않았다. 따라서 천문령의 위치를 밝히기가 매우 어렵다. 그러나 학계에서는 끊임없이 연구를 계속하고 있다.

지금까지 사학계에서 천문령의 지리 위치에 대해 토론된 정황을 간추려 보면 다음과 같다.

첫째, 토호진하土護鎭河에서 300리 떨어진 곳이라는 견해가 있다. 《신당서》 권225 상 안록산전安錄山傳에 "천보 11년752년에 하동병河東兵을 거느리고 거란을 토벌하려 토호진하에 이르렀다. 이에 영을 내려 사람마다 포승줄 한 묶음씩을 지니게 하여 거란을 묶고자(사로잡고자) 하였다. 밤낮으로 300리를 행군하여 천문령에서 머무는데 때마침 비가 많이 내려 활이 늘어지고 화살은 떨어져 쓸 수 없게 되었다."라고 하였다.

《구당서》 안록산전에는 토호진하는 곧 북황하北黃河라고 했고, 일본사람 츠다사 유키치는 "토호진하는 곧 오늘날의 노합하老哈河이고 노합하는 대요수大遼水의 상류 발원지 가운데의 하나이다."라고 하였으며, 구당서의 기록에 의하면 "천문령은 곧 거란 아장牙帳(끝을 뾰족하게 깎아 방어용으로 성 주위에 둘러 세운 목책)의 소재지이다."라고 하였다.79

둘째, 천문령은 오늘날의 요녕성 창무彰武 서쪽 산지대의 한 개 령이라고 보는 견해가 있다.(박시형朴時亨, 송기호 해제, 1989,《발해사》이론과 실천, 48p 마지막 줄) 장국종은《발해사연구》1, 18쪽에서, 승성호는《발해사연구논문집》권2, 19쪽에서 모두 '창무 서쪽의 한 개 령'이라는 공통된 관점을 발표하였다.

셋째, 오늘날의 요녕성 북쪽에 위치한 철령鐵嶺과 개원開元의 접경지대의 구능丘陵과 산구山區의 어느 지대였으리라고 보는 설이다. 다시 말해 아마 당시의 연진성延津城과 상아산고지象牙山高地 및 그 부근 일대였을 것이다.[80]

넷째, 천문령은 부여부扶余府 이서와 거란과의 접경지대에 있다고 보는 견해가 있다.[81]

다섯째, 요녕성과 길림성의 경계라고 보는 설이다. "⋯지금의 요녕성과 길림성의 경계에 있던 천문령 고개를 넘어 피신하였다.⋯"[82]

여섯째, 요하 우안의 양식목하養息牧河에서 서북으로 약 40킬로미터 떨어진 곳에 있는 성자산城子山이 천문령이라고 보는 견해가 있다.[83]

이밖에도 지금의 영액성 부근설英額城附近說과 합달령설哈達嶺說 등이 있다.

이상의 몇 가지 설 가운데서 천문령은 요하의 우안과 토호진하에서 300리 떨어진 범위 내에서 찾아야 한다는 견해가 비교적 신빙성이 있다. 《신당서》안록산전에 "하동병을 거느리고 거란을 토벌하려 토호진하에 이르렀다. 즉 북황하에 이르렀다. ⋯밤낮으로 300리를 행군하여 천문령에서 머무는데 때마침 비가 많이 내려 활이 늘어지고 화살은 떨어져 쓸 수 없게 되었다."라고 하였고《구당서》안록산전에도 유사한 내용이 있다. 그리고 또 토호진하를 북황하, 노합하老哈河라고도 하며 천문령 근처에는 거란의 아장牙帳이 설치되어 있었다. 그리하여 김육불金毓黻은《발해국지장편》권14 지리고 1에서 "…그 소재지는 황수의 오른쪽 기슭에서 동쪽으로 300리쯤 되는 곳에서 찾아야 하되 반드시 대요수大遼水의 오른쪽 기슭이어야 한다. 훗날 발해는 영토를 점차 널리 확대하여 거란땅의 일부도 취득했으나 천문령은 역시 서쪽 경계의 거란과 접경지일 것이고 요하의 왼쪽 기슭의 동쪽으로 끌어다 놓을 수 없다고 단언할 수 있다."라고 하였다.

강과 호수

강江

　역사문헌에 기재된 발해의 주요 하천河川으로 흑수黑水, 망건하望建河, 우수리강烏蘇里江, 나하那河, 속말수粟末水, 홀한하忽汗河, 오루하奧婁河, 압록강鴨綠江, 니하泥河 등이 있다.

흑수

　흑수는 중국 역사에서 시대에 따라 여러 가지 다른 이름으로 나타났다. 서한西漢부터 서진西晋까지는 약수弱水로 나타났고 동진東晋부터 수조隋朝까지의 사이에는 난수難水와 완수完水라는 이름으로 나타났다. 즉 흑룡강黑龍江의 중, 하류 부분을 난수, 중상류 부분을 완수라고 불렀다. 당조唐朝 때에 이르면 흑수와 망건하望建河로 불리게 되었다. 그 후 5대10국五代十國 시기에 흑룡강, 요송遼宋 시기에 혼동강混同江, 금나라 때에는 혼동강 또는 흑룡강이라는 이름으로 나타났고 명나라 때에는 흑룡강과 분가하芬哥河의 이름으로 나타났으며 청나라 때에 이르러 완전히 흑룡강이라는 하명河名으로 지도책에 명기되었다.

　당조와 발해 때에 오늘날의 흑룡강을 흑수(흑룡강의 중하류 부분)와 망건하(흑룡강의 중상류 부분)로 나누어 불렀는데 망건하는 구륜박俱輪泊 일대에서 발원하여 동으로 굽어 흐르다가 서실위西室為 경계를 지나고 …또 동으로 흘러 오늘날의 동강시洞江市 부근에 와서 나하那河(오늘날의 제1송화강)와 합류하고 계속 동류하여 흑수말갈의 중심지대인 하바로브스크 부근에서 우수리강烏蘇里江과 합류한 후 계속 동쪽으로 흘러 오호츠크해로 들어간다. 망건하와 나하가 합류하는 합수목으로부터 동쪽으로 흘러 바다에 들어가는 데까지를 흑수黑水라고 하고 망건하와 나하가 합류하는 합수목으로부터 망건하의 발원지까지 흐르는 강을 망건하望建河라고 한다.

흑수말갈은 주로 흑룡강의 중하류, 즉 망건하와 나하가 합류하는 합수목과 오호츠크해에 흘러들어가는 흑수 양안의 넓은 지대에 거주했다. 흑수 남쪽에 거주한 말갈족을 남흑수말갈, 강북에 거주한 말갈족을 북흑수말갈이라고 불렀다.

흑수와 망건하를 합한 오늘날의 흑룡강의 총 길이〔惠長〕는 3,420킬로미터이다.

나하

나하는 오늘날의 제1송화강第一松花江이다. 송화강을 동진16국 시기부터 수조隋朝까지의 역사시기에는 난수難水라고 불렀고 당조와 발해 시기에 와서는 나하라고 불렀으며 5대10국 시기에는 송화강松花江, 요송遼宋 시기에는 혼동강混同江, 금 때에는 혼동강 혹은 송화강으로, 원대에는 송와강松瓦江으로, 명청 시기에는 송화강松花江으로 불렸다.

《구당서》열전 149 북적 실위전에 "망건하는 동으로 흘러 나하, 홀한하忽汗河와 합류하고 남흑수말갈의 북쪽과 북흑수말갈의 남쪽을 지나 동으로 흘러 바다에 들어간다."라고 하였고 《신당서》 열전 144 북적 실위전에는 "…실건하室建河는 나하, 홀한하와 합쳐 동으로 흑수말갈 지역을 뚫고 나갔으므로 흑수말갈은 강을 사이에 두고 남북 두 개 지역으로 나뉘게 되었고 강은 동으로 흘러 바다에 들러간다."라고 하였다. 이상의 기재에 의하면 나하는 눈강嫩江과 제1송화강 전체 하류河流를 가리킨다. 눈강은 대홍안령大興安嶺에서 발원하여 남쪽으로 흘러 할빈哈爾濱 부근에서 제2송화강第二松花江과 합류한 후 계속 동북쪽을 향해 흐르면서 홀한하와 합류하고 동강시洞江市 부근에 이르러 망건하와 합류한다. 제2송화강과 눈강이 합류하는 합수목으로부터 망건하와 제1송화강이 합류하는 합수목, 즉 동강시 부근까지의 나하의 총길이는 896킬로미터이다.

속말수

속말수를 속말강粟末江이라고도 한다. 속말수는 장백산長白山(백두산)에서 발원하여 천지天池의 북쪽 폭포로 쏟아내려 이도백하二道白河를 이룬다. 이도백하는 계속 북쪽으로 흘러 이도진二道鎭을 지나 양강진兩江鎭에 이르러 두도백하頭道白河, 고동하古洞河와 합류한다. 이 세 강이 합류한 후에는 이도송화강二道松花江(즉 제2송화강이라는 뜻)의 이름으로 계속 서북쪽을 향해 흐르면서 길림吉林, 송원松原을 지나 눈강과 합류한다.

당조唐朝와 발해 시기에 있어서 장백산에서 발원하여 서북쪽으로 흘러 눈강과 합류하는 합수목까지의 제2송화강을 속말수 혹은 속말강이라고 하였다.

김육불의《발해국지장편》권14 지리고 산천조에 의하면 "《신당서》발해전에서 이르기를 속말수粟末水를 속말강粟末江이라고도 한다. 이로써 속말말갈粟末靺鞨과 말주涑州라는 이름을 얻었다. 속말부粟末部는 속말수에 의지하여 산다."라고 하였다. 삼가 생각컨대 속말수粟末水를 속말수涑末水 또는 속말강涑末江이라 했다.《금사金史》에는 "송아리松阿里 또는 송와강松瓦江이라고도 불렀는데 오늘날의 송화강松花江이다. 혹은 혼동강混同江이라고도 하는데 여러 물이 합쳐지므로 얻게 된 이름이다. 하류는 흑수黑水라고 하는데 흑룡강黑龍江과 합쳐져 얻게 된 이름이다. 속주涑州라는 이름을 얻게 된 까닭은 이미 앞에서 말했으므로 다시 말하지 않는다."라고 하였다. 이로 보아 요부터 금, 송, 원, 명나라 선덕년간宣德年間 이전까지 속말수를 송와수, 송아리, 혼통강 등으로 불렀다는 것을 알 수 있다. 송화강松花江이란 이름이 세상에 알려진 것은 명나라 선덕년간부터다. 그 역사 시기에는 모두 송화강이라고 명기되어 있다.

송화강은 만어滿語 '숭아리우라松阿里烏拉'의 음역音譯이다. '숭아리松阿里'의 뜻은 '천하天下'이고 '우라烏拉'의 뜻은 '강江'이다. 그러므로 '송화강'의 뜻은 '천하에서 으뜸가는 강'이다. 속말粟末은 만어로 '백색의 물白色之水'이다. 제2송화강의 총길이는 849킬로미터이다.

속말수粟末水라는 명칭은 당나라와 발해 때에만 사용된 것이 아니고 수조隋朝 때에도 사용된 것으로 보인다.《구당서》와《신당서》에 수조 때의 말갈7부靺鞨七部 중 속말말갈부粟末靺鞨部에 대해 비교적 구체적으로 게재했고 속말수에 의거하여 거주한 말갈부족을 속말말갈부라고 했기 때문이다.

홀한하

홀한하는 오늘날의 목단강이다. 목단강에 대해 당조와 발해 시기에는 홀한하, 홀한수라고 불렀다.

《신당서》 발해전에 "대흠무가 도읍을 상경上京으로 옮기니 옛 도읍지에서 300리 떨어진 홀한하의 동쪽이다. …발해의 왕성王城은 홀한해[84]에 임했다."라고 하였고 "당나라는 또 713년 대조영大祚榮이 관할하는 지역을 홀한주忽汗州로 삼아 홀한주도독忽汗州都督을 추가하였으며 719년에는 대무예大武藝를… 홀한주도독으로 봉하였다."고 하였다. 홀한주라고 부른 것은 발해의 서울이 홀한하에 임해 있었고 발해의 핵심지역이 홀한하 유역에 있었기 때문이다.

김육불 저 《발해국지장편》 권14 지리고 산천조에 "홀한하의 본명은 오루하奧婁河다. 그 중부中部에 물이 고여 호수로 된 곳을 홀한해忽汗海라고 한다."라고 되어 있지만 이는 오해에서 비롯된 것이다. 오루하는 지금의 대석하大石河이며 동모산東牟山 바로 북쪽 기슭을 스쳐 흘러 홀한하의 원줄기로 들어간다. 그러므로 대석하는 홀한하의 한 개 지류일 뿐 홀한하 자체가 아니다.

이상의 사실로 보아 발해 시기에 오늘날의 목단강을 홀한수 혹은 홀한하라고 불렀다는 것을 알 수 있다.

홀한하를 부르는 명칭에도 여러 가지가 있었다. 발해가 망한 이후 금나라 때에는 호이합하平爾哈河, 원나라 때에는 홀이합강忽爾哈江, 명나라 때에는 호이해하平爾海河 혹은 호이합하平爾哈河, 청나라 때에는 상류를 목단

오랍橡丹烏拉, 경박호鏡泊湖 이하 하류를 호이합하乎爾哈河라고 하였다.

홀한하는 오늘날의 길림성 돈화시의 동남쪽에 뻗어있는 목단령牧丹嶺의 서남쪽 기슭에서 발원하여 넓고 긴 구국舊國 지대의 동모산성, 영승유지永勝遺址 육정산왕실 공동묘지, 오동성敖東城을 지나 계속 북으로 흘러 홀한해忽汗海(오늘날의 경박호)로 들어간다. 경박호의 주류 하천은 홀한하이다. 홀한하는 폭포를 지나 상경성上京城에 이르러 도성都城의 근처에서 서쪽과 북쪽을 에워 돌면서 자연해자를 이루었다. 강은 계속 북으로 흘러 영안寧安, 목단강시牡丹江市를 지나 이란依蘭 근처에 이르러 나하那河(오늘날의 제2송화강)와 합류한다. 그 총길이는 1,471.5킬로미터이다.

압록강

압록강 줄기는 장백산長白山(백두산)에서 발원해 남으로 흐르면서 포도하葡萄河, 이명하鯉明河, 가림천佳林川, 23도구하二十三道溝河, 20도구하二十道溝河, 19도구하十九道溝河 등과 앞서거니 뒤서거니 합류하며 장백현성長白縣城에 이른다. 이곳에는 유명한 영광탑靈光塔이 있다. 영광탑은 현성縣城에서 서북으로 1킬로미터 떨어진 탑산塔山의 서남 끝 평탄한 둔덕에 있다. 이 탑은 지금에 이르기까지 무너지지 않고 하늘 높이 우뚝 솟아있는 오직 하나밖에 없는 발해 시기의 탑이다. 현성의 대안은 혜산시惠山市이다.

압록강은 장백현성에서 좀 내려가 허천강虛川江과 합류한 다음 110° 각으로 돌아 서쪽을 향해 다소 북으로 치우쳐 흐르면서 장진강長津江 8도구하八道溝河와 합류하여 신주神州(오늘날의 임강진)에 이른다. 신주는 발해 시기

5경五京 중의 하나인 서경압록부西京鴨綠府의 소재지이다.

압록강은 신주에서 80° 각으로 돌아 서남쪽을 향해 흐른다. 신주에서 강을 따라 100킬로미터 내려가면 환도현성丸都縣城에 이른다. 환도현성은 고구려 때의 수도였던 국내성國內城이다. 환도현성에서 계속해서 서남쪽으로 250킬로미터를 더 내려가면 박작구泊灼口에 이른다. 박작구는 발해 초기 발해와 당나라의 국경선이었다. 박작구는 오늘 단동시丹東市 구역 내에 속한다. 단동시의 맞은편 기슭에는 신의주시新義州市가 있다. 박작구에서 다시 65킬로미터를 내려가면 압록강 어귀에 도착한다. 압록강은 이곳에서 황해黃海로 흘러들어간다. 압록강의 총길이는 790킬로미터이다.

압록강이라는 이름의 유래에 대한 학계의 연구 내용을 살펴보면 대략 다음과 같은 세 가지 견해가 있다. 첫 번째는 한나라漢朝 때에는 마자수馬訾水라 하였고 당나라 중엽 이후부터 압록강이라 하였다는 설이다.[85] 두 번째는 진晉나라 때에는 마자수라고 했고 수나라로부터 압록강이라 하였다는 설이다.[86] 세 번째는 한나라 때 마자수라 하고 그 뒤로는 마자수와 압록강을 병용하다가 수당, 발해 시기부터 압록강이라는 이름을 전용하였다는 설이다. 필자의 견해는 세 번째 설과 일치한다. 그 근거는 다음과 같다.

첫째, 《한지漢志》, 《통전通典》, 《요동지》, 《일통지一統志》, 《한서지리지漢書地理志》의 기록이 근거가 된다. 《한지》 서개마현원주西蓋馬縣原注에 "마자수는 서북으로 흘러 염난수鹽難水와 합류한 다음 서남쪽으로 나가 안평성安平城을 거쳐 바다에 들어간다."고 하였다. 두우杜佑 저《통전》에는 "마자수를 일명一名 압록수라고도 하는데 동북백산東北白山에서 발원한다. 그의 물색이 오리머리(鴨頭) 색과 같다하여 세속에서 압록이라 이름지은 것이다."는 내용이 있다.《요동지》에는 "압록강을 또 마자수라고도 하는데 그는 장백산에서 발원한다. 그 물색이 오리머리색과 같다하여 그렇게 이름 지은 것이다."라는 기록이 보인다. 건륭乾隆《일통지》에 "압록강은 … 즉 옛날의 마자수이다."라고 이른다. 진례陣禮《한서지리지 수도도설漢書地理志水道圖說》권2에 "마자수는 오늘날의 길림성 남쪽 변계인 압록강이다."라고 하였다.

이상의 기록들로 미루어, 압록강은 한나라에는 마자수라 일렀으며 마자수가 곧 압록강 혹은 압로수였다는 사실을 알 수 있다.

둘째,《신당서》,《발해국지장편》등을 다시 살펴보면 근거를 찾을 수 있다.《봉천통지奉天通志》159p에 "압록강을 한나라 때에는 마자수라 하였고 당나라 중엽 이후로는 압록강이라고 불렀다."는 기록이 있다.《신당서》발해전에서는 "…고구려의 옛지역을 서경西京으로 하고 압록부鴨綠府라 하였으며 신, 환, 풍, 정 등 4개 주를 거느렸다."고 하였다.《신당서》발해전 권43 지리지 머리말 가암도리기에 "…오골강烏骨江까지는 400킬로미터이다. …압록강 어귀에서 배를 타고 50여 킬로미터 가고 또 작은 배를 타고 동북쪽으로 15킬로미터를 거슬러 올라가 박작구泊汋口에 이르면 발해의 국경지대이다.…"라고 하였다. 김육불 저《발해국지장편》권14 산천 압록강조에 "삼가 생각컨대 가담의《도리기》에 '등주登州에서 바닷길로 발해도에 들어서 압록강 어귀에 이르러 거슬러 올라가면 환주桓州를 지나 신주神州에 이른다.'고 했다. 즉 압록강은 발해 경내의 큰 강이고 압록부의 이름도 이것 때문에 얻어진 것이다."라는 내용이 나온다.

　이상의 사실은 마자수는 당나라와 발해 때에 압록강으로 불리었다는 것을 실증한다. 압록수 혹은 압록강이라는 이름은 발해 이후 오늘날에 이르기까지 줄곧 변함없이 사용되었다.

　셋째, 《삼국유사三國遺事》, 《삼국사기》 등에서 근거를 찾아볼 수 있다. 《삼국유사》 권1 기이紀異 고구려高句麗에 "…부루가 죽자 금와金蛙가 왕위를 이었다. 이때 금와가 태백산太白山 남쪽 우발수優渤水에서 한 여자를 만나 물으니 그 여자가 말하기를 '저는 본래 하백河伯의 딸로 이름은 유화柳花입니다. 여러 아우들과 함께 나와 놀았는데 그때 한 남자가 스스로 천제의 아들 해모수解慕漱라고 하며 저를 웅신산熊神山 아래 압록강가 집안으로 꾀어 사통하고 가서는 돌아오지 않았습니다.…'"라고 하였다. 《삼국사기三國史記》 고구려본기 고구려 제2대 대무신왕大武神王 5년 4월조에는 "…그는 대소가 죽는 것을 보고 장차 나라가 망할 것을 알고 그 종자 100여 명과 더불어 압록곡鴨綠谷에 이르렀다.…"라는 기록이 보인다. 고국천왕故國天王 13년 4월조에 "…서압록곡 좌물촌左勿村 을파소乙巴素 …"란 구절이 있고 동천왕東川王 20년 8월조에는 "… 왕이 1000여 기를 이끌고 압록원鴨綠原으로 달아났다.'란 구절이 있으며 동천왕 20년 10월조에는 '…옥구屋句에게 압록의 두눌하杜訥河 언덕을 상으로 주었다.…'란 구절이 있고 《삼국사기》 고구려본기 미천왕조美天王條에 "…소금장사를 하며 배를 타고 압록강에 이르러 소금을 강동江東 사수촌思收村 사람의 집에 두고 머물러 있게 되었다.…"라는 기록이 보인다.

고구려는 기원전 37년부터 기원후 668년까지 705년간 존속하였다. 제1대 동명왕東明王, 즉 고주몽高朱蒙은 기원전 37년부터 기원전19년까지 재위하였다. 제3대 대무신왕은 18년부터 44년까지 재위하였고, 제9대 고국천왕은 179년부터 197년까지 재위하였으며, 제11대 동천왕은 227년부터 248년까지 재위하였고, 제15대 미천왕은 300년부터 331년까지 재위하였다.

위의 사실에 의하면 압록강이란 명칭은 고구려 초기부터 말기에 이르기까지의 역사시기에 존재했고 사용되었다는 것을 알 수 있다.

정리해 보면 압록강은 한나라 때에는 마자수馬訾水라 했고 한나라 이후 수나라 전까지, 즉 고구려 전반 역사시기에는 압록강과 마자수라는 명칭이 함께 쓰였다. 그러다가 발해국渤海國이 건립된 때부터 오늘날에 이르는 기나긴 세월 사이에 마자수란 명칭은 자취를 감추고 압록강이란 명칭이 널리 사용되었다고 보는 것이 타당하다.

오루하

오루하의 지리 위치를 알려면 그와 밀접히 관련된 동모산東牟山의 지리 위치를 알아야 한다. 오루하는 오늘날의 대석하大石河이다. 동모산은 오늘날의 성산자산城山子山이고 동모산에 수축한 산성은 오늘날의 성산자산성城山子山城이다.

《구당서》 발해전에 "…대조영大祚榮은 드디어 자기의 무리를 거느리고 동쪽으로 계루부桂婁部의 옛지역을 차지한 뒤 동모산東牟山에 웅거하여 성을 쌓고 살았다."라 하였고《신당서》발해전에는 "발해는 본래 속말말갈粟末靺鞨로서 고구려에 부속되어 있던 자로 성은 대씨이다. 고구려가 망한 후 무리를 거느리고 읍루挹婁의 동모산을 차지하였다. …요수遼水를 건너 태백산太白山 동북쪽을 차지하고 오루하를 막고 성벽을 쌓으니 자연히 공고하여졌다."라고 하였다.

《구당서》발해전과《신당서》발해전에 기록된 내용을 자세히 살펴보면 동모산과 오루하는 매우 밀접히 연계되어 동일한 장소, 즉 같은 지리 위치에 있었음을 알 수 있다. 다시 말해 동모산 기슭으로는 오루하가 흐르고 그 산 위에는 산성, 즉 성산자산성이 있었다. 그러므로 동모산의 지리 위치를 밝히면 자연히 오루하의 지리 위치를 알 수 있다.

동모산東牟山이 어디에 있느냐는 문제를 두고 사학계에서는 오랫동안 논쟁을 벌여왔다. 토론된 내용을 정리해 보면 심양沈陽에 있다는 설, 집안集安에 있다는 설, 액목額穆에 있다는 설, 화전樺甸에 있다는 설, 돈화시敦化市 경내의 성산자산城山子山이라는 설 등 다섯 가지 설이 있었는데 그중 성산자산설이 제일 믿음직하다. 그것은 성산자산성의 규모와 위치, 산성 안의 시설, 산성에서 출토된 유물, 즉 백성들의 말에 의하면 성 내외에서 쇠로 만든 창, 칼, 화살, 당나라 때의 개원통보開原通寶 등이 출토되었다는 점, 신구당서의 내용, 오루하奧婁河의 지리 위치 등 근거가 있기 때문이다. 특히 정혜공주묘와 진릉珍陵을 비롯한 육정산 발해왕실공동묘지의 발견은 성산자산성이 동모산성이라는 것을 증명하는 고고학적 실물자료이다.

이와 같은 사실에 근거하여 성산자산성이 바로 대조영大祚榮이 698년에 진震나라를 세울 때 세운 동모산산성이라고 단정하며 발해 초기의 첫 수도라고 인정한다.

동모산산성은 돈화시敦化市에서 서남쪽으로 22.5킬로미터 떨어진 홀한하忽汗河(오늘날의 목단강) 상류의 큰 지류인 오루하(오늘날의 대석하) 남안의 외딴 높은 산에 자리 잡고 있는데 돈화시 현유향 성산자촌敦化市賢儒鄕城山子村에 속해 있다.

동모산은 비교적 큰 덕땅 위에 외따로 우뚝 솟아있다. 그 높이는 해발 600미터이다. 산성 북쪽에는 오루하가 위호령威虎嶺에서 발원하여 서쪽으로부터 동쪽을 향해 흐르며 민생民生, 향수香水, 장하長河, 홍석紅石을 지나고 계속 동쪽으로 동모산 기슭을 스쳐 흐르다가 중성中成, 강연江沿 일대에 이르러 홀한하忽汗河에 합류한다.

산성 동남쪽 4킬로미터 되는 곳에는 홀한하忽汗河(오늘날의 목단강)가 목단령牡丹嶺에서 발원하여 북쪽을 향해 마호馬号, 현유賢儒를 지나 흐르다가 중성中成, 강연江沿 일대에 이르러 그의 지류인 오루하와 합류한다.

산성 북쪽 바로 산기슭으로 오루하가 흐르는데 그 수량이 적지 않다. 산성 북쪽 산기슭은 하상에서 약 40미터 좌우 높이 되는 벼랑으로 형성되었다. 성벽은 바로 이 벼랑 위에 쌓았는데 성벽이 비교적 낮다. 오루하는 바로 이 성벽 벼랑 밑으로 흐르는데 자연적으로 동모산산성東牟山山城

북쪽 성벽을 두르는 해자 역할을 하고 있다. 성벽의 둘레 길이는 2,000미터가량이며 흙에 돌을 섞어 쌓았다. 성이 생긴 모양은 타원형에 가깝다.

　김육불金毓黻 저《발해국지장편》권14 지리고 산천조에 "홀한하의 본명은 오루하이다."라고 기재되어 있는데 이는 오해에서 비롯된 것이다. 오루하는 홀한하의 본명이 아니라 홀한하의 지류支流로서 위호령에서 발원하여 홍석紅石, 동모산기슭을 지나 중성, 강연 일대에 이르러 홀한하에 흘러 들어간다. 홀한하는 주류主流이고 오루하는 지류이다. 이름이 서로 다른 주류와 지류를 혼동하지 말아야 한다. 오루하는 동모산의 북쪽 기슭으로 흐르며 동모산산성 북쪽 성벽의 해자 역할을 하였다. 따라서《신당서》발해전에 "…태백산太白山 동북쪽을 차지하고 오루하를 막고 성벽을 쌓으니 자연히 공고하여졌다."라고 한 것이다.

니하

　니하는 발해와 신라가 동해안 연안에서 서로 국경을 접한 곳이다.
　《구당서》발해전에 "…그 지역은 영주에서 동쪽으로 2,000리이고 남쪽으로 신라와 서로 접하였다. 서쪽으로는 월희말갈越喜靺鞨과 접하였고 동북쪽으로는 흑수말갈黑水靺鞨에 이르렀다. 지역은 사방 2,000리이다.…"라 하였으니 발해는 남으로 신라新羅와 서로 접경하였음을 알 수 있다.
　《신당서》발해전에는 "…그 지역은 영주營州에서 동쪽으로 바로 2,000리 되는 곳이다. 남쪽으로 신라와 접하였는데 니하泥河로서 경계를 삼았다. 동쪽은 바다에 이르렀고 서쪽은 거란契丹과 접하였다. 성곽을 쌓고 거처하니 고구려 유민들이 점점 귀속하였다.…"라고 하였다. 이로 보아 발해가 남쪽으로 신라와 접한 접경지대는 니하였음을 알 수 있다.

그러면 니하의 지리 위치는 어디일까? 이 문제를 두고 사학계에서는 오랫동안 연구를 진행해왔지만 아직까지는 분명한 결론을 내리지 못했다.

발해는 남쪽으로 니하를 경계로 하여 신라와 접했다. 이 니하는 신라의 동북쪽 경계인 천정군泉井郡과 발해의 남경南京 사이의 어딘가에 있었음이 틀림없다.

이에 대한 견해들을 간단히 살펴보면 ㉠용흥강설龍興江說이 있다. 김육불金毓黻은 저서《발해국지장편》권14 지리고 산천조에서 "니하는 남해부南海府의 남쪽에 있는데 일본인日本人들은 덕원德源 이북의 용흥강龍興江일 것이라고 했다. 물론 이를 발해의 남쪽 경계로 해야 한다."라고 용흥강설을 제기하였다.

왕승례王承禮는 저서《발해간사渤海簡史》제3장 제1절에서 "발해는 남으로 신라와 접하였는데 니하를 경계로 하였다. 신라의 북쪽 경계를《삼국사기》지리지의 기록을 기초로 하여 살펴보면 통일신라 후기의 서북쪽 경계는 고구려의 식달息達, 가화압加火押, 부사파의현夫斯波衣縣들이었다. …동북쪽 경계는 정천군井泉郡(고구려의 천정군-현재의 덕원)이었는데, 소속현으로 산산현蒜山縣(고구려의 매시달현), 송산현松山縣(고구려의 부사달현), 유거현幽居縣(고구려의 동허현)이 있었다. 니하는 정천군 북쪽에 있는 강인데 현재의 함경남도 용흥강이 이에 해당하는 것으로, 발해 남쪽은 이곳을 경계로 하여 신라와 이웃하고 있었다."라고 하였다.

이전복李殿福, 손옥량孫玉良은 합작合作《발해국渤海國》57쪽에서 "발해는 남으로 신라와 인접하였는데 쌍방은 니하로서 경계를 삼았다. 오늘날의 조선 함경남도의 용흥강이 당나라 때의 니하이다. …니하의 남안南岸은 신라 동북부의 변군邊郡 즉 정천군으로서 오늘날의 함경남도 덕원이다."라고 하였다.

이밖에도 용흥강설을 주장하는 학자들이 다수 있으나 여기서는 일일이 열거하지 않겠다.

ⓒ 안변설安邊說이 있다. 안변설은 강원도 원산元山 남쪽 안변安邊을 흘러 바다에 들어가는 남대천南大川이 곧 발해와 신라의 변경선이라는 설이다.

ⓒ 강릉江陵 북쪽설이다.《발해국지장편》권14 지리고 4경4지조四境四至 條에서 "정약용丁若庸의《대한강역고大韓疆域考》에 이르기를 '니하泥河는 강릉 북쪽의 니천수泥川水이다. 신라 자비왕慈悲王 때 하슬라 사람들을 징발하여 니하성泥河城을 쌓았다. 또 소지왕昭知王 때에 고구려와 말갈군사를 니하 서쪽에서 쫓아가 쳤다고 한 것도 바로 이 땅이다'라 했다."라고 이른 것이 강릉 북쪽설의 한 예이다.

서병국徐秉國은 저서《발해의 역사지리》권3, 125p에서 "니현泥峴에서 발원하여 동해로 흘러드는 이 연곡천蓮谷川은 니하, 즉 니천수泥川水로 비정할 수 있다."라 하였다.

위에서 본 바와 같이 용흥강설을 주장하는 학자가 다수이고 그 밖의 설을 주장하는 학자는 소수이다. 그러나 소수라 하여 무시하지 말고 다수이든 소수이든 모든 견해를 고루 살펴 깊이 연구한다면 니하의 지리 위치를 더욱 정확하게 밝혀낼 수 있을 것이다.

용흥강은 조선의 함경남도 남쪽 끝에 위치하며 서쪽에서부터 동해안 쪽을 향해 흐른다. 회평리檜坪里, 금야金野, 영흥永興, 양탄리兩灘里 등 지역을 지나 송박만松珀灣에 흘러든다. 용흥강을 일명 금야강金野江이라고도 한다.

패수

패수는 오늘날의 대동강大同江을 고구려 및 발해 전후시기에 불렀던 이름이다. 《후한서後漢書》 군국지郡國志에 의하면 "패수현浿水縣은 낙랑군樂浪郡에 속한다. 전한前漢시기에 해당되는 것으로 의연히 낙랑군 동북부, 즉 오늘날의 평양 동북부, 대동강 이서지대이다."라 하였고 《북사北史》 고구려전高麗傳에 의하면 "…평양성은 산의 굴곡에 따라 수축하였는데 남쪽은 패수에 임했다."라 하였으며 《수서隋書》 고구려전高麗傳에 의하면 "…평양에 도읍하였는데 장안성長安城이라고도 한다. 동서가 6리이고 산의 굴곡에 따라 수축하였는데 남으로 패수에 임하였다."라고 하였고 《신당서》 고구려전에도 같은 내용의 기사가 실려 있다.

《삼국사기三國史記》에도 이와 관련된 기사들이 있다. 《삼국사기》 권8 성덕왕聖德王 34년 2월조에 "…사신 의충義忠이 귀국할 때에 당나라 현종은 패강浿江 이남의 땅을 주었다."라고 하였다. 같은 책 성덕왕 35년 6월조에도 "…패강 이남의 땅을 준다는 은칙恩敕을 받들었다.…"는 내용이 기재되어 있으며,《삼국사기》권44 김인문전에는 "… 소정방蘇定方은 6군을 거느리고 멀리 쳐들어와서 고구려를 패강에서 격파하고 평양성을 포위하였다."라는 내용이 기재되어 있다.

이와 같은 문헌 기록으로 보아, 오늘날의 대동강을 수, 당, 발해 시기에 패강 혹은 패수라고 불렀음은 틀림없다.

패수는 동백산東白山, 소백산小白山에서 발원하여 서남으로 흘러 창현리昌峴里, 덕천德川, 순천順川, 평양平壤을 지나 보통강普通江과 합류하고 평안남도와 황해도와의 경계에서 황해黃海로 들어간다. 총길이는 439킬로미터이며 지금의 이름은 대동강이다.

호수

발해지역 내에는 여러 개의 호수가 있었지만 문헌에 전해 내려온 주요한 호수는 홀한해忽汗海와 미타호湄沱湖 두 개뿐이다.

홀한해

홀한해는 오늘날의 경박호鏡泊湖이다. 당조와 발해 때 경박호를 홀한해, 목단강牡丹江을 홀한하忽汗河 또는 홀한수忽汗水라고 불렀다.

《신당서》발해전에 의하면 "대흠무大欽茂가 도읍을 상경上京으로 옮기니 옛 도읍지에서 300리 떨어진 홀한하의 동쪽이다."라 했고《신당서》지리지에는 "발해의 왕성은 홀한해에 임했다."라고 하였다.

발해의 도성인 상경성上京城을 에도는 강을 '홀한하' 또는 '홀한해' 등 두 가지로 기재하였는데 이는 사실상 홀한해가 아니라 홀한하이다. 홀한하(오늘날의 목단강)는 상경성을 서쪽으로부터 북쪽으로 에돌아 흐르는 큰 강이다. 상경성에서 남으로 홀한하를 따라 40~50리 올라가면 큰 폭포가 있는 곳에 이르게 되는데, 이곳이 바로 홀한해이다. 그러므로 '발해의 왕성은 홀한해에 임했다'라는 기록은 사실 왕성이 홀한하에 임했다는 뜻이라고 이해해야 옳다.

홀한해라는 명칭의 유래와 위치에 대해 김육불은 저서 《발해국지장편》 권14 지리고 산천조에서 "당나라와 선천년간先天年間, 713~741년에 홀한주忽汗州라는 이름을 하사했기 때문에 비로소 홀한하라는 이름이 있게 되었다. ···홀한하의 중부지역에는 물이 고여 호수湖水가 되었으니 지금 필이등호畢爾籐湖라 부르고 일명 경박鏡泊(세속에서는 경박호라고 한다)이라고 한다. 안으로 여러 하천이 모여드는데 이것이 소위 홀한해이다. 조정걸曹廷杰은 많은 물이 흘러들어 오므로 홀한해를 바다라고 부른다고 했다."라고 하였다.

홀한해의 크기는 동북지방에서 제일 큰 호수인 흥개호의 50분의 1밖에 되지 않는다. 홀한해는 흑룡강성 영안시 경내에서 서남쪽에 위치해 있다. 호수의 주된 수원은 홀한하이다. 지금으로부터 5,000년 내지 1만 년 전에 다섯 차례 화산이 폭발하면서 용암이 홀한하 물길을 막아 형성된 것이 홀한해, 즉 오늘날의 경박호이다. 호수의 제일 깊은 곳은 수심이 74미터이고 평균 수심은 45미터이다. 남북의 길이는 45킬로미터이고 가장 넓은 곳은 6킬로이며 총면적은 90평방킬로미터이다. 호수 좌우에는 높은 산들이 길게 이어지며 경내에는 8대 경관구景觀區가 있다. 호수 북쪽 끝에는 크고 웅장한 경박폭포鏡泊瀑布가 있다. 호수가 거울과도 같이 맑다 하여 경박호라는 이름을 얻었으며 지금은 국내외에 이름난 명승유람지가 되었다. 경박호 주변에는 발해 시기의 성장랍자산성, 중순하산성, 성자후산성, 남호두고성 등 많은 성터와 건축유지가 있어 더욱 경박호를 찾는 이들의 눈길을 끈다.

경박호에서 북으로 35킬로미터 떨어진 곳에는 발해의 수도 상경용천부가 있었다. 발해왕들은 늘 이곳을 찾아 유람하며 붕어탕을 즐겨 먹었다고 한다. 그리하여 경박호에는 발해의 역사와 전설, 문화와 관련되는 이야기들이 적지 않게 전해지고 있다.

미타호

《신당서》 발해전에 "세속에서 귀하게 여기는 것으로는 태백산太白山(오늘날의 장백산, 백두산)의 토끼, 남해南海의 곤포, 책성柵城의 된장, 부여扶余의 사슴, 막힐鄭頡의 돼지, 솔빈의 말, 현주顯州의 천, 옥주沃州의 풀솜, 용주龍州의 명주, 위성位城의 철, 노성盧城의 벼, 미타호湄沱湖의 붕어가 있고 과일로는 환도丸都의 오얏, 낙유樂游의 배가 있다."라고 하였다. 이로 보아 미타호의 붕어는 발해에서 생산되는 명산물 가운데 일종이었다는 것을 알 수 있다. 그렇다면 미타호의 위치는 어디일까? 발해국 영역 내에 있는 호수들 가운데서 어느 호수가 미타호일까? 여기에 대해서는 아직 정설定說이 없다. 지금까지 사학계에서 이루어진 토론 내용을 정리해 보면 대체로 홍개호설興凱湖說과 경박호설鏡泊湖說로 나누어볼 수 있다. 이 두 가지 설은 주로 《해동역사海東歷史》, 《발해국지장편》과 《영안현지寧安縣志》 등을 각각 논거의 받침으로 삼고 있다. 홍개호설은 《해동역사》와 《발해국지장편》을 근거로 삼고 경박호설은 《영안현지》를 논거의 기본 자료로 삼고 있다. 필자는 다음과 같은 이유에서 홍개호설이 더 믿음직하다고 생각한다.

첫째, 미주湄州와 타주沱州의 위치로 보아 오늘날의 홍개호興凱湖가 곧 발해 시기의 미타호라는 것을 알 수 있다. 미타호가 오늘날의 홍개호인지, 아니면 오늘날의 경박호인지를 밝히려면 우선 미주와 타주가 오늘날의 홍개호 주변에 있었는지 여부를 밝혀야 한다. 《신당서》 발해전에 "…불날의 옛땅(拂涅故地)을 동평부東平府로 삼아 이伊, 몽蒙, 타沱, 흑黑, 비比의 5개 주를 다스리도록 하였다. …안원부安遠府는 영寧, 미郿, 모慕, 상常의 4개 주를 다스리도록 하였다."라고 하였다. 이로 보아 타주는 동평부 산하에 있었고 동평부의 옛 지역은 불날고지이며 미주는 안원부 산하에 있었음을 알 수 있다. 《수서隋書》 말갈전靺鞨傳에 "불날부는 백돌의 동쪽에 있었다."라고 하였다. 《신당서》 흑수말갈전에는 "속말에서 좀 동북으로 해서 백돌부가 있고 또 안차골부安車骨部가 있었으며 그의 동쪽에 불날부가 있었다."라고 하였으며 《통전通典》에는 안동도호부安東都護府에 대해 기재할 때 "동쪽으로 월희부락越喜部落까지는 2,500리이다."라고 했다. 따라서 불날부는 백돌의 동쪽에 있었음이 틀림없다. 안원부는 월희고지에 설치하였다. 월희고지와 불날고지는 서로 가까웠으므로 동평부와 안원부 역시 가까운 인방隣傍이었을 것이다. 그러므로 동평부와 안원부에 설치된 타주와 미주 또한 서로 크게 떨어져 있지는 않았을 것이다. 동평부와 안은부를 중심으로 한 주변의 넓은 지역범위 내에서 '바다海'라고 칭할 만한 호수는 오늘날의 홍개호 하나밖에 없다. 그러므로 오늘날의 홍개호가 발해 시기의 미타호이며 타주와 미주도 미타호를 중심으로 한 동, 서 양쪽 부근에 설치되었으리라고 볼 수 있다.

둘째, 발해국 경내에는 큰 호수가 두 군데 있었다. 그 하나는 미타호湄沱湖(오늘날의 홍개호)이고 다른 하나는 홀한해忽汗海(오늘날의 경박호)이다. 홀한해는 상경용천부 관할 하인 호주湖州의 지역 내에 위치해 있었다. '호주'라는 주명州名은 호수가 있다 하여 지어진 것이다. 경박호의 면적은 90평방킬로미터이고 호의 형태는 좁고 길게 생겼는데 남북의 길이는 45킬로미터이고 제일 넓은 곳이라 해도 근근히 6킬로미터밖에 되지 않아 한 줄기의 큰 강처럼 보인다. 옛날에는 이를 홀한하忽汗河 혹은 홀한해라고 불렀다. '홀한해'의 '해海', 즉 '바다 해海'자를 붙여 '홀한해'라고 칭한 까닭에 대한 해석이 《발해국지장편》 권14에 등장한다. "조씨曹氏가 홀한해라고 한 까닭은 많은 강물이 흘러들기 때문에 '해海'자를 붙여 '홀한해'라고 했다."라고 기록되어 있다. 한편 홍개호는 동북지방에서 제일 큰 호수로 그 면적은 4,380평방킬로미터이며 일망무제한 바다와 같다. 경박호의 크기는 홍개호의 50분의 1밖에 되지 않는다.

역사문헌에 의하면 발해국 시기에 목단강牡丹江은 홀한하, 경박호鏡泊湖

는 홀한해라고 불렀다. 고왕 16년713년 당나라의 낭장郞將 최흔崔忻을 발해에 파견하여 대조영을 좌효위원외대장군, 발해군왕으로 봉하고, 아울러 대조영이 관할하는 지역을 홀한주로 삼아 홀한주도독忽汗州都督을 추가하여 주었다. 기원 719년에 대조영이 죽으니 당나라 현종은 8월에 사신을 발해에 보내어 대무예大武藝를 좌효위대장군, 발해군왕, 홀한주도독으로 책봉하였다. 그 후 대흠무 때에도 당에서는 내시內侍 단수간段守簡을 발해에 파견하여 대흠무를 좌효위대장군, 발해군왕, 홀한주도독으로 책봉하였다. 홀한주도독부忽汗州都督府를 발해도독부渤海都督府라고도 불렀는데 이 두 가지 이름은 모두 고루 통용되었다. 홀한주忽汗州라고 부른 것은 발해의 서울이 홀한하忽汗河에 연접하고 발해의 핵심지역이 홀한하 유역에 있었기 때문이었다. 홀한하는 오늘날의 목단강牡丹江이다. 목단강과 경박호에 대해서는 사서에 '홀한하,' '홀한해'라고 기재되어 있을 뿐 그 외 다른 명칭으로 기재된 내용은 아직 찾지 못했다. 이로 보아 경박호를 홀한해라고 칭했지만 미타호라고는 칭하지 않은 것 같다.

셋째, 《신당서》 발해전에 "숙신의 옛 땅으로 상경上京을 삼고 용천부龍泉府(오늘날의 흑룡강성 영안현 발해진)라 하였으며 용龍, 호湖, 발渤 3개 주를 다스렸다."라고 하였다. 이로 보아 용천부의 관할 하에 용, 호, 발 세 개 주가 있었음을 알 수 있다. 문헌에는 또 '상경은 홀한해에 임하였다'라고 하였으니 홀한해와 멀리 떨어지지 않은 곳에 상경이 있었다고 짐작할 수 있다. 오랫동안 역사학자와 고고학자들이 노력해 얻은 연구 조사 결과, 오늘날의 영안현 발해진寧安縣渤海鎭이 발해 때의 상경유지라는 것이 판명되었다. 오늘날의 발해진 근처에 경박호(홀한해)가 있고, 목단강(홀한하)이 서남쪽으로부터 상경성을 에워싸고 북쪽을 향해 흐른다. 대다수 학자들은 용주龍州가 상경용천부의 첫 번째 주이고 도성都城과 같은 곳에 있었다고 인정하며, 발주渤州의 소재지는 남성자고성南城子古城이라고 본다. 이 견해는 이미 정설定說로 굳어지다시피 했다. 다만 호주의 소재지에 대해서만 아직까지 정론이 없다. 지금 학계에서 쟁론되고 있는 설로는 성장립자설城墻砬子說, 대석두하고성설大石頭河古城說, 남호두고성설南湖頭古城說 등이 있다. 그 가운데서 남호두고성설이 제일 믿음직하다. 남호두고성은 지리조건이 우월하고 규모가 비교적 크며, 성의 모양과 구조가 다른 고성들에 비해 매우 특이하고, 인접한 앵가령鶯歌嶺유지가 숙신족의 생활거주지였을 것으로 보이기 때문이다. 호주의 소재지는 마땅히 경박호 주변에서 찾아야 한다. 호주湖州의 명칭은 경박호가 있어서 지어진 것이기 때문이다. 남호두고성은 영안현 경박호 남쪽 끝에 위치해 있는데 북쪽으로는 발해 상경유지에서 약 120리 떨어져 있고 영안현성寧安縣城에서는 약 200리 떨어져 있다. 고성의 동쪽, 북쪽, 서쪽 삼면은 경박호만에 임해 있고 남쪽은 지금의 경박호향 대흥촌 호남촌鏡泊湖鄉大興村湖南村과 인접해 있다. 동쪽은 너비가 약 4리 되는 호만湖灣을 사이에 두고 앵가령鶯歌嶺과 마주하고 있다.

　상술한 바와 같이 상경용천부는 숙신고지에 설치되었고, 상경용천부의 산하에 호주가 있었으며, 호주의 소재지는 남호두고성이고, 호주의 관할 하에 홀한해(오늘날의 경박호)가 있었다. 발해 시기 홀한해 주변에 미주

湄州와 타주沱州를 설치한 흔적은 찾아볼 수 없다. 그러므로 경박호를 미타호湄沱湖라고는 할 수 없다. 홀한해의 서남쪽에는 구국舊國이 있었고, 정남에는 중경현덕부中京顯德府가 있었으며, 동쪽에는 중경현덕부의 동북부 지역과 동경용원부東京龍原府가 있었고, 서쪽에는 막힐부鄚頡府와 부여부扶余府가 있었으며, 북쪽에는 상경용천부 산하의 용주, 발주, 그리고 철리부가 있었다.

넷째, 《황조번속여지리서皇朝藩屬輿地理書》에 "당나라 고종 영휘 2년652년 경박호를 '아복호阿卜湖' 또는 '아복음호阿卜蔭湖(중국어로 아부인후)', 후에는 '호이해금乎爾海金(중국어로 후얼하이진)'이라 하였고 당나라 현종玄宗 개원 원년 713년에는 '홀한해忽汗海'라고 하였다. 《동북산천기략東北山川紀略》에는 "당나라 사람들은 발해 왕성은 홀한해에 임하였다."라고 하였다.

이 같은 네 가지 사실로 보아 홀한해가 오늘날의 경박호이며 경박호는 발해 상경용천부 호주의 관할 하에 있었고 미타호라고는 부르지 않았다는 점을 알 수 있다.

발해는
전반통치구역 내에
행정제도로
5경 15부 62주를
설치하였다

구주와 성진

구주

목저주

　목저주木底州란 명칭은 일본의 《속일본기續日本記》 권22에 기재되어 있고 발해사와 관련된 중국과 조선의 역사 문헌에는 기재된 것이 없다. 《속일본기》 권22에 의하면 발해는 대흥 21년천평보자 2년, 건원원년, 758년 가을에 보국대장군겸 장군 행목저주자사輔國大將軍兼將軍行木底州刺史 양승경楊承慶을 대사로, 귀덕장군歸德將軍 양태사楊泰師를 부사로, 풍방례馮方禮를 판관判官으로 하여 총 23명의 사절단을 일본에 파견하였다. 이 기록으로 인해 발해의 행정구역 가운데 '목저주'라는 주州가 있지 않았냐는 의문이 제기되었다.

　발해는 전반통치 구역 내에 행정제도로 5경 15부 62주를 설치하였다. 그 62주 가운데 '목저木底'란 주명州名은 없다. 62주 가운데서 60개 주의 명칭은 문헌에 분명히 기재되어 있으나 나머지 2개 주의 명칭은 기재된 것이 없다. 목저주가 바로 이 누락된 2개 주 가운데의 하나일 가능성도 있다. 그러나 이는 어디까지나 추측에 불과하다.

　고구려 때에 사용되던 목저, 목저주, 목저성木底城 등의 명칭을 고구려가 망하고 발해가 건국된 초기까지도 그대로 이어 쓰다가 후에 고쳤으리라고 보는 견해도 있다. 확실히 고구려 시기에는 '목저'라는 지명이 있었다.

　《삼국사기三國史記》 권18 광개토왕조廣開土王條에 "광개토왕 15년406년 12

월에 연왕燕王 모용희慕容熙는 거란契丹을 습격하여 형북陘北에 이르렀으나, 거란의 무리들이 많음을 두려워하여 돌아가고자 하므로 드디어는 치중輜重을 버리고, 경병으로 고구려를 습격하려고 하였는데, 연군은 3,000여 리나 행군하여 군사와 말들이 추위에 시달려 죽는 자가 길에 깔렸고, 우리 목저성木底城을 공격하였으나 이기지 못하고 돌아갔다."라 하였고 《신당서》 고구려전에는 "647년 3월, 조서를 내려 이적李勣을 요동도행군대총관遼東道行軍大總管으로 하고… 영주도독병營州都督兵을 거느리고 진격하여 남소南蘇와 또 목저木底에 머물렀다."고 하였고, 역시 《신당서》 고구려전에서 "설인귀薛仁貴가 남소성南蘇城, 목저성, 창암성蒼岩城 등 세 성을 함락하였다."87라고 했다. 또 같은 책의 지리지에서 "투항한 고구려 14주 가운데 목저주가 있다."라고 하였다. 이로 보아 남소와 목저는 고구려의 남도南都 연선에 있었음을 알 수 있다. 고구려의 수도 국내성國內城에서 요동으로 나가는 길은 크게 남도南都와 북도北都 두 갈래가 있었다. 남도는 국내성에서 출발하여 마선구麻綫溝, 석묘자石廟子, 화전자花甸子, 패왕조覇王朝 등을 지나고 혼강渾江을 건너 요동으로 나가는 길이다. 이 길은 매우 험요險要하고 산성, 보루, 관마성關馬城 등이 많이 설치되어 있는 중요한 국도國道이다.

근년 고고연구학자들이 발굴조사 연구한 데 의하면 고구려 때의 목저성은 고구려 남도의 연선에 있는 오늘의 요녕성 신빈현 목기향 궤자석산성遼寧城 新賓縣木奇鄕櫃子石山城이다. 그러므로 목저주는 이 일대에 설치되었을 것이다.

현토주

발해는 대흥 22년순인천황 천평보자 3년, 건원 2년, 759년고남신高南申을 대사로 한 제5차 사절단을 파견하여 일본을 방문하도록 하였다. 고남신의 직관職官에 대해《속일본기續日本記》에는 '보국대장군 현토주자사輔國大將軍玄菟州刺史'라고 기재되어 있다. 이 대목으로 미루어 발해 행정구역 내에 현토주玄菟州라는 주州가 설치되어 있었는가 여부가 논의의 대상이 되었다.

《신당서》발해전에 기재된 발해 62주 가운데에는 현토주란 이름이 없다. 그러나《후한서後漢書》동이전東夷傳에 "무제가 조선을 멸하고 옥저땅을 현토군으로 삼았다. 뒤에 이맥夷貊의 침입을 받아 고구려 서북쪽으로 군을 옮겼다."라고 하였고,《독사방여기요讀史方輿紀要》에는 "공손도公孫度가 요동遼東에 웅거하고 요동 동북쪽 2백리에 현토군玄菟郡을 두었는데 아마 옛이름을 따른 것이고 옛 치소治所를 회복한 것은 아니다."라고 하였으며,《주서周書》고구려전高句麗傳에 현토성玄菟城이 있었다고 했고 현토군은 본래 서한 무제西漢武帝 때에 한사군漢四郡을 설치한 가운데 한 개 군郡이며 후에 고구려가 이를 점령하였다고 했다. 김육불 저《발해국지장편》권14 지리고 국경사지조에는 "아마 당나라가 고구려를 멸망시킬 때에 현토라는 이름은 의연히 있었고 발해는 그것을 그대로 따랐을 것이다. 그 뒤 주州, 현縣을 개정할 때 달리 새 이름을 만들었으므로 현토주는 다시 보이지 않을 뿐이다."라고 하였다.

이상의 사실로 보아 현토는 발해가 세워지기 이전 이 지역에 설치되어 사용되었던 것으로 보인다. 고구려가 망하고 발해가 건립된 초기에도 발해는 그 명칭을 그대로 쓰다가 나중에 주, 현을 개정할 때 이름을 바꾸었을 것이다.

현토군의 소재지는 오늘의 요녕성 무순시遼寧城撫順市 노동공원고성勞動公園古城으로 추정한다. 최근 이 유지에서 고구려 시대의 붉은색 큰기와 등 유물이 출토되었다. 이는 이 성이 고구려 시대의 것이고 오랜 세월 동안 계속 사용되었다는 것을 실증한다.

약흘주

발해는 문왕 대흥 2년성무천황 천평 11년 7월, 개원 27년, 739년 7월, 8월 서요덕胥要德을 대사로 한 제2차 사절단을 일본에 파견했다. 서요덕의 직관職官에 대해 일본 역사문헌 《속일본기續日本紀》에는 '약홀주도독若忽州都督'이라고 기재되어 있다.

《신당서》 발해전에 기록되어 있는 발해 62주 가운데 '약홀주若忽州'란 주명州名은 없다. 문왕 대흠무文王大欽茂 때의 여러 주 가운데 하나였는데 뒤에 여러 '주'를 정돈하면서 새 이름으로 고쳐 쓴 것일 가능성이 높다.

약홀주의 지리 위치는 아직 밝혀지지 않았다. 앞으로 더욱 깊은 연구가 필요한 부분이다.

성진

덕리진

김육불은《발해국지장편》권 14 지리고 덕리진조에서 "덕리진德理鎭은 나라의 북쪽 경계에 있었다."고 하였다.

《신당서》지리지에는 "발해의 왕성王城에서 북쪽으로 덕리진을 지나 남흑수말갈南黑水靺鞨까지 1,000리이다."라 했고,《태평환우기太平寰宇記》175에는 "흑수말갈黑水靺鞨의 경계는 남쪽으로 발해의 덕리부德理府에 이른다."라고 하였으며《만주원류고滿洲源流考》에는 "덕림석德林石은 영고탑성寧古塔城 서쪽 90리 되는 곳에 있다."라고 하였다.

이로 보아 첫째, 발해 왕성 상경용천부에서 북쪽으로 1,000리 되는 곳에 남흑수말갈이 있고, 둘째, 발해와 남흑수말갈의 경계는 덕리진이며, 셋째, 덕림석은 영고탑성에서 서쪽으로 90리 되는 곳에 있었다는 사실을 알 수 있다. 그러므로 덕리진의 위치는 위의 지역범위 내에서 찾아야 한다.

흑수말갈은 흑룡강黑龍江 하류와 송화강松花江이 합치는 일대에 있었다. 그중 흑룡강 남쪽에 거주한 말갈족을 남흑수말갈南黑水靺鞨, 북쪽에 거주한 말갈족을 북흑수말갈이라 불렀다. 흑수말갈의 중심지는 오늘의 하바로브스크이다.

오승지의《가담기변주입사이도리고실》에 이르기를 "덕리진은 삼성三姓에 가까울 것이다."라고 하였고《만주역사지리부도滿洲歷史地理附圖》에서는 덕리부를 지금의 의란현依蘭縣(삼성) 부근으로 보았다. 김육불도 이 의견에 동의하였다.88 의란依蘭은 탕원湯原과 통하統河 사이, 송화강松花江과 목단강牡丹江이 합류하는 합수목에 위치해 있다.

회발성

회발성回跋城은 장령부長嶺府에 속한다.

《요사遼史》 강묵기전康默記傳에 "강묵기康默記와 한연휘韓延徽가 장령부를 함락하였다. 군대가 돌아가자 이미 함락한 성읍 중 대부분이 반란을 일으켰다. 강묵기와 아고지阿古只가 그들을 평정하고 회발성을 격파했다."라고 하였고, 《요사》 아고지전阿古只傳에는 "발해를 평정한 뒤 동란국東丹國으로 고쳤다. 얼마 안 되어 이미 항복한 군현이 다시 반란을 일으키고 도적들이 봉기하므로 아고지와 강묵기가 토벌에 나섰다가 압록부鴨綠府로부터 적당을 지원하러 오는 기마병 7,000여와 마주쳤다. 그 기세는 매우 드셌으나 아고지는 휘하의 정예를 거느리고 그들의 예봉을 무찔러 단번에 승리하고 곧 진군하여 회발성을 점령하였다."라고 하였다.

김육불은 《발해국지장편》 권14 지리고에서 "회발성은 오늘의 휘발성輝發城이다. 성 가까이의 강을 휘발강이라고 하며 성은 발해시대 장령부에 속했으며 강묵기가 진군하여 격파하였다."라고 하였고, 《중국역사지도집》 동국지구자료휘편에서는 김육불의 설을 따라 회발성이 오늘의 길림성 휘남현吉林省輝南縣 동북의 휘발성툰輝發城屯에 있다고 보았다. 그러나 《휘남현문물지輝南縣文物志》에서는 "휘발성은 명나라 때의 휘발성이고 회발성은 마땅히 조양진朝陽鎭에서 동북으로 7킬로미터 떨어진 곳에 있는 소성자小城子여야 한다. 이 성은 둘레길이 1,548미터이고 발해, 요, 금 시기의 고성古城이다."라고 주장했다. 이 설說의 근거가 유력하기 때문에 회발성回跋城의 위치는 조양진 소성자朝陽鎭小城子로 보아야 한다.

새로 고증한 주

집주

집주集州는 어느 부府에 속하였는지 똑똑한 것을 알 수 없다. 집주의 관할 하에 봉집奉集이라는 현縣 하나가 있었다는 것은 명확하다. 《요지遼志》의 동경도 집주 회중군하東京道集州懷衆軍下에 "발해가 설치하였다."라고 했다. 관할하는 봉집현奉集縣 아래에도 "발해가 설치하였다."라고 하였다. 이는 '집주'가 발해 시기에 설치한 한 개 주라는 실증이다. 그의 위치와 소재지, 통괄한 부에 대한 것은 똑똑한 기록이 없기 때문에 알 수 없다. 김육불은 "요나라 때 오늘의 심양沈陽 동남쪽의 봉집보奉集堡라는 곳에 옮겼는데 바로 그 지역이다."[89]라고 했는데 이 주장에 대해서는 앞으로 새로운 연구와 고증이 더 필요하다.

녹주

녹주麓州는 발해 시기에 설치한 주이지만 어느 부의 관할 하에 있었는지에 대해서는 확실한 기록이 없다. 녹주는 녹군麓郡, 녹파麓波, 운천雲川 등 3개 현을 관할하였다.

관련 기록으로는 《요지》의 동경도 녹주조東京道麓州條에 "발해가 설치하였다."라고 했다. 또 건주乾州가 관할하는 사농현司農縣 조목 아래에 "본래 발해 녹군현麓郡縣이고 녹파현, 운천현 두 현을 편입하였다."라고 하였다.

이상의 사실로 보아 녹주는 발해 때에 설치한 한 개 주인 것만은 틀림없으나 그가 소속된 부와 위치를 똑똑히 알 수 없다.

　《신당서》발해전에 의하면 발해에는 62개 주가 있다고 하였다. 그러나 자세히 살펴보면 60개 주만 기록되어 있고 2개 주가 모자란다. 녹주와 집주 2개 주를 합하면 바로 62개 주가 된다. 이는 신당서 기재와 서로 완전히 부합된다. 그러므로 녹주와 집주는 《신당서》에서 누락된 2개 주가 아닌가 생각된다.

발해 시기의 요동지역

발해의 세력이 요동지역遼東地域에까지 뻗쳤는가, 뻗치지 않았는가? 요동은 발해의 강역범위 내에 속했는가, 속하지 않았는가? 이 문제에 대해서는 국내외 사학계의 의견이 분분하여 아직 깊이 연구하지 못한 형편이다. 그러므로 발해 시기의 요동문제를 밝히는 것은 발해사渤海史를 정확하게 이해하는 데 자못 중대한 의의가 있다. 발해 시기의 요동문제를 다루는 많은 연구논문 중 절대다수가 《신당서新唐書》와 가담賈耽이 쓴 《도리기道里記》의 기재에 의거하여 5경 15부 62주가 바로 발해의 강역범위라고만 인정하고 요동문제에 대해서는 언급하지 않고 있다. 필자는 이 문제에 대해 줄곧 의구심을 느껴왔기에, 문헌 기재와 당시의 정황에 근거하여 발해 시기의 요동지역에 대해 서술해보고자 한다. 학계 여러분들의 사심 없는 지적이 있기를 바란다.

요동지역에 대한 연구정황

지금까지 학계에서 발해 시기 요동의 소속문제에 대해 언급한 내용을 정리해 보면 대체로 다음 세 가지 관점으로 간추릴 수 있다.

첫째, 발해 서남쪽 경계는 압록강의 박작구泊汋口 및 장령부長嶺府의 남쪽 경계에서 당왕조唐王朝와 국경을 맞대고 있었다고 보는 견해이다. 지금까지 사학계에서 이와 다른 견해가 제기된 적이 거의 없고 절대다수의 사학자들의 찬성을 얻어 정설定說처럼 굳어진 설이다.

왕승례王承禮는 자기의 저서《발해간사渤海簡史》에서 "…서남쪽으로는 압록강의 박작구 및 장령부의 남쪽 경계에서 당왕조와 국경을 맞대고 있었다. 당나라의 지리학자 가담賈耽이 지은《변주입사이도리기》에는 "등주(오늘의 산동성 봉래)에서… 압록강 어귀로부터 100리를 배를 타고 가다가 다시 작은 배로 거슬러서 동북쪽으로 30리 가면 박작구에 이르는데 이곳부터 발해의 영역이 된다.(登州…自鴨綠江口舟行百余里, 乃小舫泝流東北三十里至泊汋口, 得渤海之境)"90라고 기록되어 있다. 박작구는 대포석하大蒲石河 입구로서 압록강으로 흘러들어가는 곳이다. 또 가담은 '안동도호부安東都護府로부터 동북쪽으로 옛날의 개모성蓋牟城, 신성新城(현재의 요녕성 무순시)을 지나고 또 발해의 장령부長嶺府를 지나서…(自都護府東北經古蓋牟新城, 又經渤海長嶺府…)'라고 하였다. 장령부는 해룡현海龍縣의 분수령에 해당되는 곳이다. 그렇다면 발해의 서남쪽은 대체로 현재의 관전寬甸, 신빈新賓, 청원淸源을 잇는 선으로 하여 당왕조와 경계를 삼았다고 할 수 있다. …서쪽은 거란과 경계를 이루고 있었다. 그 경계선은 대체로 현재의 창도昌圖, 이수梨樹, 농안農安(발해 시기의 부여), 건안乾安을 잇는 선이다."91라고 하였다.

이전복李殿福과 손옥량孫玉良은 저서 《발해국渤海國》에서 "발해국 서쪽 변계의 북쪽 구간은 실위室韋와 접하였고 남쪽 구간은 요하를 넘어 거란契丹의 송막도호부松漠都護府와 서로 경계를 이루고 있었다. 최근년래 고고학 사업 일군들은 부여현扶余縣 현성 북쪽에 위치한 백도白都 옛터 내에서 발해 시기의 연꽃무늬막새기와, 불상佛像, 깨어진 불상 장식품 등 유물을 발굴하였는데 이는 발해가 이 지대에 사원寺院을 지었다는 것을 설명하는 동시에 발대국 부여부의 위치를 비교적 구체적으로 알 수 있게 되었다."라고 하였다.92 두 사람에 따르면 발해국 서쪽 경계의 남쪽 구간은 요하遼河를 넘어 거란의 송막도호부와 서로 경계를 이루고 있었다고 하는데, 그것이 요하 상류의 동요하東遼河를 넘었다는 뜻인지, 아니면 서요하西遼河를 넘었다는 뜻인지, 요하 중루 일대를 넘어서 거란의 송막도호부와 서로 접하였다는 뜻인지는 분명히 알기 어렵다. 어쨌든 이전복과 손옥량은 '서쪽의 경계선은 대체로 현재의 창도, 이수, 농안, 건안을 잇는 선'이라고 보았던 왕승례의 견해보다 발해국의 서쪽 경계선을 요서遼西 쪽으로 좀 더 연장시켜 생각했다는 사실을 알 수 있다.

첫 번째 관점을 주장하는 학자들의 주요한 논거는 《신당서》와 《도리기》의 관련 기록이다. 《신당서》와 《도리기》에 의하면 발해의 전 영역과 지방행정기구는 5경 15부 62주로 되어 있다. 그 밖에 더 넓은 지역이 발해국 영역 내에 포함되어 있었는지 여부에 대해서는 언급하지 않았다. 그러므로 첫 번째 관점을 주장하는 학자들은 《신당서》와 《도리기》에 기재된 내용에만 의거하고 5경 15부 62주 외 흑수말갈黑水靺鞨지역과 요동지역에 대해서는 주의를 기울이지 못한 것 같다.

둘째, 발해국의 서남 경계는 지금의 요하遼河 하류였다고 보는 견해이다. 이 관점이 처음으로 제기된 것은 1979년 조선민주주의인민공화국 과학, 백과사전출판사에서 출판한 《조선전사朝鮮全史》 권5이다.93 그 후 1992년 채태형은 '요동반도遼東半島는 발해국의 영토'라는 문장94을 통해 보여주듯 요하 하류와 요동반도까지도 발해의 영역범위에 포함시켜 연구하였다.

셋째 견해는 발해국의 영역은 요동지구遼東地區에까지 미쳤다고 보는 견해로 위국충魏國忠이 처음 제기하였다. 중국 학자들 가운데서 발해국의 영역이 요동지역에까지 미쳤다고 주장하는 학자는 그가 유일하다.

이상에서 살펴보았듯이, 발해 시기 요동지구의 귀속문제에 대해서는 사학계에 서로 엄청나게 다른 의견이 여럿 존재한다는 사실을 알 수 있다. 그러므로 발해 요동지구의 귀속문제를 깊이 연구하고 고증하는 것은 발해의 영역 범위를 정확히 밝히고 발해사의 전반을 연구하는 데 절실히 필요할 뿐 아니라 매우 의의가 큰 작업이다.

안동도호부의 천이와 철수

668년 당나라는 신라新羅와 연합하여 고구려를 멸망시키고 고구려 지역 내에 9개의 도독부都督府, 42개의 주州, 100개의 현縣을 설치하였다. 평양에는 안동도호부安東都護府를 설치하고, 고구려 침략 당시 우두머리의 한 사람이었던 좌무위장군左武衛將軍 설인귀薛仁貴를 안동도호安東都護(안동도호부의 장관)로 위임하여95 2만의 군대를 거느리고 고구려의 영역을 통치하도록 하였다. 안동도호부 관할 하에는 9개의 도독부가 있고 도독부 산하에는 42개 주가 있었으며 주州 아래에 100개의 현縣이 있었다. 따라서 안동도독부는 당나라가 고구려 전 지역을 통치하는 침략통치의 최고기관인 동시에 통치중심의 역할을 했다. 각 지방의 도독부에는 그의 장관으로 도독都督, 주에는 자사刺史, 현에는 현령縣令을 두었는데 이 자리에는 당에 투항한 추거酋渠들을 앉히고 거기에 당나라 관리들을 끼워서 통치하려고 기도하였다.96 안동도호부는 당시의 행정관리체제로 본다면 처음에는 하북도河北道에 속하였으나 개원開元 후기에 이르러서는 영주營州의 평로절도사平盧節度使에 속하였다.

당나라 통치자들은 고구려 지역에 기미정책羈縻政策을 실시하는 한편 고구려 유민과 말갈유민들을 저들의 나라로 강제 이주시켰다. 《구당서》의 기재에 의하면 669년 5월 당나라 통치자들은 고구려 유민 38,000여 호를 강회(장강과 회하) 이남 지방과 산남(지금의 호북, 섬서, 사천 지방), 병주(지금의 태원 지방), 양주(지금의 감숙성 지방) 등지로 옮겼다.

고구려 영토 강점, 기미정책, 강제이주정책 등 고구려 유민에 대한 혹독한 통치는 고구려 유민들에게 막대한 재난을 불러왔다. 착취와 압박이 심하면 자연히 반항이 일어나게 마련이다. 결국 고구려 유민들은 당나라의 통치에 반대해 궐기하였다. 여러 곳에서 싸움이 벌어졌지만 그중에서도 671년의 안시성(지금의 요녕성 해성), 672년의 백빙성(지금의 예성강구 부근), 673년의 호로하(지금의 임진강) 등지에서 진행된 전투들이 특히 그 규모가 크다. 쌍방 모두 사상자를 많이 낸 전투들이었다. 고구려 유민들의 반당 투쟁은 날이 갈수록 거세어졌다. 당나라 통치자들은 고구려 유민들의 계속되는 강력한 투쟁에 심대한 타격을 받았다. 안동도호부安東都護府가 요동 쪽으로 옮겼다가 훗날 완전히 철소하게 된 주된 원인도 거센 반당 투쟁에 있었다.

고구려가 망한 후 당나라와 신라 사이에는 모순이 생겼다. 신라는 고구려 유민들의 반침략 투쟁을 지지하여 함께 반당 투쟁을 펼쳤다. 670년 3월에 각각 1만 명의 정예병으로 편성된 신라군과 고구려군은 압록강을 건너가서 개돈양皆敦壤에서 당군을 크게 격파하였다.[97]

668년 12월에 설치되었던 안동도호부는 이렇듯 반당 투쟁의 기세가 드높은 상황에서 평양에 오래 남아 있을 수 없어 요동遼東 쪽으로 천이하였다. 《통전通典》 권180 안동부조安東府條에 의하면 "상원 2년에 요동고성으로 옮겼다가 의봉 2년에 또 신성으로 옮겼다. 성력 원년에 다시 안동도독부라고 하였고 신룡 원년에는 옛이름을 회복하였다. 개원 2년에 평주에 옮겼다가 천보 2년에는 또 요서고군성으로 옮겼다.(上元二年675년

徒遼東故城, 儀鳳二年677년 又徒新城, 聖歷元年698년 更名安東都督府, 神龍元年705년 復故名, 開元二年714년 徒于平州. 天寶二年743년 又徒于遼西故郡城)"라고 하였다. 요동고성은 지금의 요녕성 요양시遼寧城 遼陽市이고 신성은 지금의 무순撫順이며 평주는 지금의 노성盧城(요서지방) 이고 요서고군성은 지금의 의현義縣 동남, 즉 대릉하大淩河 우안이다.

《구당서》와 《신당서》의 지리지에는 평양에 설치하였던 안동도호부가 "상원 3년676년에 평양에서 요동군고성으로, 677년에 신성新城으로 옮겼고 714년에 평주로, 743년에 요서고군성으로 옮겨졌다."고 하였다. 이렇듯《통전》,《구당서》,《신당서》에 기재된 내용이 대체로 일치한다. 다만 안동도호부가 평양에서 요동으로 옮긴 연대는 차이를 보이는데 이 책에서는 《구당서》와 《신당서》 지리지에 기재된 상원 3년676년을 기준으로 삼았다.

《통전》에 의하면 "의봉 2년677년에 안동도호부는 다시 신성新城으로 옮겼다.(儀鳳二年又徒新城)"라고 했다. 이 말은 의봉 2년에 '재차' 신성으로 전이했다는 뜻이다. 그러므로 안동도호부는 평양에서 처음에 요동고성으로 전이한 것이 아니라 우선 신성新城에 옮겼다가 676년에 요동고성으로 옮기고, 그 다음 해인 677년에 다시 신성으로 옮긴 것이 아닌가 생각된다. 그러나 언제 평양에서 신성으로 옮겼는가? 여기에 대해서는 문헌자료가 없기 때문에 결론을 내리기 어렵다.

당나라 통치자들은 고구려 유민들의 거세고 드높은 투쟁의지를 마비시켜 통제함으로써 자신들의 통치를 유지하고 공고히 하고자 새로운 계책을 꾸몄다. 당은 677년 장안長安(지금의 서안)으로 끌려갔던 고구려 마지막 왕 보장왕을 다시 요동으로 데려와 '요동주도독 조선왕'이라는 괴뢰정권을 세우고 그를 이용하여 고구려 유민들의 반당투쟁 정서를 약화시키고자 하였다. 동시에, 앞서 당나라 각 지방으로 강제 이주시켰던 고구려 유민들의 대다수를 요동지방으로 돌려보내어 '조선왕'의 통치 밑에 생활하게 하였다. 그러나 고구려 유민들은 이 기만정책에 속지 않았다. 보장왕 역시 당나라에 반대하는 기미를 보였다. 일이 뜻대로 되지 않자 당은 681년 보장왕에게 말갈靺鞨과 내통하여 반란을 꾀하였다는 죄명을 씌워 다시 당으로 끌고 가는 한편, 요동으로 돌려보냈던 고구려 사람들의 적지 않은 수를 재차 서쪽으로 강제 이주시켰다. 그 후 당조 통치자들은 686년에 보장왕의 손자 고보원을 '조선군왕'으로 만들어 요동으로 돌려보내려 했고 698년에는 다시 그를 승격시켜 '충성국왕'으로 명칭을 고치는 등 여러 가지 기만정책을 시도했다. 699년에는 이전 보장왕의 아들 고덕무에게 '안동도독'이라는 벼슬을 주었다. 안동도독 고덕무의 그 후의 정황에 대해서는 잘 알려져 있지 않다. 이렇듯 다양한 기만정책은 모두 실패로 끝났다. 수그러들지 않는 반당 투쟁 앞에서 안동도호부도 유명무실해져 결국은 완전히 철소되었다.

695년 5월에는 영주營州(오늘의 요녕성 조양시)에서 당의 통치에 반대하는 각족 백성들의 봉기가 일어났다. 당나라 통치자들은 고구려를 멸망시킨 후 수많은 고구려 유민과 말갈인을 영주에 강제 이주시켰다. 그리하여 당시 영주에는 한인漢人 외에도 거란인契丹人, 해인奚人, 고구려인, 말갈인靺鞨人,

돌궐인突厥人 등이 거주하고 있었다. 당 왕조는 영주에 영주도독부營州都督府를 설치하고 그 산하에 30여 개의 주州와 부府를 두어 여러 민족을 관할하고 통치하였다. 영주는 그때 당나라가 동북지구東北地區에 있는 여러 민족을 통치하는 정치, 군사 중심지로 큰 역할을 하고 있었다. 영주의 여러 민족에 대한 당 왕조의 가혹한 착취와 압박은 계급 모순과 민족 모순을 더욱 격화시켰다. 그 결과 영주에 있던 거란인, 해인, 고구려인, 말갈인들이 봉기하여 당나라의 통치에 반대해 싸우게 되었다. 봉기는 먼저 거란인들의 투쟁으로부터 시작되었다. 거란인 추장 이진충李盡忠과 손만영孫萬英은 여러 민족을 연합해 영주를 점령하고 영주도독 조문홰趙文翽를 죽였다. 봉기군은 한때 남하해 영주瀛州까지 쳐들어갈 만큼 기세가 드높았지만 결국은 당군에 진압당하고 말았다.

영주營州 일대에 강제이주당해 당의 가혹한 착취와 압박에 시달리던 고구려 유민과 말갈인들도 거란인들과 함께 당나라의 통치에 반대하는 투쟁을 일으켰다. 걸걸중상乞乞仲像과 걸사비우乞四比羽의 지휘 하에 고구려 유민과 말갈인들은 몇 달 사이에 영주의 동쪽과 동남쪽의 여러 성들을 점령해 당나라의 통치에 큰 타격을 주었다. 이와 동시에, 각지의 고구려 유민들을 널리 집결하여 요하遼河를 건너 동으로 진격하였다. 걸걸중상과 걸사비우가 죽은 후, 봉기군은 대조영大祚榮의 지휘 하에 천문령天門嶺에서 이해고李楷固가 거느리는 당나라 추격군을 물리치고 태백산太白山 동쪽 목단강牡丹江 상류에 있는 동모산東牟山에 이르러 진국震國을 건립하였다. 이 해가 곧 발해국이 건립된 해인 698년이며 진국이 곧 발해국의 시초다.

봉기군이 영주營州를 점령하고 영주瀛州까지 남하하였기 때문에 당나라와 동북지역을 연결하는 주요한 교통로였던 요서주랑遼西走廊은 거란인들에 의해 차단되었다. 그 결과 당나라는 동북지역 여러 민족에 대한 통치와 공제능력을 상실하게 되었다.

고구려 유민과 말갈인들의 봉기와 발해국의 건립은 당나라의 동북 지구 통치에 심대한 타격을 주었을 뿐만 아니라 당나라가 동북지구에 대한 공제능력을 완전히 상실하는 중요한 조건이 되었다.

이러한 상황에서 신공 원년神功元年, 697년 당나라 재상 적인걸狄仁杰은 황제에게 상소하여 '요동을 버리고 요서를 튼튼히 하자'고 하였고 성력원년聖歷元年, 698년에는 안동도호부安東都護府를 안동도독부安東都督府로 고치는 등 통치를 회복하려는 노력이 나타나게 되었다.

그 후 당나라는 돌궐, 해군奚軍과 연합하여 거란인들의 봉기를 진압하고 요서 일대에 대한 통치와 공제권을 잠시나마 회복하였다. 그러나 그들의 통치세력은 날로 쇠약해져갔고 각 민족들의 반항과 투쟁도 수그러들 기미 없이 계속 진행되었다. 그 결과 안동도호부는 점점 더 뒤쪽으로 물러나게 되었다. 중종 신룡 원년中宗神龍元年, 705년 2월 4일에는 안동도독부를 다시 안동도호부安東都護府로 개칭하였고 개원 2년開元二年, 714년에는 안동도호부를 평주平州(요서의 평주)로 옮겼으며 천보 2년天寶二年, 743년에는 요서 고군성遼西故郡城(지금의 의현동남, 대릉하 우안)으로 옮겼다.[98]

안동도호부가 비록 이 시기에 요서 쪽으로 이동하기는 하였으나 아직은 당나라가 의연히 요서, 요동에 대한 통치권과 공제권을 갖고 있었다.

가담賈耽이 쓴 《도리기道里記》에 "안동부에서 700리를 가면 압록강변의 박작구성泊汋口城에 이른다. …압록강 어귀에서 배로 100여 리를 간 후 작은 배로 거슬러 동북쪽으로 30리 가면 박작구(지금의 요녕성 단동시 부근의 포석하 어귀)에 이르는데 여기서부터 발해의 경계이다."라고 하였는데 여기가 바로 이 시기 발해와 안동도호부와의 경계인 것 같다.

안사의 난安史之亂은 발해가 요동지구로 세력을 확대할 절호의 기회였다. 당 현종 말기에는 중앙정부가 약화되고 지방 절도사節度使의 할거세력이 더욱 강대해졌다. 지금의 하북성, 산서성, 요녕성 일대를 두루 다스리던 안녹산安祿山과 평로병마사平盧兵馬使 사사명史思明은 내지에 병력이 텅 비고 정치가 몹시 혼란해진 기회를 타서 당조의 천하를 탈취하려 하였다.

안록산과 사사명은 755년에 '간사한 재상 양국충의 목을 벤다'는 명분을 내세워 범양范陽에서 반란을 일으켰다. 763년에 당군이 사조의를 추격하고, 대패한 사조의가 자살하면서 난은 종지부를 찍었다. 8년 동안 지속된 이 전쟁을 역사에서 안사의 난安史之亂이라고 한다.

그렇지 않아도 정치가 몹시 혼란하던 당 왕조는 '안사의 난'으로 인해 통치가 더욱 쇠약해져 하북河北, 하남河南, 산동山東 등지에 대한 공제능력을 상실하였을 뿐만 아니라 요서, 요동에 대한 공제능력도 완전히 상실하였다.

'안사의 난' 기간에 요서, 요동이 반란군의 수중에 들어가지는 않았다. 그러나 형세는 이미 다 기울어진 상태였다. 숙종 이형 상원 2년肅宗李亨上元二年, 761년 영주가 거란인들에게 점령당하자 평로절도사는 청주靑州

로 천이하였다.99 그의 산하에는 치淄, 청靑, 등登, 래萊 등 4개 주州가 있었다.100 이리하여 안동도호부는 요동, 요서 지방에서 완전히 철소되었고 요동, 요서 지방에 대한 당나라의 통치도 완전히 폐지되었다. 그러므로 건원 원년乾元元年, 758년 2월 안동부대도독安東副大都督 왕현지王玄志를 영주자사營州刺史, 충평절도사充平節度使로 승급시킨101 사실은 기재되어 있으나 다시 안동부安東府에 장관을 임명했다는 내용은 문헌에서 찾아볼 수 없다. 평로절도가 청주靑州로 남천한 것을 마지막으로 안동도호부의 존재는 역사에서 사라졌다. 《통전》에는 "지덕至德 후에 폐지되었다."고 하였고 《구당서》 지리지에는 "고종 때에 고구려, 백제를 평정하니 요해는 모두 주로 되었으나 후에 반란하였으므로 봉토 내에 들지 않았다.(高宗時, 平高麗, 百濟, 遼海已皆爲州, 俄至夏叛, 不入捉封)'라 하였으며 정원 말년貞元末年 재상 두우杜佑는 "안동부가 곧 한의 요동군이며 한나라의 현토, 낙랑 두 군은 요동군의 동쪽에 있었는데 지금은 다 동이의 땅으로 되었다.(安東府則漢遼東郡也, 其漢之玄菟, 樂浪二郡地在遼東郡之東, 今悉爲東夷之地矣)"102라고 하였는데 이는 안동도호부가 철소되었다는 증거이다.

간추려 말하면 고구려 유민들의 강력한 반당투쟁에 의해 안동도호부는 평양으로부터 요동, 요서로 철거했고, 영주의 봉기와 거란인, 해인, 돌궐인, 말갈인, 고구려인들의 계속되는 반당투쟁으로 발해국이 건립되었으며, 당 왕조의 정치적 혼란과 쇠퇴, 안사의 난과 번진할거세력의 대두 등 여러 가지 원인에 의해 안동도호부는 지덕至德 후에 완전히 철소되었다.

요동지역에로의 발해세력의 확장

요동지역이 발해의 세력범위였다는 것은 의심할 바 없다. 그의 주요한 근거는 다음과 같다.

첫째, 역사문헌사료가 이를 증명한다.

당나라 덕종 정원 17년唐德宗貞元十七年, 즉 발해 대숭린 정력 8년渤海康王 大嵩璘正歷八年, 808년 두우杜佑에 의해 이루어진《통전通典》에 당시의 동북지구에 대해 "다 동이의 땅으로 되었다."라고 하였다. 그가 말한 '동이東夷'란 어느 쪽을 가리키는가?《통전》권186 고구려조에 "고려高句麗 남은 무리들이 스스로 보존하지 못하고 뿔뿔이 흩어져 신라와 말갈에 투항하니 옛 국토는 다 말갈에 귀속되었다."라고 하였다. 이로 보아《통전》에서는 말갈을 '동이' 가운데 넣었다는 것을 알 수 있다. 말갈은 당시 발해를 크게 이르는 명칭이기도 했다. 그러므로 "다 동이의 땅으로 되었다.", "옛 국토는 다 말갈에 귀속되었다."고 한 문장의 본뜻은 발해의 영토가 되었다는 뜻이다.《통전》에서는 거란인, 해인, 실위인 등을 모두 '북적北狄'의 범주에 넣어 취급하였다. 따라서 요동지역을 거란, 해, 실위의 세력범위였다고 볼 수는 없다.

《구5대사》거란전에는 "아보기阿保機는 그 무리를 거느리고 발해의 요동을 토벌하였다."라고 했다.《거란국지契丹國志》권10에는 "동경東京(요양—인용자)은 곧 발해의 옛땅이다. 아보기로부터 20여 년간 힘써 싸워서야 비로소 얻고 동경으로 하였다."라고 했고,《요사》천조기 권2에는 "동경은 옛 발해의 땅이다. 태조太祖는 20여 년간 힘써 싸워 이를 얻었다."라고 하였다. 《요동행부지遼東行部志》에는 "당나라는 먼 곳에서 지배할 만한 힘이 없어서 요동의 땅은 발해 대씨大氏의 소유로 되었다. 나라를 전수하기 시작하여 10여 세대에 이르렀다. 5대시기에 이르러 거란은 발해와 몇 십 년을 혈전한 끝에 마침내 그 나라를 멸망시켰다. 이에 요동의 땅은 다 요遼에 들어갔다."고 하였다. 《요사》 지리지 권2 동경도 요양부조에는 "당 고종이 고려高句麗를 평정하고 여기에 안동도호부를 두었는데 후에 발해 대씨의 소유로 되었다. …태조太祖(아보기—인용자)가 나라를 세우고 발해를 쳤다. …신책 4년神冊四年 요양옛성을 점령하고 발해와 한호漢戶로서 동평군東平郡을 세웠다."라고 하였다. 《금사》 지리지 상에는 "요양부遼陽府는 … 본래 발해 요양옛성이다. 요나라는 이를 점령하고 군의 이름을 동평東平이라고 하였다."라고 하였다. 《자치통감資治通鑒》 권273, 후당 동광 2년后唐同光二年, 924년 7월 경신조에 "이때 동북의 제이諸夷들은 다 거란에 복속하였으나 오직 발해만은 복속하지 않았다. …이에 먼저 군대를 일으켜 발해의 요동을 공격하였다."라고 하였다.

이상의 문헌자료는 요동이 발해의 영토였다는 것과 요가 발해의 수중에서 요동을 빼앗았다는 것을 증명한다.

이밖에도 역사기록들에는 요동을 발해의 영토라고 한 기사들이 적지 않게 나온다. 《발해국지장편渤海國志長編》 권18, 문정文徵 《중대성에서 일본 태정관에 보내는 편지(中臺省致日本太政官牒)》에는 "해 돋는 지역은 동으로 멀고 요양 서쪽은 막히었으며 양국은 만여 리나 상거하였다.(日

域東遙, 遼陽西阻, 兩邦相去萬里有余)"라고 하였다. 이는 발해인 자체가 자기들이 요양지대를 차지하고 있었다는 것을 똑똑히 명기한 것이다. 일본 태정관太政官이 발해 중대성中臺省에 보내는 편지에도《중대성에서 일본 태정관에 보내는 편지》내에 있는 내용과 꼭 같은 어구로 "해 돋는 지역은 동으로 멀고 요양 서쪽은 막히었으며 양국은 만여 리나 상거하였다.(日域東遙, 遼陽西阻 兩邦相去萬里有余)"라고 기재했다. 이는 당시 일본 태정관도 요동이 발해 영토임을 승인했다는 것을 설명한다. 일본 인명천황仁明天皇이 발해왕 대이진에게 드리는 서함에는 "…貢篚相尋, 想遼陽而如近"103라고 하였다.

이상의 문헌자료에 의하면 요동은 당시 발해의 영역이었음이 틀림없다는 것을 알 수 있다.

둘째, 당시 요동지역 주변의 정치세력으로 보아 요동지역이 발해의 세력범위였음을 알 수 있다. 당시 요동지역 주변에 있었던 정치세력으로는 당나라, 발해, 거란, 실위, 해, 신라 등이 있었다. 그 가운데서 발해국이 제일 강대하여 압록부鴨綠府, 장령부長嶺府, 부여부扶余府 등 세 개 부의 서남 변계에서 안동도호부와 서로 접하였다.

당나라는 그때 정치가 몹시 혼란한 데다 안사의 난을 비롯한 봉건할거 세력의 난으로 하여 국력이 크게 쇠약해졌기에 동북지구東北地區에 제대로 관심을 기울일 겨를이 없었다. 요서遼西의 서남쪽은 당나라의 유주幽州와 서로 접하고 있었다. 그러나 유주도 안사의 난으로 인한 피해가 극심했기 때문에 요서와 요동을 통제할 능력이 없었다.

거란, 해, 실위는 요동의 서쪽과 서북쪽에 위치해 있었다. 실위室韋는 여러 개의 부로 나뉘어져 아직 통일되지 못한 상태였기 때문에 비록 용맹스럽고 잘 싸운다고 해도 강대한 힘을 발휘할 수 없었다.104 그러므로 실위가 요동지구를 차지했을 가능성은 매우 적다. 거란契丹은 영주의 난 때 당의 탄압을 받았고 안사의 난 때 8년이나 지속된 전란의 피해가 컸기 때문에 세력범위를 확장할 힘이 없었다. 해奚는 전란으로 인한 혼란을 틈타 한때 요서 일대에 들어오기는 하였으나 본래 지닌 역량이 약한데다가 유주와 거란 어간에서 유주와 거란의 견제를 받았기 때문에 요동에서 정립鼎立할 만한 세력으로까지는 발전할 수 없었다.

그렇다면 발해와 힘을 겨룰 만한 세력은 오직 신라新羅만이 남는다. 그러나 신라도 패수浿水(오늘의 대동강)와 니하泥河(오늘의 용흥강)를 일선으로 하여 발해와 접하고 이 일선 남쪽에 중병을 배치하여 발해의 남진을 방어하기 바쁘다 보니 패수를 넘어 발해세력을 물리치고 청천강淸川江, 압록강을 지나 요동을 점령할 겨를과 힘이 없었다.

발해는 698년에 건립된 후 고왕 대조영689~720년과 무왕 대무예720~738년 시기에 무력으로 영토를 크게 넓혔고, 문왕 대흠무738~794년 시기에는 문치정책을 실시하여 나라를 더욱 부강케 하는 한편 국력을 강화하여 지역을 더욱 넓힌 결과 동북지구에서 유일한 최강대국이 되었다. 안동도호부가 점점 서쪽으로 천이하다가 당 숙종 이형 지덕唐肅宗李亨至德, 756~758년 후에 철소되고 당나라가 동북지구를 통제할 힘을 상실하자 발해는 이 때를 놓치지 않고 요동지구 내에서 거란, 해와 박투를 벌여 이들을 물리치고 요동지구를 독점하였을 것이다.

그러나 발해 말기에 이르면 발해는 요나라와의 20여 년간의 치열한 싸움 끝에 요동지구를 요나라에 빼앗기고 말았다. 다시 말해 발해가 후기에 이르러 요동지역을 상실한 것은 거란의 오래 되고 격렬한 대립투쟁의 결과라고 볼 수 있다.

《요사》권28 천조제기 2 천명 6년조에 "동경(요양)은 옛 발해땅인데 태조가 20여 년을 힘들여 싸운 결과 그곳을 차지하였다."라고 하였다.《거란국지》권10에도 같은 내용의 기록이 보인다. 요나라가 발해를 멸망시킨 것이 926년이니 20여 년 전은 900년 좌우이다. 그러므로 900년 좌우로부터 926년까지의 20여 년 동안 발해와 거란 사이에는 요동지역을 서로 쟁탈하려는 싸움이 치열하게 벌어졌다는 사실을 알 수 있다.《요사》태조기에 의하면 태조太祖(아보기)가 가한可汗이 된 것은 906년이었다. 그러나 그는 가한이 되기 전인 903년과 906년에 각각 동쪽과 동북쪽을 향해 정복전쟁을 일으켰고 926년에는 발해에 맞서 대규모의 전쟁을 일으키면서 '발해와는 대대로 원수지간'이라고 하였다. 이는 발해와 거란 사이에 오랫동안 격렬한 싸움이 벌어졌다는 사실을 반영한다.

《요사》태조기 상上에는 아보기阿保机가 즉위한 지 3년이 되는 해, 즉 909년에 "봄 정월에 요동에 갔다."는 기록이 있다. 여기에서 말한 '요동'이 요양遼陽을 가리키는지는 잘 알 수 없으나 요동의 어느 한 지점을 가리킨다는 점만은 의심할 수 없다.

《거란국지契丹國志》권1 천찬 3년天贊三年, 924년에는 태조가 발해의 요동을 치다가 실패하였다는 기록이 있다. 이는 발해와 요나라 사이에 요동지역을 빼앗기 위한 싸움이 격렬했다는 사실을 반영한다.

《요사》태조기 신책 4년神冊四年, 919년에는 "요양 옛성을 수축하고 발해 백성들을 채웠으며 동평군으로 개편하고 방어사를 두었다."는 기록이 남아 있다. 기록 내용으로 보아 이때 요양옛성이 요나라의 수중에 들어갔음을 짐작할 수 있다.

발해도 반격전을 발동하여 이미 빼앗겼던 지역을 다시 탈환하려고 애썼다. 924년 여름 5월 발해는 출병하여 요주遼州를 탈환하여 자사刺史 장수실張秀實을 죽이고 그 백성을 빼앗았다.

이와 같이《요사》의 자료를 종합해 보면 동경은 옛 발해땅이며, 요나라는 발해와 20여 년간의 치열한 싸움을 거친 연후에 비로소 이 지역을 차지하였다는 사실을 알 수 있다.

요동지역에 대한 발해의 관리 문제

발해가 요동지역을 어떻게 관리管理했느냐의 문제는 역사문헌에 남은 기록이 없고 관련 고고학 자료도 없어서 해명하기 매우 어렵다. 그렇기 때문에 사학계에서 발해사를 오랫동안 연구해왔음에도 불구하고 이 문제와 관련한 논문을 써서 밝혀낸 것이 거의 없는 형편이다. 이 책에서는 부족하나마 지금까지 전해온 역사문헌 자료 가운데서 그 관련 내용을 찾아보려고 한다.

《신당서》 발해전에 발해의 행정제도를 서술할 때 경내에 "5경 15부 62주가 있었다."라고 하였다. 5경 15부 62주에는 흑수말갈지역과 요동지역이 포괄되지 않았다. 발해가 흑수말갈을 어떻게 관리했느냐는 문제는 금후 따로 해명하기로 하고, 여기서는 요동지역에 대한 관리 문제만 서술해보겠다.

《요사》 태조기 하下 신책 6년 神冊六年, 921年 12월조에는 "유주 백성들을 동평東平(요양)과 심주沈州(오늘의 심양)에 옮겼다."라고 하였고《요사》 태조기 하 신책4년919年조에는 "요양 옛성을 수축하고 한민漢民과 발해호渤海戶를 채웠으며 동평군으로 개편하고 방어사를 두었다."라고 하였다.

《요사》 지리지 권2에는 "요양현… 한나라 때에 패수현浿水縣이었는데 고구려 때 구려현句麗縣으로 고쳤고 발해 때에 상락현常樂縣으로 하였다. …선향현仙鄕縣은 본래 한나라 때 요대현遼隊縣이었는데 발해 때 영풍현永豊縣으로 되었다. …학야현鶴野縣은 본래 한나라 때의 거취현居就縣 땅이었는데 발해 때에 계산현鷄山縣으로 하였다. 석목현析木縣은 본래 한나라 때에 망평현望平縣 땅이었는데 발해가 화산현花山縣으로 하였다. …홍료현興遼縣은 본래 한나라 때 평료현平遼縣 지역이었는데 발해 때에 장녕현長寧縣으로 고쳤다."라고 하였다.

《요사》 지리지에는 또 다음과 같은 대목이 있다. "진주辰州… 본래 고구려 때의 개모성蓋牟城이었는데 당태종唐太宗이 이세발李世㔩에게 명령하여 개모성을 점령하였다. 발해 때에 개주開州로 고쳤다가 후에 또 진주辰州로 개칭하였다. …암주岩州는… 본래 발해 때의 백암성白岩城이다.", "함주咸州는… 본래 고구려 때 동산현銅山縣 지역이었는데 발해가 이곳에 동산군銅山郡을 설치하였다. 지역은 한나라 때의 후성현候城縣 북쪽이다."

이상의 사료로 보아 발해는 요동지역을 점령한 다음 그 지역에 주州, 군郡, 현縣 등 지방행정제도를 설치하고 다스렸다는 것을 알 수 있다. 주 위에 부를 설치하였는지 여부, 부를 설치하지 않았다면 어떤 지방 최고급 행정기구를 설치했는지 여부 등의 문제에 대해서는 전해져 오는 문헌기록이 전혀 없기 때문에 사실을 밝히기가 매우 어렵다. 주, 군, 현을 설치하고 다스린 것으로 미루어 보아 주위에 부를 설치하였으리라고 추단할 수 있다. 그러나 이는 어디까지나 추리한 판단에 불과할 뿐 사실과 자료에 근거하여 판단한 과학적인 논단이 아니다.

요동지역에 설치한 지방행정기구에 대한 문헌상의 기록은 오직 요양과 심주, 그리고 그와 가까운 지역에 설치한 것에 대해 드문드문하게 있을 뿐이다. 그 밖의 넓은 지역에 설치한 지방행정기구의 명칭에 대한 기록은 아직 찾지 못하였다.

발해는 요동지역을 점령한 뒤 그곳에 단독부單獨府(5경 15부 외의 단독부)를 설치하였는가, 설치하지 않았는가? 설치하지 않았다면 압록부, 장령부, 부여부 등 3개 부에 귀속시켜 통치하였는가? 아니면 완전히 새로운 방식으로 관리했는가? 이 문제는 아직 수수께끼로 남아 있다. 위에서 약술했듯이 역사문헌자료와 당시의 정황에 따르면 발해는 요동지역을 자기의 영역범위 내에 소속시켰고 그 지역에 주, 군, 현 등 지방행정기구를 설치하고 관리하였다는 사실을 알 수 있을 따름이다.

그러면 요동지역은 언제부터 언제까지 발해의 영역에 속했을까? 결론부터 말하면 발해 제3대 문왕 대흠무 중기로부터 발해가 망하기 20여 년 전 좌우까지라고 볼 수 있다. 문헌기재에 의하면 668년 평양에 설치되었던 안동도호부는 676년에 요동고성遼東古城으로 천이하였고, 677년에는 신성新城으로 옮겼으며, 714년에는 평주平州로 천이했고, 743년에는 요서고군遼西故郡으로 옮겼으며, 평로절도사라는 이름으로 유지되다가 761년에 영주가 거란인들에게 점령당하자 청주靑州로 천이하였다. 이리하여 안동도호부는 요동, 요서지방에서 완전히 철소되었고 요동, 요서지방에 대한 당나라의 통치도 완전히 폐지되었다. 그러나 안동도호부가 비록 요동, 요서 쪽으로 천이하기는 했지만 완전히 철소되기까지는 당나라가 요동지역에 대한 일정한 공제능력과 통치권을 갖고 있었다.

당 왕조는 677년부터 699년 사이에 요동지역에서 세차게 일어났던 고구려 유민들의 반당투쟁을 진압하고 통치를 유지하기 위해 여러 가지

기만정책을 시도했다. 보장왕을 '요동주도독 조선왕'으로 삼거나 고보원을 '조선군왕' 혹은 '충성국왕'으로 승격시키거나 고덕무를 '안동도독'으로 임명하는 등 다양한 극을 꾸몄지만 모두 실패하였다. 699년은 대조영이 발해국을 세운 이듬해이다. 그러므로 발해 건국 초기 요동지역은 의연히 안동도호부의 관할 하에 있었음을 알 수 있다.

대조영은 698년부터 720년까지 나라를 다스렸다. 이 시기는 안동도호부가 요동고성, 신성, 평주로 천이하던 때이다. 이는 아직 안동도호부의 관할 하에 요동지역이 있었다는 뜻이다. 또《구당서》발해전에 의하면 "성력중聖歷中에 자립하여 진국왕震國王이 되었다. …그 지역은 영주에서 동으로 2,000리 되는 곳에 있었다. 지역은 사방 2,000리이다."라고 하였다. 영주에서 동으로 2,000리 되는 곳에 발해국이 있었다는 말은 영주로부터 발해국까지의 사이에는 안동도호부의 관할지역이 있었다는 것을 의미한다. '지역은 사방 2,000리이다'고 한 것으로 보아 지역의 범위가 넓은 편은 아니다. 또한 이는《신당서》발해전에 기재된 "…지역은 사방 5,000리이다."라고 한 것보다 3,000리나 작다. 사방 5,000리는 발해가 훗날 강성해 '해동성국海東盛國'으로 불리게 된 시기의 강역이다.

720년에 대조영이 죽고 무왕 대무예가 즉위하였다. 그가 '영토를 크게 넓히니 동북제이東北諸夷들이 두려워 신하로 되었다.'고 한다. 대문예大門藝 때에는 당나라의 등주登州, 마도산馬都山까지 쳐들어갔다. 그러나 당시의 역량을 대비해 보면 당나라는 상당히 강한 역량을 갖고 있었다. 후에 발해는 군사를 본국으로 철거하였고 양국 간의 관계도 정상화하였다.

이러한 정황으로 보아 대무예 시기에 요동지역을 점령했다고 보기는 어렵다.

그러나 문왕 대흠무大欽茂, 738~794년 중기에 이르자 정황이 달라졌다. 발해는 국력이 강대해진 반면 당나라는 쇠퇴했다. 여러 민족의 반당투쟁이 끊임없이 세차게 일어났으며 안사의 난이 폭발했고 번진할거세력이 각지에서 대두하였다. 안동도호부는 761년에 완전히 철소되었다. 발해는 아마 이 시기에 요동지역을 점령했을 것이다.

이상의 사실로 보아 발해는 제3대 문왕 대흠무 중기에 요동지역을 점령하였겠다고 볼 수 있다. 그러면 어느 때까지 통치하였는가? 발해가 망하기 20여 년 전 좌우까지라고 볼 수 있다. 《요사》 태조기에 "발해와는 대대로 원수지간이다."라고 일렀다. 《요사》 권28에는 "동경(요양)은 옛 발해땅인데 태조가 20여 년을 힘들여 싸운 결과 그곳을 차지하였다."라고 하였다.

김육불金毓黻은 자기의 저서 《발해국지장편渤海國志長編》에서 발해와 당나라와의 서남쪽 변계계선을 박작구泊汋口와 신성新城을 잇는 선으로 보았다. 그 주요한 근거는 당나라 지리학자 가담이 쓴 《변주입사이도리기邊州入四夷道里記》이다. 《신당서》 권43 하, 지리지에 인용된 가담의 《도리기》에는 "…영주에서 동쪽으로 180리 가면 연군성燕郡城에 이른다. 다시 여라수착汝羅守捉을 지나고 요수를 건너 500리 가면 안동도호부에 이른다. …도호부(안동도호부—인용자)로부터 동북쪽으로 옛 개모, 신성을 지나고 또 발해 장령부를 지나 1,500리를 가면 발해 왕성에 이른다.", "…압록강

어구로부터 배를 타고 100여 리 가고 다시 거기에서 작은 배로 동북방향으로 300리 거슬러 올라가면 박작구에 이르는데 여기가 발해의 경계이다. 또 500리 거슬러 올라가면 환도현성에 이르는데 이곳이 고려(고구려—인용자)의 수도이다. 다시 동북쪽으로 200리 거슬러 올라가면 신주神州에 이른다. 다시 도로를 따라 400리 가면 현주顯州에 이르는데 이곳은 천보년간天寶年間의 수도였다. 다시 정북으로 600리 가면 발해 왕성에 이른다."라는 기록이 있다.

김육불 이후의 많은 학자들은 박작구—신성일선설을 그대로 믿어왔다. 그러나 《요사》 지리지와 《거란국지》에 기재된 요동이 발해의 영역이었다는 데 대해서는 큰 주목을 받지 못하였다.

김육불이 주장한 박작구—신성일선설은 발해 전기前期의 서남쪽 경계선을 반영하였을 뿐이지, 요동지역이 발해 강역 내에 소속된 후의 변계 정황을 반영한 것은 아니다. 따라서 김육불의 박작구—신성일선설은 발해국의 서남쪽 변계邊界의 변화 실정을 제대로 반영하지 못했다. 상원 2년上元二年, 761년에 영주가 점령당하고 안동도호부가 철소되었으며 평로절도사는 청주靑州로 천이되었고 발해 문왕 중기에 요동지역이 발해에 점령되었기 때문이다.

발해에서 외부로 통하는
주요한 교통로는 다섯 갈래가 있었다.
당나라로 통하는 조공도와 영주도,
일본으로 가는 일본도,
신라로 가는 신라도,
거란으로 가는 거란도가 있었다

발해의 주요한 교통로와 지리 위치

발해는 고왕 대조영高王大祚榮이 건국한 때698년로부터 제15대왕 대인선 大諲譔이 거란契丹의 침입을 받아 망할 때926년까지 229년간 존속하였다. 사회가 기본적으로 안정되고 정권이 공고해지고 국력이 강화되고 경제와 문화가 발전함에 따라 대외교통도 점차 발달하였다.

발해에서 외부로 통하는 주요한 교통로交通路는 다섯 갈래가 있었다. 당나라로 통하는 조공도朝貢道와 영주도營州道, 일본으로 가는 일본도日本道, 신라新羅로 가는 신라도新羅道, 거란으로 가는 거란도契丹道가 있었다. 이 다섯 갈래 교통로 가운데서 거란도만 연변지구와 관계가 없고 기타 네 갈래의 교통로는 모두 연변지구를 지나거나 연변지구에서 시작되었다. 특히 조공도는 매우 빈번히 사용되어 발해와 당나라를 연결하는 유대가 되었다.

압록조공도

조공도朝貢道는 발해와 당나라 사이에 빈번하게 왕래된 중요한 교통요도交通要道였다. 발해 사신들은 도성都城에서 출발하여 신주神州(오늘의 임강진)에 이른 다음 신주에서 배를 타고 압록강을 따라 내려가 압록강 하구河口와 요동반도遼東半島, 발해만渤海灣을 지나 산동반도山東半島의 등주登州에 이르렀다. 그곳에서 다시 서행하여 낙양洛陽, 동관潼關을 지나 당나라의 도성 장안長安(오늘의 서안시)에 도착하였다. 당나라 사신들도 이 노선을 따라 발해를 오갔다.

조공도는 발해와 당나라를 연결시키는 중요한 유대이며 쌍방의 정치, 경제, 문화를 발전시키는 데 있어서 매우 적극적이고도 중요한 역할을 하였다.

발해는 건국 229년 사이에 당나라에 사신을 110여 차례 파견했고 당나라는 발해에 사신을 19차 파견하였다. 제3대 문왕文王 대흠무 시기에는 사신 왕래가 더욱 빈번하였다. 문왕은 재위 57년 사이에 당나라에 사신을 37차례 파견하였고 어떤 해에는 4~5차례까지도 파견하였다. 발해에서 파견한 사신들은 기본적으로 조공도를 통하여 당나라로 내왕하였다. 따라서 《신당서》 발해전에는 "압록은 조공도이다.(鴨綠, 朝貢道)"라는 기록이 나온다. 《신당서》 지리지 권7 하에는 다음과 같은 기록이 있다. "등주에서 동북쪽으로 바닷길로 대사도, 구흠도, 말도, 오호도를 지나는 데는 300리이다. 북으로 오호해를 지나 마석산 동쪽의 도리진까지는 200리이다. 동으로 해안을 따라 청니포, 도화포, 행화포, 석인왕, 탁타만, 오골강 800리를 지난다. …압록강 어귀에서 배를 타고 100여 리를 가고 또 작은 배를 타고 동북쪽으로 30리를 거슬러 올라가면 박작구에 이르는데 발해의 국경지대이다. 또 배를 타고 500리를 거슬러 올라가면 환도현성, 즉 옛 고구려 수도에 이르며 또 동북쪽으로 200리를 거슬러 올라가면 신주에 이른다. 또 육로로 400리를 가면 현주에 이르는데 이는 천보년간 왕이 도읍한 곳이다. 정북쪽에서 약간 동쪽으로 600리 가면 발해 왕성에 이른다.(登州東北海行, 過大謝島, 龜歆島, 末島, 烏湖島三百里. 北渡烏湖海, 至馬石山東之郡里鎭二百里. 東傍海壖, 過青泥浦, 桃花浦, 杏花浦, 石人汪, 橐駝灣, 烏骨江八百里. …自鴨綠江口舟行百余里, 乃小舫泝流東北三十里至泊汋口, 得渤海之境. 又泝流五百里, 至丸都顯城, 故高麗王都. 又東北泝流二百里, 至神州. 又陸行四百里, 至顯州, 天寶中王所都. 又正北如東六百里, 至渤海王城)."라고 하였다.

문헌자료와 고고학자료로 고증한 데 의하면 등주登州는 당나라 무측천武則天 여의 원년如意元年. 기원 692년에 설치한 주州이다. 소재지는 처음 모평牟平에 두었다105가 당나라 신룡 3년神龍三年. 기원 703년에 봉래로 옮겼다.106 등주는 산동반도의 동쪽 끝에 위치해 있고 요동遼東과 발해로 통하는 해상교통로의 기점이다. 발해와 당조 두 나라 사절단이 끊임없이 이곳을 내왕하였다. 이곳에는 또 발해관渤海館을 설치하고 무역을 빈번히 진행하여 발해의 명마名馬는 해마다 끊이지 않고 수입되었다.107 그러므로 등주는 항구일 뿐만 아니라 발해와 당조 두 나라 사절단이 끊임없이 오가고 빈번히 무역을 진행한 중요한 장소였다는 사실을 알 수 있다. 대사도는 오늘의 장산도長山島이고 구흠도는 타기도鼉磯島 혹은 흠도欽島이며 말도는 묘도廟島, 오호도는 황성도皇城島이다. 이 섬들은 모두 산동성의 관할 범위 내에 있는 묘도군도廟島郡道에 속하는 몇몇 섬들이다. 등주로부터 황성도까지의 실제 거리는 150킬로미터이다. 그러므로 이 도리道里는 문헌에 150킬로미터라고 기재한 내용과 서로 부합된다. 오호해는 오늘의 발해해협渤海海峽이다. 마석산은 여순旅順의 노철산老鐵山이고 도리진은 마석산 동쪽에 있는 여순이다. 여순 황금산黃金山 기슭에는 당나라 사신 최흔이 발해에 왔다가 귀국할 때 이곳에 머물며 기념으로 우물 두 개를 파고 비석을 세웠다. 이러한 사실로 보아 여순은 발해와 당나라가 서로 오갈 때 반드시 경유해야 했던 교통요충지였다는 것을 알 수 있다. 청니포는 청니와青泥洼로서 지금의 대련大連을 불렀던 옛 이름이다. 향화포는 오늘의 신금현新金縣 서남쪽에 있는 향수툰杏樹屯이 아닌가 생각되며 석인왕은 장하현庄河縣 현성부근 해협에 있는 석성도石城島일 것이고 오골강은 오늘의 애하靉河로서 압록강 어귀에 속한다. 이곳으로부터 노철산까지의 거리는 400킬로미터이다. 이는 문헌기록과 부합된다.

  이상의 지역을 보아 등주에서 바닷길로 산동성 관할 경내의 묘도군도, 발해해협, 요동반도의 여순과 대련을 지나 압록강 어귀에 이르렀음을 알 수 있다. 압록강 어귀에서 배를 타고 50여 킬로미터를 가면 압록강 물줄기가 점점 좁아지기 때문에 다시 작은 배를 갈아타고 올라가게 된다. 작은 배로 15킬로미터를 거슬러 올라가면 박작구에 이른다. 박작구는 지금 단동시 포석하蒲石河 어귀인 동시에, 발해와 당나라의 분계선이다. 다시 말해 박작구부터는 발해의 경내에 들어선다. 또 압록강을 거슬러 250킬로미터를 올라가면 환도현성에 이른다. 환도현성은 고구려 때의 수도이고 오늘의 집안현集安縣 현성이다. 또 북으로 100킬로미터를 거슬러 올라가면 신주에 이른다. 신주神州는 당시의 서경압록부西京鴨綠府이다. 서경西京은 발해 5경 가운데 하나이다. 압록부는 압록강을 따라 지은 부府의 명칭이다. 신주는 오늘의 길림성 훈강시 임강진臨江鎭이며 발해국시기 조공도朝貢道의 기점이다. 신주에서 육로로 200킬로미터를 가면 현주顯州에 이른다. 현주는 오늘의 길림성 화룡현 서고성西古城이다. 신주에서 현주까지 가는 길은 신주에서 출발하여 북쪽으로 영안永安, 대영大營, 신안新安, 천양泉陽, 노수하露水河를 거쳐 안도현 보마성安圖縣寶馬城에 이른다. 보마성에서 동북쪽으로 가면 지금의 송강진松江鎭에 이르며 송강진에서 떠나 서북쪽으로 영경永慶, 대포시하大蒲柴河를 지나 목단강牡丹江을 따라 내려가면 돈화오동성敦化敖東城에 이른다. 이것은 발해 제3대 문왕 대흠무大欽茂가 구국舊國에서 중경中京(오늘의 화룡현 서고성)으로 천도하기 전의 노선이다. 발해 제3대 문왕 대흠무가 서울을 구국으로부터 중경으로 옮긴 후의 노선은 보마성에서 출발하여 영경을 지나 만보옛성萬寶古城, 신합향新合鄕에 이르고 이곳에서 방향을 바꾸어 동남쪽으로 화룡현 와룡향臥龍鄕의 장항옛성獐項古城을 지나 중경에 이르렀다. 755년 발해 제3대 문왕 대흠무가 서울을 상경용천부上京龍泉府(오늘의 흑룡강성 영안현 발해진)에 옮긴 후의 노선은 두 갈래였다. 첫 번째 노선은 서고성에서 출발하여 용정龍井, 연길延吉, 왕청汪淸에 이르고, 그곳에서 다시 대홍구大興溝, 천교령天橋嶺, 홍운紅雲을 지나 노야령老爺嶺(중국어로 로예링인데 일반적으로 로예령이라고 부른다)을 넘은 다음 마련하馬蓮河를 따라 북상하여 상경용천부에 이르렀다.

두 번째 노선은 송강진松江鎭에서 출발하여 서북쪽으로 영경, 대포시하, 마호馬号, 현유賢儒, 성산자산성城山子山城을 지나 오동성에 도착하였다. 이곳에서 다시 떠나 동북쪽으로 관지官地, 임승林勝(해청방이라고도 한다), 요전腰甸, 남호두南湖頭를 지나 상경에 이르렀다.

등주에서 도리진까지 250킬로미터이고 도리진에서 오골강(오늘의 애하—압록강 어귀)까지 400킬로미터이니 등주로부터 압록강 어귀까지의 거리는 650킬로미터이다. 압록강 어귀로부터 박작구까지 65킬로미터이고 박작구에서 집안까지 250킬로미터이며 집안에서 신주까지 100킬로미터이니, 압록강 어귀로부터 신주까지의 거리는 415킬로미터이다. 신주부터 현주까지는 200킬로미터고 현주에서 상경까지 300킬로미터이니 신주로부터 상경까지의 거리는 500킬로미터이다. 그러므로 등주로부터 상경까지의 거리는 1,565킬로미터이다. 조공도의 총 노정이 2,500여 킬로미터라고 하니 등주로부터 장안까지의 거리는 935여 킬로미터일 것이다. 조공도의 도리道里는 이상과 같다.

발해의 중경中京, 동경東京, 구국舊國, 상경 등을 조공도의 시발점으로 하여 왕래한 노정을 다시 간추려보면 다음과 같다.

중경현덕부에서 떠났을 때에는 육로로 화룡현 서성향과 와룡향 사이에 있는 장항옛성을 지난 후 고동하 물줄기를 따라 서북쪽으로 나가 신합향新合鄕에 이르고, 만보옛성萬寶古城과 영경永慶, 송강진松江鎭을 지나 보마성寶馬城에 이르렀다. 보마성은 안도현安圖縣 이도백하향二道白河鄕에서 서북쪽으로 6킬로미터 떨어진 곳에 있다. 문헌文獻 기재에 의하면 보마성은 발해 중경 현덕부의 관할 하에 있는 홍주興州의 소재지이다. 이는 "홍주는 수도에서 서남으로 150킬로미터 되는 곳에 있다.(興州在京西南三百里)"라는 기재와 부합된다. 보마성에서 다시 출발하여 노수하露水河, 천양泉陽, 무송撫松 등을 지나 신주神州(오늘의 임강진)에 이르러 압록강의 물길을 따라 바다에 이른 후, 다시 요동반도의 동해안과 대련, 여순, 발해해협, 묘도군도를 지나 산동성의 등주登州(오늘의 봉래)에 상륙하였다. 등주에서 다시 떠나 청주靑州를 지나 당나라 서울 장안長安에 이르렀다. 이것이 바로 '압록조공도이다.(鴨綠朝貢道也)' 그 전체 노정은 2,500여 킬로미터에 달한다.

동경용원부東京龍原府에서 떠났을 때에는 영안永安, 밀강密江을 지나 남강산맥南崗山脈을 넘고 해란강海蘭江과 부르하통하布爾哈通河를 따라 연길, 용정을 지나 중경현덕부에 도착하였다. 그 후 중경현덕부에서 다시 떠나 장항옛성, 신합향, 만보옛성, 영경, 송강진, 보마옛성, 무송을 지나 임강진에 이르렀다. 임강진臨江鎭에서 다시 압록강의 물길을 따라 바다에 이르고, 요동반도遼東半島 동해안과 발해해협渤海海峽을 지나 등주에 이르고, 등주에서 다시 떠나 장안長安에 도착하였다.

구국舊國(오동성—오늘의 돈화시)에서 떠났을 때에는 육로로 대포시하大蒲柴河,

영경, 송강진, 보마옛성, 노수하를 지나 임강진에 이르렀다.

상경용천부上京龍泉府에서 떠났을 때에는 남쪽으로 마련하馬蓮河를 따라 남하하여 노야령老爺嶺을 넘은 후 홍운紅雲, 춘양春陽, 천교령天橋嶺, 대흥구大興溝를 지나 가야하嘎呀河 유역을 따라 내려가다가 서남방향으로 굽어 연길延吉과 용정龍井을 지나 서고성에 이르렀다. 서고성에서 다시 떠나 장항옛성, 신합향, 만보옛성, 영경, 송강진, 보마옛성, 노수하를 지나 신주神州에 이르렀다. 발해 고고학 자료에 의하면 용정에서 왕청으로 가는 사이와 서고성에서 신주로 가는 사이에 발해 때의 옛 성터와 유지들이 많았다고 한다. 이러한 옛 성터와 유지들을 한데 연계시킨 것이 곧 발해 때의 교통로이다.

장령영주도

　영주도營州道는 발해에서 육로陸路를 통해 당唐나라 서울 장안長安으로 가는 주요한 교통로交通路였다.

　영주營州는 대릉하大凌河 곁에 위치해 있으며 오늘의 요녕성 조양시遼寧城朝陽市이다. 남북조南北朝시기에는 용성龍城이라 하였고 수조隋朝 때에는 유성柳城이라 하였으며 당조唐朝 때에 이르러 비로소 영주營州라고 칭하였다. 조양시는 의현義縣 서쪽, 금서시錦西市 북쪽, 건평建平 동쪽, 북표시北票市와 부신시阜新市 서남쪽에 위치하여 있다.

　당唐나라는 이곳에 평로절도사平盧節度使를 파견하여 발해를 중심으로 한 동북지역의 여러 민족들을 관리하고 통제하였다. 영주營州는 그때 동북지역에 있는 여러 민족들을 통치하는 당조唐朝의 주요한 정치, 군사의 중심이었다.

　발해는 육로로는 주로 영주도를 통하여 당나라 서울 장안으로 다녔다. 《신당서》 권43 하, 지리지 7 하下에 당나라 재상 가담賈耽의 《도리기道里記》를 인용한 데 의하면 "영주에서 동쪽으로 180리 가면 연군성에 이른다. 또 여라수착을 지나 요수를 건너 안동도호부까지 이르는데 500리이다. 도호부는 옛 한의 양평성이 있던 곳이다. …도호부로부터 동북쪽으로 옛 개모, 신성을 지나고 또 발해장령부를 1,500리 가면 발해 왕성에 이르는데 성은 홀한해에 임하였다. 그 서남 30리 되는 곳에 옛 숙신성이 있고 북으로 덕리진을 지나면 남흑수말갈에 이르는데 1,000리이다.(營州東百八十里至燕郡城. 又經汝羅守捉, 渡遼水至安東都護府五百里. 府, 故漢襄平城也. … 自都護府東北經古蓋牟, 新城, 又經渤海長岭府, 千五百里至渤海王城, 城臨忽汗海)"라고 하였다.

　연군성燕郡城은 오늘의 의현義縣 부근 대릉하大凌河 곁에 있고 여라수착汝羅守捉은 오늘의 북진北鎭 경내에 있었으며 요수遼水는 지금의 요하遼河이다. 도호부都護府는 지금의 요양시遼陽市로서 당나라 때에는 동북 지역을 관리하고 통치하는 주요한 기지였다. 요동성을 한漢나라 때에는 양평성襄平城이라 했고 당나라 때에는 요동성遼東城이라 하였다. 즉 오늘날 요하 동안에 있는 요양시遼陽市이다. 고개모古蓋牟는 오늘의 심양시沈陽市 부근에 있었고 신성新城은 무순성 북쪽 고이산高爾山 산성이며 장령부長嶺府는 오늘의 화전현樺甸縣 현성에서 동북으로 8리 떨어진 곳에 있는 소밀성蘇密城이다. 소밀성은 '영주도營州道'상에서 발해의 중요한 성진城鎭이다. 고개모古蓋牟에 대해 어떤 학자들은 오늘의 무순시撫順市 노동공원고성勞動公園古城108이라고 하고 어떤 이들은 현재의 심양시 진상툰탑산산성沈陽市陳相屯塔山山城109이라고 한다. 본문은 두 번째 견해에 동의하여 그 관점으로 서술한다. 《신당서》 발해전에 "장령은 영주도이다.(長岭, 營州道也)"라고 하였는데 이는 영주도가 장령부를 통했을 뿐만 아니라 장령부는 영주로 통하는 교통요도交通要道였다는 것을 알려준다.

　이상의 문헌자료와 최근의 고고학 자료에 의해 판단한다면 '영주도'는 대략 다음과 같은 노정을 경유하였겠다고 판단된다.

　발해의 도성 상경용천부上京龍泉府에서 출발하여 구국舊國에 이른 다음 동모산東牟山(오늘의 성산자산)과 오루하奧樓河(오늘의 홍석하), 목단강牡丹江 상류 하곡평지를 남행하여 위호령威虎岭을 넘은 다음 대체로 자동차길을 따라 서남을 꺾어 홍석紅石에서 속말수粟末水를 건너 장령부長嶺府(오늘의 화전)에 이르렀다가 다시 휘발하輝戏河를 따라 해룡 북진海龍北鎭에 이르고 영액문英額門을 넘은 다음 휘하輝河를 따라 곧추 내려가 신성新城(오늘의 요녕성 무순)에 이르렀다. 그런 다음 현재의 심양, 흑산黑山, 연군성燕郡城(오늘의 의현)을 지나 영주에 도달하거나, 오늘의 심양沈陽(개모盖牟)에서 떠나 요동성遼東城(오늘의 요양시), 연군성을 경유하여 영주營州에 도착하였다.

영주에서 당나라 수도 장안長安(오늘의 섬서성 서안시)으로 통한 노정은 영주營州에서 떠나 서남으로 유주幽州(오늘의 북경시)에 이르고, 유주에서 남행하여 낙양洛陽(하남성 낙양시)에 이르렀다가 다시 황하黃河를 따라 서행하여 동관潼關에 이르고, 동관에서 위하渭河를 따라 서행하여 당나라 도성 장안長安에 도착하였다.

발해의 상경성으로부터 당나라 도성 장안으로 통하는 육로교통간선陸路交通干線은 거란契丹, 돌궐突厥 및 안사의 난으로 인하여 여러 번 차단되었기 때문에 발해와 당나라의 사신들은 압록조공도를 이용할 수밖에 없었다. 발해 상경성으로부터 영주까지 이르는 약 1,000킬로미터의 노정은 발해와 당나라가 정치적 왕래와 경제문화교류를 진행한 주요한 교통요로였다.

발해 초기의 도성 구국舊國에서 떠났을 때에는 돈화평원지대敦化平原地帶를 흐르는 목단강 상류의 하곡河谷을 남행하여 위호령을 넘은 다음 홍석,

화전, 해룡북진, 영액령, 신성, 심양, 요동성, 의현을 지나 영주에 도달하였다.

중경현덕부中京顯德府(오늘의 길림성 화룡시 서고성)에서 떠났을 때에는 서성진西城鎭, 구산邱山을 지나 이도하二道河를 따라 서쪽으로 향해 가다가 장항獐項을 지나 와룡臥龍에 이르렀다. 와룡에서 다시 떠나 계속 서쪽으로 가다가 차창자車廠子, 소황구小荒溝를 지나 신합新合에 이르렀다. 신합에서 다시 떠나 만보萬寶, 홍석, 화전, 신성, 심양, 의현을 지나 영주에 이르렀다.

동경용원부東京龍原府(오늘의 훈춘시 팔련성)에서 떠났을 때에는 두만강을 건너 경원慶源에 이르렀다가 다시 서행하여 종성鍾城으로 갔고 그곳에서 다시 두만강을 건너 세전細田벌을 지나 서성진, 구산, 장항을 지나 와룡에 이르렀다. 와룡부터 영주까지의 노정은 중경현덕부에나 영주에 이르는 길과 같다.

용원일본도

일본도日本道란 발해가 일본으로 왕래한 중요한 교통요로를 말한다. 일본도 이 길을 이용하여 발해로 왕래하였다. 《신당서》 발해전에 "용원龍原의 동남쪽은 바다에 연해 있는데 일본도이다.(龍原東南瀕海, 日本道也)"라고 하였다.

일본도는 조공도보다 왕래가 더욱 뜸했고 미친 영향도 크지 않았으나, 발해와 일본을 연결하는 유대가 되어 양국의 우호관계를 발전시키고 무역을 확대하며 문화교류의 폭을 넓히고 쌍방의 사회경제와 문화의 발전을 촉진함에 있어서 중대한 작용을 하였다.

이 책에서는 일본도와 관련된 유지와 유물자료를 바탕으로 하여 다음과 같은 몇 가지 문제에 대해 서술해 보겠다.

동경용원부에서 일본으로 가는 국내 교통로 육로구간

동경용원부東京龍原府는 오늘의 훈춘시 팔련성琿春市八連城이다.[111] 발해 제3대 문왕 대흠무는 785년부터 794년까지 9년간 동경용원부를 수도로 정하고 전국을 통치하였다. 그러므로 동경용원부는 한때 발해의 정치, 경제, 문화의 중심지였을 뿐만 아니라 일본도의 시발점이었다.

동경용원부는 일본도의 시발점이자 중추였다. 발해 제2대 무왕 인안 8년727년 일본에 첫 사절단을 파견한 때로부터 시작하여 대인선 13년919년에 이르기까지의 193년 동안 발해는 일본에 사절단을 34차례나 파견하였다. 이는 대략 7년마다 한 차례 꼴로 파견한 셈이다. 일본은 728년^{발해}^{무왕 9년}에 첫 사절단을 파견한 때로부터 시작하여 811년^{발해 대원유왕 2년}에 마지막 사절단을 파견할 때까지 사절단을 모두 13차례 파견하였다. 발해와 일본이 파견한 양국 사절단은 주로 동경용원부를 통하는 노선을 따라 서로 왕래하였다.

그러면 동경용원부에서 바다까지 가는 일본도의 국내 육로^{陸路} 노정은 어떻게 되었으며 바다로 나가는 해만과 항구의 위치는 어디였는가? 지금까지의 문헌자료와 고고학 자료에 의하면 일본으로 출사하는 발해 사신이 동경용원부에서 떠났을 때에는 반드시 팔련성에서 동남 방향을 향해 바다 쪽으로 석두하자성^{石頭河子城}과 장령자^{長嶺子}를 지나 크라스끼노에 이르러 배를 타고 일본으로 갔다. 크라스끼노를 역사에서 모구위^{毛口崴}라고도 한다. 돌아올 때에는 크라스끼노에 도착해 뭍에 오른 후 장령자와 석두하자성을 지나 팔련성에 이르렀다. 이것이 동경용원부에서 떠났을 때 일본도의 국내 육로 교통구간이다.

구국에서 일본으로 가는 국내 육로 교통로선

발해는 구국을 수도로 정한 시기 동안 사신을 일본에 두 차례 파견하였다. 제1차는 무왕 인안 8년^{727년} 영원장군랑장^{寧遠將軍郎將} 고인, 고재덕 등 24명이 발해국을 대표하여 일본을 방문한 것이고 제2차는 문왕 대흥 2년^{739년} 홀한주도독^{忽汗州都督} 서요덕과 이진몽 등이 나라를 대표하여 일본을 방문한 것이다. 일본은 이 기간 무왕 인안 9년^{728년}과 문왕 대흥 3년

740년에 두 차례 사신을 발해에 파견하였다.

구국으로부터 크라스끼노에 이르는 구체노정은 구국에서 출발하여 동쪽으로 할바령의 지맥을 넘어 부르하통하布爾哈通河를 따라 명월구明月沟, 석문향石門鄉, 동불사銅佛寺, 조양朝陽벌을 지나 연길에 이르렀다. 연길延吉에서 다시 떠나 흥안興安, 연집烟集, 장안 등 지역을 경유하여 동흥東興, 송림松林 일대에 이른 후 남강산南岡山을 넘고 경영慶榮, 양수涼水, 밀강密江, 반령구어구盤嶺沟口, 영안英安을 지나 팔련성에 이르렀다. 팔련성에서 다시 석두하자옛성과 장령자를 지나 모구위에 도착하여 배를 타고 바다를 건너 일본에 도착하였다.

구국으로부터 동경 용원부에 이르는 '일본도' 연선에는 석문산산성, 오호산산성, 오봉산산성, 유수천옛성, 태양옛성, 대회툰옛성, 하룡옛성, 성자산산성, 북대옛성, 돈대, 대암옛성, 남계, 금성, 연하, 용연 등지의 건축유지, 동흥건축유지, 경영옛성, 북대유지, 양수과수원옛무덤떼, 밀강옛성, 반령구어구유지, 영안옛성과 같은 발해유적들이 보다 많이 있다. 이러한 유적들을 한데 연결한 길이 곧 교통로이다.

중경에서 일본으로 가는 국내 교통 노선

발해 제3대 문왕 대흠무는 742년대흥 5년에 수도를 구국에서 중경현덕부(오늘의 화룡시 서고성)로 옮겨 14년간 통치하다가 755년대흥 18년 상경용천부(오늘의 흑룡강성 영안현 발해진)로 천도하였다.

중경을 수도로 삼았던 시기 동안 발해는 한 차례 사신을 일본에 파견하였으나 일본은 사신을 발해에 파견하지 않았다. 대흥 15년752년 문왕 대흠무는 보국대장군 모시몽繁施蒙을 우두머리로 한 사절단 75명을 일본에 파견했다.

중경 현덕부로부터 모구위까지 이르는 육로 노정은 중경현덕부에서 떠나 용정龍井, 영성—하룡옛성, 북대, 홍안, 연집, 장안, 송림과 동흥 일대에 이르렀다. 그곳에서 다시 떠나 남강산을 넘고 경영, 양수, 밀강, 반령구 어구, 영안성을 지나 동경용원부에 도착하여 휴식한 후 다시 동경용원부에서 떠나 석두하자옛성과 장령자를 지나 모구위에 도착하였다.

상경용천부에서 일본으로 가는 국내 교통 노선

상경용천부(오늘의 흑룡강성 영안현 발해진)가 발해의 수도로 된 것은 선후 두 차례이다. 제1차는 대왕 문왕 대흠무가 755년 중경현덕부(오늘의 화룡시 서고성)로부터 상경용천부로 천도하여 785년까지 30년간 통치하였다. 이 기간 발해는 사신을 일본에 8차 파견하였고 일본은 사신을 발해에 7차 파견하였으니 양국의 사신이 내왕한 차수는 도합 15차이다. 제2차는 794년 동경용원부(오늘의 훈춘시 팔련성)로부터 상경용천부에 옮겨와 926년 대인선이 거란의 침입에 의해 망할 때까지의 163년간이다. 이 기간 발해는 사신을 일본에 22차 파견하였고 일본은 사신을 발해에 4차 파견했으니 양국의 사신이 내왕한 차수는 도합 26차이다. 상경을 두 차례 수도로 정한 시기에 있어서 양국의 사신이 내왕한 차수를 종합한다면 발해는 일본에 30차 파견하였고 일본은 11차 파견하였다. 이 시기 양국 사신이 내왕한 총수는 41차이다.

상경에서 모구위에 이르는 구체적 노정은 상경에서 출발하여 남쪽으로 노야령老爺嶺을 넘어 홍운紅云에 이르렀다. 홍운을 옛날에는 고려촌高麗村이라 하였다. 홍운에서 떠나 춘양春陽, 행복幸福, 석성石城, 낙타산駱駝山, 천교령天橋嶺, 반성半城, 대흥구大興沟 등을 경유하여 왕청汪淸에 이르렀다. 왕청에서 다시 용천평龍泉坪, 석현을 지나 동흥, 송림 일대에 이른 후, 동으로 남강산을 넘고 경영, 양수, 밀강에 이르렀다. 밀강에서 다시 떠나 동남으로 대반령을 넘고 반령구어구, 영안을 지나 동경용원부에 도착하였다. 그곳에서 다시 동남으로 석두하자, 장령자를 지나 뽀씨예뜨만의 크라스끼노에 도착하였다.

홍운으로부터 훈춘시 팔련성에 이르는 일본도 연선에는 홍운집자리, 행복집자리, 석성옛성, 낙타산집자리, 천교령집자리, 반성옛성, 하북옛성河北古城, 용천평옛성, 동흥유지, 경영옛성, 양수유지, 밀강옛성[111] 반령구어구유적, 영안옛성과 같은 발해유적들이 촘촘히 들어앉았다. 기본적으로 10~12.5킬로미터 간격으로 집자리가 있고 20~25킬로미터 간격으로 옛성이 규칙적인 분포를 보인다.[112]

중경, 구국, 상경에서 떠난 발해 사신들은 모두 동경용원부를 거쳐 일본으로 갔다. 따라서 동경용원부는 일본도의 중추이자 일본행 기지였다. 그러나 일본으로 가는 발해국 내의 육로의 종점은 아니었다. 동경용원부에서 동남쪽으로 15킬로미터 떨어진 곳에 있는 장령자의 건너편 바다가 내지까지 깊숙이 뻗어들어와 이루어진 뽀씨예뜨만의 항구 모구위, 즉 오늘의 러시아의 크라스끼노가 육로의 종점이다. 발해에서 일본으로 가는 발해 사신들은 주로 모구위를 경유하였다. 상경으로부터 동경 용원부를 지나 곧추 크라스끼노에 이르는 일본도의 총 길이는 약 230킬로미터이다.[113]

팔련성으로 천도하기 전 훈춘 경내 일본도의 중추 문제

발해 제3대 문왕 대흠무는 785년 수도를 상경용천부로부터 동경용원부, 즉 오늘의 훈춘시 팔련성으로 옮겼다. 하여 팔련성은 785년부터 794년 수도가 다시 상경용천부로 옮기기까지의 9년 사이에 발해국의 정치, 경제, 문화, 교통의 중심 역할을 하였다. 수도가 상경으로 옮겨진 때로부터 대인선 26년[926년] 발해가 망할 때까지의 133년 사이에도 팔련성은 의연히 훈춘평원 경내 일본도의 중추였다.

팔련성의 축성연대築城年代는 대체로 785년 전 몇 해 사이였을 것이다. 그렇다면 팔련성이 축성되기 전 훈춘평원 경내에서 어느 곳이 일본도의 중추였을까 하는 문제가 제기된다. 이에 대해 아직 사학계에서는 충분한 주의를 기울인 심도 깊은 토론이 이루어지지 못한 형편이다. 1994년 이강李强과 후리민侯莉閩은 팔련성이 축성되기 전에는 온특혁부성溫特赫部城이 훈춘평원 경내 일본도의 중추였다는 새로운 견해를 제기하였다. 이는 연구할 가치가 있으므로 앞으로 새로운 연구를 더해야 할 것이다.

지금까지의 고고 발굴조사 자료에 의하면 훈춘평원 경내에 발굴된 평지성平地城으로 팔련성, 석두하자성, 온특혁부성, 소성자옛성小城子古城, 영의성^{英義城} 등 다섯 개가 있다.

　팔련성은 785년 전 몇 해 사이에 지은 성으로서 둘레길이 2,894미터이고 내성과 외성 두 개의 성으로 이루어졌으며 내성 안에 궁전터가 있다. 석두하자성의 둘레길이는 832미터이고 온특혁부성의 둘레길이는 2,269미터이며 소성자고성의 둘레길이는 566미터이고 영의성의 둘레길이는 1,115미터이다.

　팔련성은 785년 전 몇 년 사이에 지어진 토성이므로 발해 초기부터 있던 재래성이라고 할 수 없다. 석두하자성과 소성자고성^{小城子古城}은 규모가 작다. 이는 현의 치소급^{治所級}에 해당되는 성으로는 될 수 있으나 주급^{州級} 혹은 경급^{京級}에 해당되는 성터로는 될 수 없다. 그러므로 석두하자성과 소성자고성은 발해 시기 훈춘평원 경내 일본도의 중추로 보기 어렵다. 온특혁부성은 고구려 시기에 쌓아 발해 시기에 계속 사용하였다. 온특혁부성은 발해 시기 동경용원부의 평지성 가운데서 규모가 제일 큰 성이었으므로 동경용원부 관할 하의 어느 주의 소재지였을 것이라고 짐작된다. 영의성은 훈춘평원의 서북부에 위치한다. 성 서쪽으로 1킬로미터 되는 곳에서 두만강이 서쪽에서 동쪽으로 향해 흐르다가 방향을 바꾸어 남쪽으로 흐른다. 영의성의 전략적 위치와 교통은 매우 중요했다. 영의성의 둘레길이는 1,115미터로서 중형급^{中形級}에 속하는 성이다. 영의성의 지리적 위치, 전략적 지위, 교통의 위치, 경제적 지위 등으로 보아 팔련성이 축성되기 전 훈춘평원 경내 일본도의 중추가 영의성이었을 가능성도 있다.

이상에서 서술한 바와 같이 팔련성이 축성되기 전 훈춘평원 경내에서 일본도의 중축으로 될 만한 것은 온특혁부성과 영의성 두 곳뿐이다. 이 두 곳 가운데서 어느 곳이 중축이었는지를 밝히려면 심도 깊은 연구와 고고학의 새로운 발견을 앞으로 더 기다려야 할 것 같다.

발해는 제2대 무왕 인안 8년武王仁安八年, 727년 일본에 첫 사절단을 파견한 이래 문왕 대흥 49년文王大興四十九年, 785년에 이르기까지 59년 동안 일본에 사절단을 11차례 파견했다. 이는 대략 평균 5년마다 한 차례씩 파견한 셈이다. 일본은 728년발해 무왕 9년에 첫 사절단을 파견한 이래 785년 전까지의 사이에 사절단을 발해에 9차례 파견하였다. 발해와 일본의 사절단은 기본적으로 훈춘평원 경내의 일본도 구간을 반드시 경유했을 것이다. 그러므로 팔련성이 축성되기 전까지 훈춘평원 경내 일본도의 중추를 밝히는 작업이 매우 중요하다.

일본 영토의 일본도 육로구간

발해와 일본과의 관계는 오랫동안 이어졌다. 727년발해 무왕 인안 8년 발해가 일본에 첫 사절단을 파견한 때로부터 시작하여 919년발해 대인선 13년에 이르기까지의 193년 동안 발해는 일본에 사절단을 34차례 파견했다. 이는 대략 평균 7년마다 한 번씩 파견한 셈이다. 일본은 728년발해 무왕 9년에 첫 사절단을 파견한 때로부터 시작하여 811년발해 대원유왕 2년 마지막 사절단을 파견할 때까지 도합 13차례 파견하였다.

발해가 존속한 시기698년~926년는 일본의 나라시대719년~794년와 헤이안시

대平安時代. 794년~1192년이다. 이 시기 일본의 수도는 헤이죠쿄平城京(오늘의 나라)와 헤이안쿄平安京(오늘의 교토)이다. 일본은 다이카혁신大化革新을 거쳐 노예사회에서 봉건사회로 과도한 이래 사회경제가 비교적 발전하였다.

발해 사신이 일본에 도착한 지점이 서로 다르기 때문에 일본도의 일본 국내 육로노선도 각기 다르다. 예를 들어 발해국에서 제1차로 파견한 발해사절단 고인의高仁義 일행은 727년 10월 14일 일본 본주의 북쪽 데와노쿠니出羽國의 해안에 등륙하였고 제2차로 파견된 서요덕 일행은 739년 문왕 대흥 2년 데와노쿠니 내의 초우初羽에 등륙하였으며 제4차 파견한 양승경 일행은 에츠젠노쿠니越前國에 등륙하였고 제5차로 파견한 고남신 일행은 표류하다 쓰시마對馬島에 이르렀으며 제6차로 파견한 왕신복 일행은 카가加賀 지방에 이르렀다.

발해 사절단이 일본에 도착한 지점을 표로 나타내면 다음과 같다.

편호	도착지	회수비고	편호	도착지	회수비고
1	데와(出羽)	7	8	탄바(丹馬)	1
2	사도(佐渡)	1	9	호우키(伯耆)	2
3	노토(能登)	3	10	오키(隱岐)	4
4	카가(加賀)	5	11	이즈모(出雲)	3
5	에츠젠(越前)	2	12	쓰시마(對馬)	1
6	와카사(若狹)	1	13	나가토(長門)	1
7	탄고(丹后)	1			

이상의 내용은 문헌에 기재된 것을 종합 정리하여 표로 나타낸 것이다. 표에 의하면 데와에 7차, 사도에 1차, 노토에 3차, 카가에 5차, 에츠젠에 2차, 와카사에 1차, 탄고에 1차, 탄바에 1차, 호우키에 2차, 오키에 4차, 이즈모에 3차, 쓰시마에 1차, 나가토에 1차 도착하였고 그곳으로부터 일본의 수도 헤이죠쿄 혹은 헤이안쿄로 들어갔다.

　데와노쿠니나 야대진에 도착하였을 때에는 일본의 혼슈本州의 서북해안으로부터 해안선을 따라 노토, 카가 등지를 지나 일본 수도인 헤이죠쿄 혹은 헤이안쿄에 들어가 사절단의 사명을 완성하고 귀국하였다. 복량이나 혹은 카가 일대에 등륙하였을 때에는 송원을 지나 서울로 들어갔으며 쓰시마에 도착하였을 때에는 다시 혼슈에 등륙하여 나가토, 이즈모, 호우키 등지를 거쳐 일본 수도에 들어갔다.

　발해 사신이 도착한 지점에 다르기 때문에 일본의 수도에 들어가는 육로가 남북으로 다르게 나타나기는 하지만, 모두 일본 혼슈의 서해안에 도착해 입경했다는 공통점은 같다.

발해 사절단이 일본으로 왕래한 항로

　발해와 일본 사이에는 파도가 세차게 이는 바다가 가로놓여 있다. 두 나라의 교류는 처음에는 군사적 목적이 다분했지만 시간이 흐르면서 점차 우호적인 경제 교류를 중하게 여기게 되었다. 세찬 파도와 싸우면서 양국은 서로 왕래할 수 있는 해상교통의 새로운 항선을 개척하고 사절단을 부단히 파견하여 경제무역과 문화교류를 진행하였다.

발해와 일본을 가르는 바다는 주변의 바다에 비해 유난히 계절풍과 태풍이 심하고 해상의 자연조건이 매우 험악하였다. 발해의 사절단은 작은 나무배를 타고 태풍이 예고 없이 불어 닥치는 일망무제한 대해에서 낮이면 해를 보고 밤이면 별을 보아 방향을 잡으며 전진하였다. 그 어려움은 말로 형용할 수 없었다. 처음에는 한류와 난류가 바뀌는 상황과 계절풍 등에 대한 지식을 미처 갖추지 못해 여름과 가을 두 계절에 건넜는데 태풍의 습격으로 배가 파손되고 여러 사람이 죽는 일이 자주 벌어졌다. 예를 들어 727년 제1차로 파견한 고인의 등 사신 일행 24명은 크라스끼노 항구를 떠나 일본으로 가는 도중에 폭풍을 만나 멀리 동쪽 에조 지방(당시 아이누족이 살고 있던 곳)에 표착했다. 고인의, 덕주 등 상층급을 포함한 16명은 피살되고 그 밑의 고재덕 등 8명만 겨우 살아남아 일본의 데와노쿠니에 상륙해 사신으로서 행동할 수 있었다. 777년에는 대사 사도몽이 167명의 사절단을 거느리고 일본 방문을 떠났는데 바다에서 조난당하여 일행 중 120명이 죽었다. 다행히 살아남은 47명이 천신만고 끝에 일본에 도착하였다. 이렇듯 일본으로 가는 항해에는 숱한 역경과 위험이 따랐지만 발해 사람들은 대담하고 용감하였으며 총명함과 재주를 최대한 발휘해 어려움을 이겨나갔다.

발해의 항선이 어느 곳에서 떠났는가에 대해 뽀씨예뜨만설, 두만강하구설, 서수라리설西水羅里說, 토호포설吐号浦說 등이 있다.《신당서》발해전에 "동경용원부는 일본도이다.(東京龍原府日本道也)"라고 한 문헌상의 기록과 최근 수 년 사이의 고고학 발굴조사 결과에 의하면 뽀씨예뜨만이 일본으로 통하는 항구였다는 사실이 실제로 입증되었다. 그러므로 발해에서 일본으로 가는 일본도의 주요한 통로는 동경용원부를 거쳐 뽀씨예뜨만에 이른 다음 그곳에서 배를 타고 일본으로 간 것이라고 볼 수 있다. 두만강하구설과 서수라리설은 신빙성이 없다. 그 외 남경남해부 내의 토호포에서 출발하여 일본으로 가는 경우도 있었다. 지금까지 학계에서 이루어진 토론 내용을 살펴보면 토호포가 독진獨津, 신창新昌, 홍남興南이라는 세 가지 설이 있다. 최근 수 년 사이 이루어진 고고학 조사 결과에 따르면 북청北靑 근방의 신창이라는 설이 제일 유력하다.《발해국지장편》 권10 제신열전諸臣列傳 사도몽조에 의하면 사도몽 일행이 토호포에서 출항하여 일본으로 갔다는 내용이 명백히 기재되어 있다. 이러한 사실은 토호포도 발해가 일본과 내왕한 중요한 항구 중 하나였다는 사실을 설명한다.

해로는 그 방향과 일본에 도착한 지점에 따라 세 갈래 항선으로 나눌 수 있다.

첫 번째 항선은 뽀씨예뜨만의 크라스끼노에서 출발하여 바다를 건너 일본의 혼슈 중부 북해안의 에츠젠, 노토, 카가 등지에 이르는데 이것을 북부항선北部航線이라 한다. 752년발해 대흥 15년에 발해의 대사 보국대장군 개국공輔國大將軍開國公 모시몽 등 75명이 일본의 에츠젠에 도착함으로써 처음 이 항선이 개척되었다. 발일 교류사의 전기에는 정황을 잘 모르는데다가 계절풍과 해류의 규칙에 대한 지식도 없었기 때문에 해상에서 조난 당하는 일도 때때로 발생했다. 그러나 후에는 계절풍과 해류의 규칙을 점차 알게 되어 비교적 안전하게 오갈 방법을 찾아냈다. 늦가을과 초겨울에 대륙에서 불어오는 서북풍을 이용하여 동남쪽으로 항행하여 일본으로 갔으며 이듬해 여름에 해상의 동남풍을 이용하여 발해로 돌아왔다. 그 결과 항행시간을 단축하였을 뿐만 아니라 해상조난사고를 크게 줄였다. 그렇기 때문에 사절단이 13번째로 일본에 간 후부터는 기본적으로 이 항선을 따라 항행하여 에츠젠, 노토, 카가 일대에 무사히 도착하게 되었다.

노토, 카가는 당시 일본의 서울 헤이죠코平城京, 헤이안쿄平安京와의 거리가 비교적 가까웠다. 이 항선은 발해 동경 용원부와 일본의 수도를 잇는 가장 가까운 거리로서 발해와 일본의 사절들이 내왕할 때 늘 다니는 항로가 되었다.

두 번째 항선은 조선반도의 동해안을 따라 남하하여 일본의 축자築紫에 이르는 것인데 이것을 축자선築紫線이라고 한다. 기재에 의하면 대흥 22년大興二十二年, 759년 보국대장군 현토주자사輔國大將軍玄菟州刺史 고남신, 부사副使 고홍복 등은 발해를 답례 방문한 일본 사신 판관 내장전성判官內藏全城과 함께 배를 타고 축자선을 따라 일본의 난파강難波江 어귀에 이르렀다. 난파강 어귀는 오늘의 오사카시大阪市이다. 당시 일본 사절단이 배를 타고 당나라로 갈 때에는 거개가 난파강 어귀에서 출발하여 뇌호내해瀨戶內海를 건너 구주 북쪽 끝의 중요한 항구인 대진포大津浦에 도착하였다. 일본에서 외국으로 가는 선박이나 외국에서 일본으로 오는 선박들은 모두 이곳에 정박하였다.

세 번째 항선은 발해국 남해부(오늘의 조선 함경남도 북청)의 토호포에서 출발하여 조선의 동해안을 따라 남행하여 쓰시마해협을 건너 축자에 이르렀는데 이것이 남해부항선이다. 대흥 39년(776년) 일본으로 간 발해 사신 사도몽 등은 이 항로를 따라 항행하였다. 김육불 저《발해국지장편》권14 지리고에는 "남해부 토호포에서 출발하여 서쪽의 대마도(쓰시마―인용자) 죽실竹室의 나루터에 이르렀다."고 기재되었다. 그러나 축자선과 남해부 항로는 모두 편리하지 않았다. 일본 수도로 가는 발해의 사절들이 후의 두 항로로 가자면 모두 일본의 서해안을 경유하여 남쪽으로 가야 했으므로 노력과 시간이 많이 들고 풍랑이 심해 애를 먹었다. 그렇기 때문에 발해의 사절들은 늘 거리가 가까운 북선北線을 따라 항행하였다. 발해의 사절들은 도합 34차례(727년~916년) 일본으로 갔는데 그 가운데서 축자시 항로와 남해부 항로로 해서 간 것은 모두 한 번씩밖에 안 되었다.

발해의 동경용원부 관할 하에 있던 뽀씨예뜨만의 크라스끼노 항구로부터 일본의 노토, 카가까지의 해상거리는 약 900킬로미터이다. 이에 육로까지 합하면 일본도의 전체 길이는 1,130킬로미터에 달한다.

발해 사신들이 일본에 가서 도착한 지점은 주로 데와, 사도, 노토, 카가, 에츠젠, 와카사, 탄고, 탄바, 호우키, 오키, 이즈모, 쓰시마, 나가토 등의 지역이었다. 그 지역에서 비로소 뭍에 올라 일본의 수도로 들어갔다.

발해의 사절단이 귀국할 때는 일본의 어느 항구에서 귀로에 올랐는가? 일반적으로는 발해 사절단의 배가 도착한 일본 항구에서 귀국길에 올랐을 것이다. 입경이 허용된 경우도 귀국할 때에는 배를 놓아둔 도착지로 돌아와 거기에서 출항했을 것이다. 그러므로 발해 사절단이 도착한 항구는 동시에 발해 사절단이 돌아간 출발항이다.

그러나 그렇지 않은 경우도 있었다. 일본 연안에 도착했을 때 배가 파손되어 일본에서 새 배를 만들어서 타고 귀국한 경우, 일단 출발은 했지만 폭풍을 만나 표류한 끝에 다른 항구에 표착하여 거기에서 다시 귀국길에 오른 경우, 혹은 대마나 장문에 도착했기 때문에 뇌호내해를 경유하여 입경한 경우이다. 그러한 경우에는 새 배를 만든 항구나 수도에서 거리가 가까운 항구가 귀항의 출발항이 되었을 것이다.

배를 잃은 발해 사절을 위한 새 배나 일본에서 발해로 파견한 견발해사遣渤海使가 탈 배는 어디서 지었을까? 아마 우사飫咋나 복진항福津港에서 만들어졌을 가능성이 높다. 882년 다음과 같은 칙령이 기록되어 있기 때문이다. 《일본삼대실록》 권44의 기록에 의하면 "노토노쿠니에 명령하여 우사飫咋, 복포福浦의 산림벌목을 금지하게 함. 발해의 객이 북륙해안에 도착했을 때 반드시 귀항하는 배는 이 산에서 만들지어다. 백성에게 벌채를 맡기면 재목이 없어질 염려가 있을 것이니 미리 큰 나무를 베는 것을 금하여라."라고 하였다.

부여거란도

《신당서》발해전에 "부여扶余는 거란도契丹道이다. 항상 강한 군사를 주둔시켜 거란을 막았다.(扶余, 契丹道也. 常屯勁兵捍契丹)"이라고 하였다. 또《발해국지장편》권14 지리고 교통5도 부여거란도에는 "삼가 생각컨대 거란은 발해 서쪽에 있어 부여부와 맞닿아 있었다. 발해 상경에서 거란에 이르자면 반드시 부여를 지나야 하므로 거란도라고 하였다. …그 길이 지나는 곳은 대체로 발해의 상경으로부터 지금의 숭령崇嶺(지금의 장광재령)을 지나 부여부扶余府에 이르고 다시 지금의 회덕으로부터 이수梨樹, 요원遼源, 통요通遼 등의 지역을 거쳐 거란契丹의 임황臨潢에 도착하였다. …요나라 태조太祖가 발해를 멸망시킬 때 먼저 부여부성扶余府城을 에워싸고 부여를 함락시킨 뒤에 홀한성忽汗城으로 진공한 것도 모두 발해와 거란의 교통은 반드시 부여부를 거쳐야만 했다는 증거이다. 발해 전성기에 거란이 점점 강해졌으므로 발해는 그들이 쳐들어오는 것을 두려워했다. 그러므로 발해는 부여에 강병을 주둔시켜 거란을 막았다. 요遼나라 태조가 부여를 공격하여 함락시키고 그들의 강병을 격파시키니 그 나머지는 파죽지세와 같았던 것도 그 때문이다."라고 하였다.

이상의 문헌자료와 최근의 고고학 자료를 살펴보면 다음의 두 가지 문제를 보다 명확히 알 수 있다.

첫째, 발해의 서쪽 변계는 부여부扶余府로서 거란과 접하였고, 거란으로 가려면 반드시 부여부를 통해야 했으며, 부여부의 소재는 오늘의 농안農安이다.

둘째, 발해의 거란도契丹道는 대체로 상경용천부上京龍泉府에서 출발하여 남으로 목단강牡丹江 하곡 지대를 거슬러 올라가 액목額穆을 지나 위호령威虎嶺을 넘고 황송전에서 서쪽으로 향해 나아가 교하蛟河, 길림吉林을 지나고 흠마하欽馬河를 건너 곧바로 부여부扶余府(오늘의 농안)에 이르렀다. 이 길은 야율아보기耶律阿保机가 발해를 멸망시킬 때 군사를 거느리고 부여부를 친 뒤 상경성을 점령하였다가 다시 귀국할 때 이용했던 노선이다. 그 다음 농안에서 다시 떠나 서남방향으로 향해 나아가 장령長嶺을 지나고, 서요하西遼河와 서라무룬하西拉木倫河 유역의 거란 지구에 들어섰다가, 다시 통요通遼, 개로開魯 등지를 지나 거란의 수도 임황臨潢에 이르렀다.

그 밖에도 부여부는 발해가 실위室韋, 오라호烏羅擭, 달구達姤, 달말루達末婁 등 여러 부部로 통하는 교통의 중심지였다.

남해신라도

발해는 신라와 200여 년간 서로 국경을 사이에 두고 병존하였다. 그 사이 양국의 백성들은 서로 민간 차원의 왕래와 무역을 진행했을 것이다. 그러나 두 나라가 국가적 차원에서 서로를 공식 방문해 문화를 교류하거나 무역을 진행한 사실은 찾아보기 매우 어렵다. 발해와 신라와의 관계에 대한 발해 자체의 사료는 남은 것이 없으며, 다만《삼국사기》신라본기에 신라가 발해에 두 차례 사신을 파견하였다는 사실이 기록되어 있을 뿐이다. 신라가 파견한 두 차례의 사신은 신라도의 어느 지점, 어느 경로를 통해 발해의 어느 곳에 이르렀는가? 발해 수도로부터 신라의 경주에 이르는 데는 몇 갈래의 교통로가 있었으며 어느 것이 상설 교통로였는가? 이런 의문은 사학계에서 아직까지 제대로 논의되지 못하고 있다. 여기서는 부족하나마 문헌사료와 고고학 자료에 근거하여 간단히 서술해보고자 한다.

기존의 연구에 대한 간단한 종합

지금까지 논의된 신라도에 대한 여러 가지 해석을 정리해 보면 다음과 같다.《신당서》발해전에 "남해는 신라도이다."라고 하였다. 역사문헌에 신라도란 명칭이 기재된 것은 이때부터이다. 그러나 신라도의 기점과 종점, 구체적인 경로에 대해서는 언급이 없다. 김육불은 자기의 저서《동북통사》에서《신당서》에 기재된 내용을 해석하면서 "남경은 오늘의 함경도 지대에 있었는데 그곳은 바다에 임하고 신라로 통하는 주요한 교통로였다."라고 하였다.《조선전사》에는 "발해와 신라와의 왕래는 육로로는 남경남해부를 거쳐 신라의 북변 정천군井泉郡(오늘의 덕원군)으로 통하는 길인데 이밖에 주민들 사이의 교역에는 바닷길도 적지 않게 이용되었으리라고 생각된다."라고 하였고 1984년에 출간된《발해간사》에서 왕승례王承禮는 "정천군井泉郡과 책성柵城을 연결하는 교통로이다."라고 하여 신라도의 기점과 종점을 제시하였다. 1985년에 출간된《동북지방사고東北地方史稿》에서 장박천張博泉은 "남해도는 신라로 가는 길이다."고 하였고 1987년에 출간된《동북사강요東北史綱要》에서 동만륜董萬崙은 "신라도는 발해가 남해부를 경유하여 신라로 가는 교통요로이다. 발해에서 신라로 가는 길은 상경용천부에서 떠나 동경용원부를 거쳐 두만강을 건넌 후 조선반도의 동북부를 지나 남경남해부(오늘의 함흥)에 이른다. 그곳에서 다시 떠나 신라 지역으로 들어간다."라고 하였다.

이상의 해석을 종합하여 보면 모두 신라도의 구체적 내용과 경로에 대해 언급하지 않았다. 기점과 종점에 대해서는 일반적으로 제시하지 않은 것이 다수이다. 제시했다 하더라도 그 내용을 확인하려면 토론과 연구가 더 필요하다.《신당서》에서 말한 신라도는 발해에서 남해부를 통해 신라로 가는 육상교통로이다. 사학계의 일부 학자들은《신당서》와《고금군국지》에 기재된 내용에 의해 책성으로부터 정천군까지의 교통로를 신라도라고만 인정하는데 신라도의 기본 함의는 발해에서 신라로 가는 길이다. 이 길을 통해 양국의 사절단이 서로 오가며 무역을 진행하였다. 발해는 나라가 존속한 229년 동안 수도를 네 곳에 정하고 네 번 천도하였다. 이것으로 책성만을 신라도의 기점으로 보는 것은 사실에 부합되지 않는다. 예를 들어 812년 신라가 사신을 발해에 파견할 때 발해의 수도는 책성이 아니라 상경이었다. 상경만을 신라도의 기점으로 보는 것도 마찬가지이다. 넓게 보면 발해에서 신라로 가는 데는 동서 육상교통로와 동서 해상 항로가 있었다. 그러나 《당서唐書》에 제기된 '신라도'의 뜻은 용원부龍原府에서 신라로 가는 육상교통로를 가리켜 말한 것이다. 아래에 그 구체적인 경로를 서술하려고 한다.

동부육상교통로

육상교통로는 발해 수도에서 떠나 남해부를 거쳐 신라의 북쪽 변계 정천군을 지나 신라의 수도 경주에 이르는 통로와 발해의 국내성을 거쳐 평안도 지역을 지나 경주에 이르는 길, 이렇게 두 갈래가 있었다. 그러나 본문에서는 남해부를 경유하는 육상교통로에 대해서만 서술하려고 한다.

동부육상교통로는 발해와 신라 사이에 설치된 상설교통로로서 전반 신라도 가운데서 가장 중요한 위치를 차지하는 동시에 가장 중요한 역할을 하였다. 그 때문에 어떤 의미에서 신라도라면 이 교통로를 말하게 된다. 가담賈耽의 《고금군국지古今郡國志》에는 "발해국의 남해, 압록, 부여, 책성 등 4개 부는 고구려의 옛 지역이다. 신라 정천군으로부터 책성까지 이르는 사이에 39개 역이 있다.(渤海國南海, 鴨綠, 扶余, 柵城四府, 并是高句麗舊地也, 新羅井泉郡至柵城三十九驛)"[114]라고 기재하였다. 정천군은 오늘의 조선 함경남도 덕원德源(지금의 원상 일대)이고 책성부는 발해 시기 동경용원부東京龍原府(오늘의 길림성 훈춘현 팔련성 일대)이다. 발해 동경용원부에서 신라 정천군으로 가려면 반드시 남해부南海府를 경유하여야 하고 정천군에서 동경용원부에 이르려면 39개 역을 지나야 한다. 당나라제도에 의하면 15킬로미터마다 역 하나를 두었으므로 정천군에서 책성까지의 도리道里는 585킬로미터이다. 이는 대체로 오늘의 훈춘 팔련성으로부터 덕원까지의 거리에 해당된다. 이것이 역사에서 말하는 남해신라도南海新羅道이다.

발해와 신라는 주로 남해신라도를 통해 왕래하였다. 그 구체적인 경로는 어떠하였는가? 이 문제를 밝히려면 우선 남경남해부의 소재지를 밝히는 것이 관건이다. 《신당서》에는 "남해는 신라도이다."고 하였으니 신라도는 남경남해부를 경유하는 것이 분명하다. 그렇다면 남경의 지리 위치를 먼저 밝혀야 한다. 지금까지 사학계에서 이루어진 토론 내용을 정리해보면 신창설新昌說, 함흥설咸興說, 덕원설, 종성설鍾城說, 북청설北靑說 등 다섯 가지 설이 있다. 이 다섯 가지 논설 가운데서 북청설이 가장 유력하기 때문에 남경남해부의 소재지는 마땅히 함경남도 북청으로 보아야 한다. 그 주요한 근거는 다음과 같다.

첫째, 덕원은 양국 변계 지대에 위치해 있으니 남경남해부의 소재지를 변계 지대에 설치할 수 없다. 함흥은 신라 북변 변경 쪽으로 치우친 곳이고 종성은 너무나 북에 치우쳤을 뿐만 아니라 용원부 경내에 위치해 있다. 그러나 북청은 기본적으로 남해부의 중심지대에 위치해 있다. 둘째,

북청에 있는 발해 시기의 평지성을 토성리토성 혹은 청해토성이라고 부른다. 청해평지성은 평면이 동서로 길쭉한 장방형으로 생겼고 그 둘레는 1,342미터이다. 성에는 동, 서, 남, 북에 각각 성문이 한 개씩 있는데 남문이 정문이다. 성안은 가로세로 구획을 이루며 남문에서 북쪽으로 가장 큰 도로가 나 있다. 이러한 성의 구조형식은 훈춘의 팔련성八連城과 화룡현 서고성和龍縣西古城의 구조형식과 비슷하다. 성안의 북쪽 가운데 부분에서는 발해 시기 건축물의 주춧돌과 10개의 온돌시설, 부엌, 3개의 우물과 수백 점의 유물이 드러났다. 유물 가운데는 관청건물에 썼던 기와돌과 기와막새, 그리고 무기류, 공구류, 마구류, 수레부속품, 생활용품 등이 있다. 이러한 정형은 이 성이 발해 시기의 중요한 관청이 있던 평지성이라는 것을 잘 말해 준다. 지금까지 발굴된 정황에 의하면 청해평지성은 남해부 경내에서 제일 크고 유일한 평지성이다.[115] 셋째, 청해평지성에서 동쪽으로 약 8킬로미터 되는 곳에 북청군 평리산성이 있다. 성의 지형 선정은 돈화현 관지 부근에 있는 통구령산성과 비슷하다. 성안에서는 막새기와, 활촉, 긴칼, 마구 등이 나왔다.[116] 이 성은 청해평지성의 동쪽에 있는 방어성이다. 평지성과 산성, 발굴된 유물, 무덤 등은 남해부의 소재지가 북청에 있었다는 사실을 가장 설득력 있게 뒷받침해주는 고고학 자료이다. 신창설과 함흥설, 종성설, 덕원설은 모두 북청설과 같은 유력한 조건을 구비하지 못하고 있기 때문에 그 논거를 믿기 어렵다.

 북청이 신라도가 경유하는 중심요새지였다는 것을 밝혔다 해도 알아야 할 문제는 남아 있다. 즉, 북청 이북과 이남의 구체적인 경유노정을 알아야 한다. 최근 몇 년 사이 이 구역에서 발굴된 유적과 유물을 보면 함흥에서 산성, 홍원에서 무덤, 신포에서 건축유지, 이원에서 무덤, 화대에서 무덤, 어랑에서 산성과 강안보루, 송평리松坪里, 회문리會文里, 동흥리東興里 등지에서 24개 돌 유지가 발굴되었다. 24개 돌 유지의 정체에 대해서는 학계의 의견이 분분하지만 그 중에서 역참驛站으로 보는 견해가 제일 유력하다. 다시 말해 송평리, 회문리, 동흥리 등 24개 돌 유지는 조선 동해안 연안의 주요 교통로 요도에 건축된 역참이다. 동경용원부에서 떠났을 경우 신라도는 청진, 경성, 어랑, 화대, 북청, 신포, 홍원, 함흥, 덕원을 경유하여 신라의 동해안길을 따라 내려가 경주에 이르는 교통로였다는 설을 가장 설득력 있게 뒷받침해 주는 증거이다. 이상과 같이 동해안 일대에서 발해 시기의 유적과 유물이 집중적으로 많이 발굴된다는 사실은 당시 남경남해부 동해안 일대는 신라도가 경유하는 주요한 노선이었다는 것을 실증한다. 발해의 사절단은 동경을 수도로 정한 시기에는 동경용원부에서 떠나 두만강을 건너 청진, 경성, 어랑, 화대를 거쳐 북청에 이르렀다. 그곳에서 휴식한 후 다시 출발하여 신포, 홍원, 함흥을 지나 덕원에 이르렀다. 그곳에서 다시 떠나 동해안을 따라 남하하여 경주에 이르렀다. 신라 사절단도 이 노선에 따라 발해를 방문하고 무역을 진행하였다.

 동경용원부로부터 청진, 경성까지의 교통구간에서 구체적으로 경유한 노선에 대해서는 아직 사학계에서 고증하지 못한 형편이다. 그 때문에 적지 않은 학자들이 신라도를 서술할 때 이 구간에 대한 서술을 회피하고 다만 동경용원부에서 떠나 조선반도의 동해안을 따라 남경과 정천군을 경유하여 경주에 이르렀다고 하거나, 반대로 경주에서 떠나 동해안을 따라 북상하여 정천군과 남경을 경유하여 동경용원부에 이르렀다고 말하는 정도로 그쳤다. 그러나 고고학 자료와 문헌 기재 내용, 산맥과 지형을 잘 살펴보면 동경용원부에서 떠나 두만강을 건너 경원에 이른 후 다시 서쪽을 향해 나아가 종성에 이르고, 종성으로부터 남행하여 상삼봉을 거쳐 회령에 이르렀다가 계속 남행하여 청진, 경성에 이르렀다고 짐작할 수 있다. 그 주요한 근거는 다음과 같다. 첫째, 어랑, 경성, 청진, 나진, 웅기, 경흥, 경원을 경유하여 동경용원부에 이르는 노선은 거리가 멀고 길이 험하여 통하기 불편하다. 경흥과 회령 사이에는 높은 산들이 남북으로 뻗어 있고 지세가 매우 험하여 통행하기가 지극히 어려웠다. 경원과 종성 구간은 지세가 그리 험하지 않고 사람이 다니는 길, 수레길, 우마차가 다니는 길이 있으며 종성, 상삼봉, 회령, 청진, 경성 구간도 지세가 험하지 않기에 교통요로가 되기 적합하다. 둘째,《훈춘현지》권15에서 화룡和龍으로 통하는 길에 대해 '由琿春西行入朝鮮境慶源郡鍾城郡至上三峰爲一百三十八里'라고 하였고 연길현으로 통하는 길에 대해서는 '由琿春縣城西行二十五里至圖們江, 渡江爲城川渡口, 又西行十五里至慶源郡, 西行越驄才嶺至北蒼坪爲五十里, 再西行三十里爲鐘城, 南行十八里爲上三峰…'라고 하였다. 이로부터 경원, 종성, 상삼봉 사이에는 통로가 있었고 인마차가 내왕하였다는 것을 알 수 있다. 셋째, 고고학 연구에 따르면 회령군에서 발해 시기의 산성인 운두산성을 발견하였고 무덤도 여러 개를 발굴하였다. 이러한 사실은 회령이 당시 교통로 상에서 중요한 위치를 차지했다는 사실을 입증한다.

발해와 신라의 사절단은 모두 양국의 동북방에 있는 변계지대인 정천군을 지나야만 하였다. 신라는 경덕왕景德王 대에 고구려 이래 사용하던 천정군泉井郡 명칭을 정천군井泉郡으로 변경하고 이곳에 탄항관문炭項關門을 쌓았다.117 이것이 바로 신라도가 통과하는 발신 양국 국경지대의 관문이다.118 신라 사신들은 경주를 떠나 탄항관문을 통과하여 발해의 남경부 경내에 들어선 후 다시 발해 서울로 향했다. 발해 사신들도 마찬가지로 서울에서 떠나 회령, 북청, 함흥을 거쳐 탄항관문을 통과하고 동해안을 따라 신라의 수도에 이르렀다. 이런 이유로 정천군은 양국 사절단과 무역단이 왕래할 때 반드시 지나게 되는 교통요지인 동시에 신라가 발해의 남하세력을 방비하고자 했던 동북 변계의 중요한 군사 요충지대였다.

상술한 바와 같이 신라도는 동경용원부에서 떠나 두만강을 건너 경원에 이르고, 경원에서 다시 서쪽을 향해 나아가 종성에 이르고, 종성에서부터 남행하여 회령, 청진, 경성, 어랑, 화대 등 지역을 지나 북청에 이르고, 북청에서 다시 출발하여 신포, 홍원, 함흥을 거쳐 정천군에 이르고, 정천군으로부터 동해안을 따라 남행하여 마지막으로는 신라의 수도인 경주에까지 이르는 길이었다. 이처럼 한반도 동해안을 따라 쭉 이어진 신라도는 발해와 신라를 연결하는 주요한 교통로였다.

맺음말
선인들의 성과를 적극 받아들이며 연구해야

위에서 서술한 바와 같이 발해는 698년에 건립된 후 고왕 대조영과 무왕 대무예 시기에 무력으로 영토를 크게 넓혔고 문왕 대흠무는 문치정책을 실시하여 나라를 더욱 부강케 하고 국력을 강화하여 지역을 더욱 크게 넓혔으며 선왕 시기에는 극성시기에 이르렀으므로 역사에서 해동성국海東盛國이라고 불리었다. 지역은 방 5천리方五千里에 달했고 경내에 5경 15부 62주가 있었다. 사회의 정치, 경제, 문화가 발전함에 따라 해외로 통하는 조공도, 영주도, 일본도, 신라도, 거란도도 더욱 번성하게 되었다. 그러나 후기에 이르러 경제가 쇠퇴하고 국력이 약화되어 926년발해 제15대왕 대인선 시기 거란의 침입을 받아 망하게 되었다.

발해는 그가 존속한 229년 사이에 정치, 경제, 문화 등 제반 영역에서 빛나는 성과를 거두었다. 본서本書는 그중 강역과 지리에 대해서만 서술하기에 힘썼다. 서술 과정에서 선인先人들이 거둔 성과들을 적극 받아들여 본서를 더욱 충실히 하고자 했다. 요동지역에 대한 발해의 점령과 관리, 해북 제부의 위치, 천문령의 위치 등 일부 어려운 문제들에 대해서는 기존 성과를 소개하고 금후 더욱 연구에 힘써줄 것을 바랐다. 학계 여러분들의 사심 없는 협조가 있기를 바란다.

부록1
알아보기

1) 《신당서》 발해전; 김육불, 1981,《동북통사(東北通史)》279p, 사회과학잡지사판
2) 《구당서》 발해말갈전
3) 《연변문화유물략편》, 94~98p
4) 《돈화현문물지》, 57p
5) 《당회요》 권96
6) 《구당서》 돌궐전
7) 《속일본기》 권16
8) 《속일본기》 권16
9) 《구오대사》 권137
10) 《거란국지》 권10
11) 《요동행부지(遼東行部志)》
12) 《책부원구》 권972 외신부 조공 5
13) 성산자산성과 오동성에 대한 상세한 내용은 다음을 참조할 것 : 방학봉, 2002,《발해성곽연구》, 연변인민출판사, 257~269p
14) 가탐(賈耽) : 730년 출생, 805년 사망(76세). 그는 정원(貞元)년간 당나라의 재상(宰相)으로 있었다. 정원년간은 785~805년을 이른다.
15) 《구당서》 발해전
16) 《신당서》 발해전
17) 《속일본기》 권13
18) 《동북역사지리》 권2, 368p
19) 도강, 1980,《목단강시교 남성자조사기》; 흑룡강성 문박협회 성립《기념기》
20) 《길림통지》 권10 연혁기; 김육불,《발해국지장편》 권14 지리고 중경현덕부조
21) 츠다사 유키치,〈발해고(渤海考)〉,《만선지리역사연구보고(滿鮮地理歷史研究報告)》; 지내경,《만선사연구》중세 제1책, 59p
22) 손진기(孫進己), 1982,〈발해강역고(渤海疆域考)〉《북방논총(北方論叢)》제4기
23) 마쯔이(松井) 등,〈발해국의 강역(渤海國的疆域)〉,《만주역사지리(滿洲歷史地理)》권1, 409~411p
24) 도리야마 기이찌(鳥山喜一),〈선목승마편(船木勝馬編)〉,《발해사의 문제(渤海史上的若干問題)》, 139~140p
25) 와다 기요시(和田清),〈발해국지리고(渤海國地理考)〉,《동아사연구만주편(東亞史研究滿洲篇)》권 66, 70~74p
    주편(主編) 송옥재(宋玉材), 부주편(副主編) 왕지강(王志剛), 김인학(金仁學), 2007,《서고성(西古

城)：2000~2005 발해국 중경현덕부고지 전야고고보고(渤海國中京顯德府故址田野考古報告)》, 문물출판사
26) 주편 송옥재, 부주편 왕지강, 김인학, 2007,《서고성：380p 2000~2005, 발해국 중경현덕부 전야고고보고》, 문물출판사
27)《연변문화유물약편》, 99p
28)《신당서》발해전
29) 김육불,《발해국지장편》총략 하
30) 김육불,《발해국지장편》권14, 지리고
31) 박시형,《발해사》, 김일성종합대학출판사, 153p
32) 마쯔이(松井) 등,〈발해국의 강역〉《만주역사지리》권1, 409~411p
33) 도리야마 기이찌(鳥山喜一),《발해사의 문제(渤海史上的若干問題)》, 139~140p
34) 손진기, 1982,〈발해강역고〉《북방논총》제4기
35) 손진기, 풍영겸 주편,《동북역사지리》제2권, 372p
36) 이건재, 진상위, 1982,〈발해의 중경과 조공도(渤海的中京和朝貢道)〉《북방논총》제1기
37) 왕승례,《발해간사》, 77p
38)《중국역사지도집》동북지구자료휘편
39) 양재림,《발해사 연구》(2), 233p
40) 위국충, 주국심, 학경운《발해국사》, 84p
41) 박용연, 1983,《발해 중경 문제에 관한 토론》, 114p, 연변문물자료휘편
42) 손진기, 풍영겸 주편,《동북역사지리》, 373p
43) 손진기, 풍영겸 주편,《동북역사지리》, 373p
44) 박시형, 1979,《발해사》, 김일성종합대학출판사, 155p
45)《연변문물자료휘편》, 113p
46) 손진기, 풍영겸 주편,《동북역사지리》, 373p
47) 박시형, 1979,《발해사》, 김일성종합대학출판사, 158p
48) 박시형, 1979,《발해사》, 김일성종합대학출판사, 158p
49)《동국여지승람》권49
50) 요녕성 박물관 편,《요녕사적자료(遼寧史迹資料)》에 '석성은 애하 하류 남안 석두성촌의 돌로 쌓은 산성자리이다. 개주는 오늘의 봉성현이다'라고 하였다.
51) 동만륜,《동북사강요》, 174p
52) 손진기, 풍영겸 주편,《동북역사지리(東北歷史地理)》권2, 380p
53) 박진욱,〈최근 년간 우리나라 동해안 일대에서 발굴된 발해유적들과 그 성격에 대하여〉,《연변대학 조선학국제학술토론회론문집》, 290~291p
54)《연변대학 조선학 국제학술토론회 논문집》, 291p
55) 최태형, 1991,〈발해 남경 남해부의 위치에 대하여〉,《역사과학》3기, 53p
56)《정우현문물지》, 40~48p

57) 장정갑, 1988,〈훈강지구 발해유적과 유물〉,《박물관 연구》1기, 67p
58) 김육불,《발해국지장편》지리고
59) 왕금후, 이건재,《동북고대교통》, 165p
60) 김육불,《발해국지장편》권14
61) 샤프크노프,《발해국 및 연해지구에서의 그의 문화유존》
62) 정약용(丁若鏞),《대한강역고》
63) 손진기, 1982〈발해강역고〉《북방논총》4기, 87p
64) 장태상(張太湘),〈당대발해솔빈부변(唐代渤海率賓府辯)〉《역사지리(歷史地理)》권2
65) 장태상(張太湘),〈당대발해솔빈부변〉《역사지리》권2
66) 이건재(李健才),《관어발해사지적연구(關於渤海史地的硏究)》미천고(未刊稿)
　　　손진기(孫進己), 풍영겸(馮永謙) 주편,《동북역사지리(東北歷史地理)》권2, 404p
67) 손진기, 풍영겸 주편,《동북역사지리》권2, 404p
68)《만주원류고》권10 강역발해조
69) 왕승례,《발해간사》, 82p
70) 위국충, 주국심,《발해사고》, 172p
71) 동만륜,《동북사강요》, 173p
72) '涑州, 刺史, 渤海置. 兵事隸南兵馬司.'
73) 왕이평(王李平) 주편(主編), 1989,《장백산지(長白山志)》, 길림문화출판사, 21p
74) 왕이평 주편, 1989,《장백산지》, 길림문화출판사, 21p
75) 왕이평 주편, 1989,《장백산지》, 길림문화출판사, 22p
76) 왕이평 주편, 1989,《장백산지》, 길림문화출판사, 21~22p
77) 왕이평 주편, 1989,《장백산지》, 길림문화출판사, 21~22p
78) 동모산의 지리 위치에 대한 상세한 내용은 본서의〈오루하〉와〈진국 시기의 강역〉편에서 자세히
　　　취급하였다.
79) 김육불,《발해국지장편》지리고 산천 천문령조
80) 주국심, 위국충, 학경운, 2006,《발해국사(渤海國史)》, 중국사회과학출판사, 43p
81) 김육불,《발해국지장편》권14 지리고 산천 천문령조
82) 송기호,《발해를 다시 본다》, 54p
83) 장창희, 1983,〈천문령의 지리위치에 대한 나의 견해(天門嶺地理位置之我見)〉, 연변대학학보(延邊
　　　大學學報) 3기;〈고구려발해연구집성(高句麗渤海硏究集成)〉(5), 516p
84) 여기에서 말한 홀한해(忽汗海)는 홀한하(忽汗河)를 가리킨다.
85)《봉천통지(奉天通志)》1, 584p ; 왕기평 주편,《장백지(長白志)》153p
86) 담기양(譚季驤) 주편,《간명중국역사지도(簡明中國歷史地圖)》
87) 김육불,《발해국지장편》권14 지리고 국경사지 목저조
88) 김육불,《발해국지장편》권14 지리고 덕리진조
89) 김육불,《발해국지장편》권14 지리고 집주조

90) 《신당서》 권43 지리지 17 하
91) 왕승례, 《발해간사》, 65~66p
92) 이전복, 손옥량, 《발해국》, 57p
93) 《조선전사》 권5, 45p
94) 《역사과학》 1992년, 4기
95) 《구당서》 고구려전
96) 《구당서》 고구려전
97) 《삼국사기》 권6 문무왕 10년 3월 및 4월
98) 《구당서》 지리지 권2
99) 《구당서》 후히일전
100) 《구당서》 지리지
101) 《자치통감》 권200
102) 《통전》 권 172 서목 하
103) 《발해국지장편》 권18 문정
104) 《신당서》 실위전
105) 《신당서》 지리지 권2
106) 《사해》 숙인본, 1, 811p
107) 《구당서》 권124 이정기전
108) 진련개(陳連開), 1981, 〈당대요동약간지명고실(唐代遼東若干地名考實)〉 《사회과학집간》 3기
109) 《요녕사적자료(遼寧史迹資料)》, 56p
110) 본서(本書) 〈동경〉 편에서 그의 지리 위치를 밝혔다.
111) 《연변문화유물략편》, 128p
112) 《연변문화유물략편》, 128~129p
113) 《연변문화유물략편》, 1989, 연변인민출판사, 129p
114) 《삼국사기》 지리 4
115) 박진욱, 〈최근 년간 우리나라 동해안일대에서 발굴된 발해유적들과 그 성격에 대하여〉, 《연변대학 조선학 국제학술토론회논문집》, 290~291p
116) 《연변대학 조선학 국제학술토론회논문집》, 291p
117) 《삼국사기》 권35 지리지 정천군조
118) 송기호, 〈동아시아 국제관계속의 발해와 신라〉, 《한국사 시민강좌》, 5p, 48p

부록2
발해세계표 渤海世系表

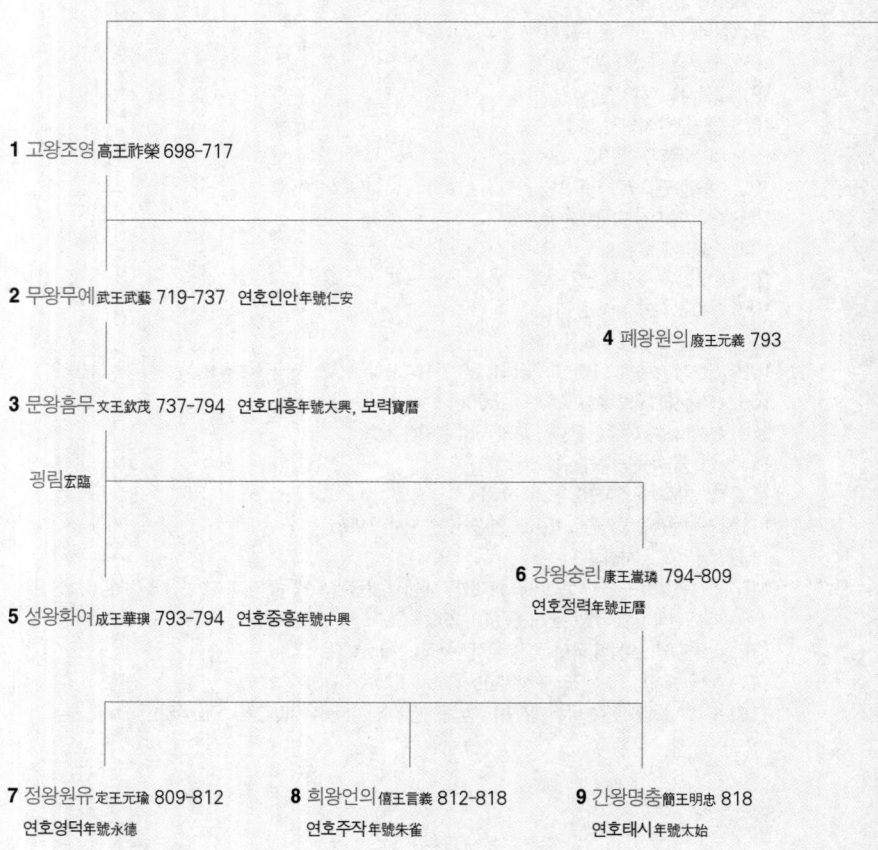

1 고왕조영 高王祚榮 698-717

2 무왕무예 武王武藝 719-737　연호인안 年號仁安

4 폐왕원의 廢王元義 793

3 문왕흠무 文王欽茂 737-794　연호대흥 年號大興, 보력寶曆

굉림 宏臨

6 강왕숭린 康王嵩璘 794-809
　　연호정력 年號正曆

5 성왕화여 成王華璵 793-794　연호중흥 年號中興

7 정왕원유 定王元瑜 809-812
　　연호영덕 年號永德

8 희왕언의 僖王言義 812-818
　　연호주작 年號朱雀

9 간왕명충 簡王明忠 818
　　연호태시 年號太始

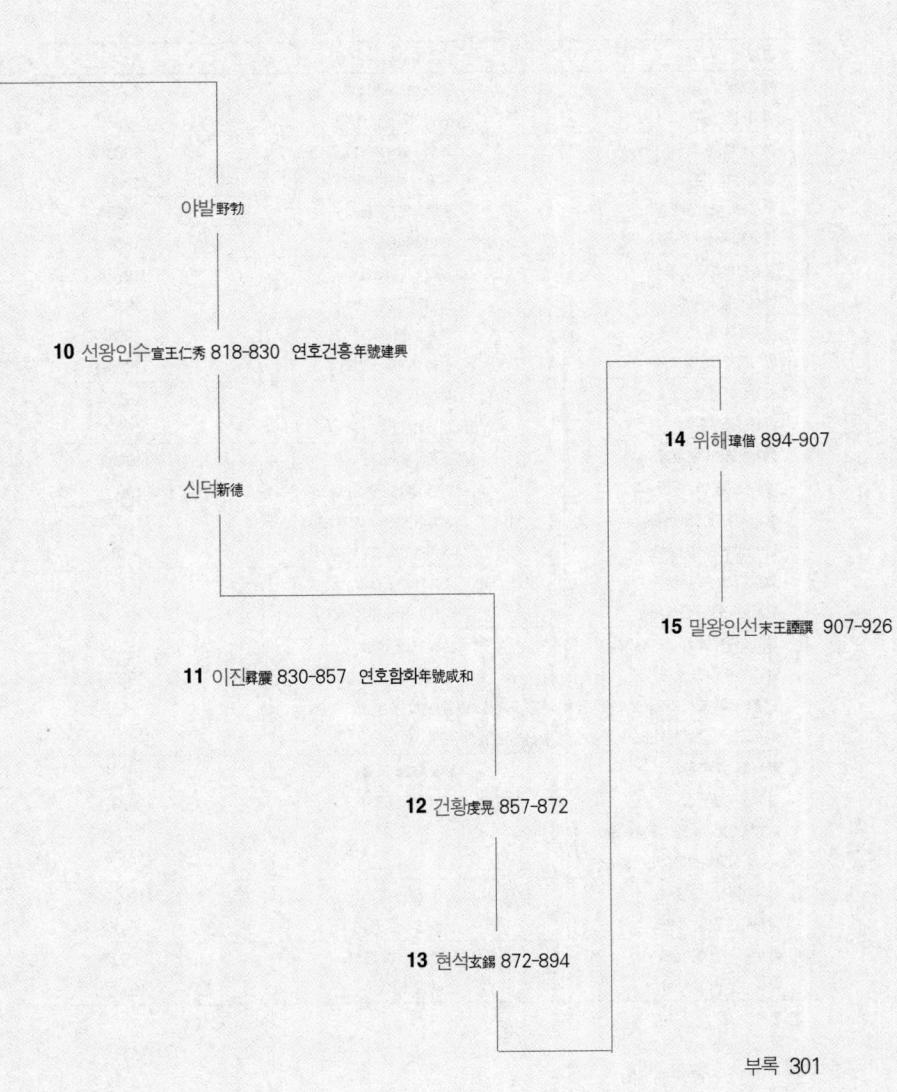

부록3
방학봉方學鳳 저작일람표著作一覽表, 1981년~2012년

著作	出版社名稱	出判年代
1 歷史辭典 共著	延邊人民出版社	1983年
역사사전 공저	연변인민출판사	1983년
2 渤海史話 專著	黑龍江朝鮮民族出版社	1986年
발해사화 전저	흑룡강조선민족출판사	1986년
3 中國古代史常지 專著	延邊人民出版社	1986年
중국고대사상지 전저	연변인민출판사	1986년
4 延邊古代史話 共著	延邊人民出版社	1988年
연변고대사화 공저	연변인민출판사	1988년
5 渤海國事(譯文) 譯著	正音社(韓國)	1988年
발해국사(역문) 역저	정음사(한국)	1988년
6 延邊古研究 專著	正音社(韓國)	1989年
발해사연구 전저	정음사(한국)	1989년
7 渤海史研究(一) 主編	延邊大學出版社	1990年
발해사연구(1) 주편	연변대학출판사	1990년
8 東北民族 關係史 專著	大陸研究所出版社(韓國)	1991年
동북민족 관계사 전저	대륙연구소 출판사(한국)	1991년
9 渤海文化研究 專著	理論與實驗(韓國)	1991年
발해문화연구 전저	이론과실험(한국)	1991년
10 渤海史研究(二)	主編 延邊大學出版社	1991年
발해사연구(2) 주편	연변대학출판사	1991년
■ 獲第七屆 東北三性朝鮮文優秀圖書二等狀及吉林省優秀圖書二等狀		
■ 획제칠계 동북삼성조선문우수도서이등장급길림성우수도서이등장		
11 渤海遺址研究 專著	延邊大學出版社	1993年
발해유지연구 전 저	연변대학출판사	1993년
■ 吉林省長白山優秀圖書一等狀		
■ 길림성장백산우수도서일등장		
12 渤海史研究(三) 主編	延邊大學出版社	1992年
발해사연구(3) 주편	연변대학출판사	1992년
13 渤海史研究(四) 主編	延邊大學出版社	1993年
발해사연구(4) 주편	연변대학출판사	1993년

著作	出版社名稱	出判年代
14 中朝―關系史(上) 主編	延邊大學出版社	1993年
중조일관계사(상) 주편	연변대학출판사	1993년
15 渤海史研究(五) 主編	延邊大學出版社	1994年
발해사연구(5) 주편	연변대학출판사	1994년
16 在中國境內高句麗及渤海遺址介沼 共著	延邊大學出版社	1995年
재중국경내고구려급발해유 지개소 공저	연변대학출판사	1995년
17 渤海史研究(六) 主編	延邊大學出版社	1995年
발해사연구(6) 주편	연변대학출판사	1995년
18 渤海建築研究 主編	延邊大學出版社	1995年
발해건축연구 주편	연변대학출판사	1995년
19 渤海史研究(七) 主編	延邊大學出版社	1995年
발해사연구(7) 주편	연변대학출판사	1995년
20 渤海疆域旅行政制度研究 專著	延邊大學出版社	1996年
발해강역여행정제도연구 전저	연변대학출판사	1996년
21 渤海佛敎遺址遺物 專著	韋景文化社(韓國)	1996年
22 渤海佛敎研究 專著	延邊大學出版社	1998年
발해불교연구 전저	연변대학출판사	1998년
23 中國古代史上有名的朝鮮人 專著	延邊人民出版社	1998年
중국고대사상유명적조선인 전저	연변인민출판사	1998년
24 渤海史研究(八) 主編	延邊大學出版社	1999年
발해사연구(8) 주편	연변대학출판사	1998년
25 渤海主要交通路研究 專著	延邊人民出版社	2000年
발해주요교통로연구 전저	연변인민출판사	2000년
26 渤海文化研究 主編	吉林人民出版社	2000年
발해문화연구 주편	길림인민출판사	2000년
27 발해화폐급24개석논저 주편	길림인민출판사	2000년
28 中國境內〈渤海遺址研究〉 專著	白山資料院(韓國)	2000年
중국경내〈발해유지연구〉 전저	백산자료원(한국)	2000년
29 中國古代文化對朝鮮和 日本的影向 (國家使料規劃基金資助項目) 共著	黑龍江朝鮮民族出版社	2000年4月
중국고대문화대조선화일본적영향 (국가사료규획기금자조항목) 공저	흑룡강조선민족출판사	2000년4월
30 渤海經濟研究 專著	黑龍江朝鮮民族出版社	2001年10月
발해경제연구 전저	흑룡강조선민족출판사	2001년10월
31 渤海城郭(一) 專著	延邊人民出版社	2001年10月
발해성곽(1) 전저	연변인민출판사	2001년10월

	著作	出版社名稱	出判年代
32	渤海城郭研究 專著	延邊人民出版社	2002年10月
	발해성곽연구 전저	연변인민출판사	2002년10월
33	大渤海建築的理解 共著, 監修	白山資料院(韓國)	2004年4月
	대발해건축적이해 공저, 감수	백산자료원(한국)	2004년4월
34	渤海主要遺迹考察散記 專著	延邊大學出版社	2004年12月
	발해주요유적고찰산기 전저	연변대학출판사	2004년12월
35	渤海文化-以社會生活風俗爲中心 專著	延邊大學出版社	2004年10月
	발해문화-이사회생활풍속위중심 전저	연변대학출판사	2004년10월
36	발해의 문화(1)	정토출판사(한국)	2005년 8월
37	발해의 문화(2)	정토출판사(한국)	2006년 9월
38	발일 교류사 연구 전저	연변인민출판사	2007년 12월
39	발해의 강역과 지리	정토출판사(한국)	2012년 6월

	論文	發表刊物名稱	發表年月
1	渤海農業生産發展資料的輯述	延邊大學學報	1981年3月
	발해농업 생산발전자료적집술	연변대학학보	1981년3월
2	渤海顯奏之布沃州之綿辨析	延邊大學學報	2000年2月
	발해현주지포옥주지면변석	연변대학학보	2000년2월
	■ 世界學術貢獻狀(金裝)		
	■ 세계학술공헌장(금장)		
3	渤海以中京顯德府爲王都時期的商業試談	延邊大學學報	1983年4月
	발해이중경현덕부위왕도시기적상업시담	연변대학학보	1983년4월
4	渤海與日本貿易的歷史略考	延邊大學學報	1984年2月
	발해여일본무역적역사약고	연변대학학보	1984년2월
5	關于渤海埴楠問題	學習與探索	1984年6月
	관우발해식면문제	학습여탐색	1984년6월
6	渤海城鎭淺議	延邊大學學報	1985年2月
	발해성진천의	연변대학학보	1985년2월
7	조선족간개	역사지지	1985년2월
8	延邊古代農業發展歷程試談	延邊史志	1985年1月
	연변고대농업발전역정시담	연변사지	1985년1월
9	渤海以舊國,中京,東京爲王都時期的敎育時談	延邊歷史硏究	1986年1月
	발해이구국, 중경, 동경위왕 도시기적교육시담	연변역사연구	1986년1월

	論文	發表刊物名稱	發表年月
10	渤海以舊國,中京, 東京爲王都時期的佛敎時談 발해이구국,중경, 동경위왕도시기적불교시담	延邊大學學報 연변대학학보	1986年4月 1986년4월
11	渤海大元義被殺的社會 背景及其性質硏究 발해대원의피살적사회 배경급기성질연구	延邊大學學報 연변대학학보	1987年4月 1987년4월
12	渤海以舊國,中京,東京 爲王都時期的手工業時談 발해이구국, 중경, 동경 위왕도시기적수공업시담	延邊方志 연변방지	1987年2月 1987년2월
13	渤海蹴鞠,擊球淺議 발해축국,격구천의 ■ 獲 國際優秀論文狀 創新實踐發展優秀 論文評選中獲特等狀 ■ 획 국제우수논문장 창신실천발전우수 논문평선중획특등장	延邊大學學報 연변대학학보	1988年4月 1988년4월
14	元代高麗人遷入中國境內的 一些資料輯述〈中國朝鮮民族遷入史論文集〉 원대고려인천입중국경내적 일사자료집술〈중국조선민족천입사논문집〉	黑龍江朝鮮民族出版社 흑룡강조선민족출판사	1989年12月 1989년12월
15	東女眞與高麗之間貿易發展的 原因及其性質 동여진여고려지간무역발전적 원인급기성질	延邊大學第一次朝鮮學國際學術會議論文集 연변대학제일차조선학국제학술회의논문집	1989年8月 1989년8월
16	淸代著名的書畵收集家安岐 청대저명적서화수집가안기	民族團結 민족단결	1989年6月 1989년6월
17	封禁時期朝鮮人民對延邊農業生産發展資料輯術 봉금시기조선인민대연변농업생산발전자료집술	東北三省朝鮮族史學術會議論文集 동북삼성조선족사학술회의논문집	1984年11月 1984년11월
18	蒲盧毛朶女眞大王府地理位置考 포노모타여진대왕부지리위치고	延邊方志 연변방지	1989年6月 1989년6월
19	中國文化交流史上的著名人物洪大容 중국문화교류사상적명인물홍대용	民族團結雜誌 민족단결잡지	1990年2月 1990년2월
20	在中韓佛敎文化交流史上有貢獻的義相 재중한불교문화교류사상유공헌적의상	民族團結雜誌 민족단결잡지	1990年6月 1990년6월
21	渤海以舊國,中京,東京爲 王都時期的儒學時談	延邊大學學報	1990年2月

論文	發表刊物名稱	發表年月
발해이구국, 중경, 동경위 왕도시기적유학시담	연변대학학보	1990년2월
22 貞孝公主墓志反映出的儒家思想研究 정효공주묘지반영출적유가사상연구	韓國學研究(韓國) 한국학연구(한국)	1990年6月 1990년6월
23 渤海人的埋葬習俗及其特征研究 발해인적매장습속급기특정연구	韓國傳統文化研究(韓國) 한국전통문화연구(한국)	1990年6月 1990년6월
24 貞孝公主墓志考釋 정효공주묘지고석	延邊大學出版社(渤海史研究)(一) 연변대학출판사(발해사연구)(1)	1990年12月 1990년12월
25 貞惠公主墓與貞孝公主墓比較研究 上同 정혜공주묘여정효공주묘비교연구 동상	延邊大學出版社(渤海史研究)(一) 연변대학출판사(발해사연구)(1)	1990年12月 1990년12월
26 渤海滅亡之因 上同 발해멸망지인 상동		1990年12月 1990년12월
27 試談盤嶺溝口地理位置及其作用 上同 시담반령구구지리위치급기작용 상동		1990年12月 1990년12월
28 試談渤海多人葬 시담발해다인장	延邊大學學報 연변대학학보	1991年1月 1991년1월
■西部異論與發展 學術成果評選中 獲特等狀 ■서부이론여발전 학술성과평선중 획특등장		
29 渤海時期延邊的交通考 발해시기연변적교통고	延邊大社學出版(延邊歷史地理) 연변대학출판사(연변역사지리)	1991年12月 1991년12월
30 歷代延邊行政沿革略考 역대연변행정연혁약고	上同	1991年12月 1991년12월
31 關于唐冊封大欽茂爲 渤海國王的兩次勅命(譯文) 관우당책봉대흠무위 발해국왕적양차칙명(역문)	延邊大社學出版(渤海史研究)(一) 연변대학출판사(발해사연구)(일)	1991年12月 1991년12월
32 鏡泊湖周圍山城遺址的調査(譯文) 上同 경박호주위산성유지적조사(역문) 상동		1991年12月 1991년12월
33 試談渤海度量衡	延邊大社學報獲	1991年3月
國際優秀論文狀 2001年中國新時期 人文科學優秀成果二等狀 국제우수논문장 2001년중국신시기인문과학우수성과이등장		
34 試談新羅都城至渤海都城的交通路線 시담신라도성지발해도성적교통노선	延邊大社第二次朝鮮學國際學術會議論文集 연변대학제이차조선학국제학술회의논문집	1991年8月 1991년8월
35 振國考(譯文) 渤海史研究(二) 진국고(역문) 발해사연구(2)	延邊大社出版社 연변대학출판사	1991年10月 1991년10월

	論文	發表刊物名稱	發表年月
36	渤海舊國卽敖東城置疑(譯文)	上同	1991年10月
	발해구국즉오동성치의(역문)	상동	1991년10월
37	有關渤海文化硏究的幾介問題(譯文)	上同	1991年10月
	유관발해문화연구적기개문제(역문)	상동	1991년10월
38	渤海圖書价値論(譯文)	上同	1991年10月
	발해도서개치론(역문)	상동	1991년10월
39	略論渤海與鄰族關系(譯文)	上同	1991年10月
	약론발해여린족관계(역문)	상동	1991년10월
40	關于喪葬儀觀(書評)	上同	1991年10月
	관우상장의관(서평)	상동	1991년10월
41	渤海時期用罌子-密江段交通路線小考	延邊大學學報	1992年1月
	발해시기옹만자-밀강단교통노선소고	연변대학학보	1992년1월
42	關于渤海中京的幾介門題	韓國史學論叢(上)	1992年6月
	관우발해중경적기개문제	한국사학론총(상)	1992년6월
43	關于渤海上京的幾介門題	先史地古文(二)	1992年8月
	관우발해상경적기개문제	선사지고문(2)	1992년8월
44	略談渤海都城的演變過程	渤海史硏究(三)	1992年8月
	약담발해도성적연변과정	발해사연구(3)	1992년8월
45	渤海貞孝公主墓與河南村墓比較硏究	韓國學報(韓國)	1993年
	발해정효공주묘여하남촌묘비교연구	한국학보(한국)	1993년
46	關于渤海五京的硏究	歷史敎育(韓國)	1993年6月
	관우발해오경적연구	역사교육(한국)	1993년 6월
47	渤海四次遷度之因	白山學報(韓國)	1993年3號
	발해사차천도지인	백산학보(한국)	1993년3호
48	渤海上京城與唐長安城的比較硏究 高麗大學渤海史國際學術討論會論文集,	延邊大學學報	1993年3月
	발해상경성여당장안성적비교연구 고려대학발해사국제학술토론회논문집	연변대학학보	1993년3월
49	近年來在中國渤海史硏究情況	韓民族共榮體	1993年 創刊
	근년래재중국발해사연구정황	한민족공영체	1993년 창간
50	東淸渤海遺址的發現及其意義 民族文化的諸問題	世宗文化	1994年2月
	동청발해유지적발현급기의의 민족문화적제문제	세종문화	1994년2월
51	淺談渤海中央行政機構	渤海史硏究(4)	1993年12月
	천담발해중앙행정기구	발해사연구(4)	1993년12월
52	渤海軍事制度初談(譯文)	渤海史硏究(4)	1993年12月
	발해군사제도초담(역문)	발해사연구(4)	1993년12월

論文	發表刊物名稱	發表年月
53 關于渤海上京矗趺的兩介問題(譯文)	上同	1993年12月
관우발해상경귀부적양개문제(역문)	상동	1993년12월
54 渤海上京成道路考(譯文)	上同	1993年 12月
발해상경성도로고(역문)	상동	1993년 12월
55 中國古代史上民族關系中的幾介問題	延邊大學學報	1993年12月
중국고대사상민족관계중적기개문제	연변대학학보	1993년12월
56 試論渤海的滅亡	中國朝鮮族歷史研究論叢	1992年12月
시론발해적멸망	중국조선족역사연구론총	1992년12월
57 試談渤海之疆域	渤海史研究(5)	1994年12月
시담발해지강역	발해사연구(5)	1994년12월
58 試談渤海之中央行政機構	渤海史研究(5)	1994年12月
시담발해지중앙행정기구	발해사연구(5)	1994년12월
59 高句麗先都考(譯文)	渤海史研究(5)	1994年 12月
고구려선도고(역문)	발해사연구(5)	1994 년 12월
60 渤海墓上建築試談	延邊大學學報	1995年3期
발해묘상건축시담	연변대학학보	1995년3기
61 在中國渤海史研究動向	日本〈亞細亞研究〉12	1995年12月
재중국발해사연구동향	일본〈아세아연구〉12	1995년12월
62 渤海塔址試談	韓國〈多寶〉16號	1995年12月
발해탑지시담	한국〈다보〉16호	1995년12월
63 渤海僧侶在渤海,唐,日本關係中的作用	上同	1995年12月
발해승려재발해,당,일본관계중적 작용	상동	1995년12월
64 試談渤海上京城宮殿建築	渤海史研究(6)	1995年12月
시담발해상경성궁전건축	발해사연구(6)	1995년12월
65 試談渤海佛敎盛行及其原因	韓國〈多寶〉17號	1996年3月
시담발해불교성행급기원인	한국〈다보〉17호	1996년3월
66 試談渤海佛敎盛行及其遺物	上同	1996年3月
시담발해불교성행급기유물	상동	1996년3월
67 渤海上京龍泉府宮殿建築復原(譯文)	渤海史研究(6)	1995年12月
발해상경용천부궁전건축복원(역문)	발해사연구(6)	1995년12월
68 淺談烟筒砬子渤海建築地出土文物性質和年代(譯文)	上同	1995年12月
천담연통립자발해건축지출토문물성질화년대(역문)	상동	1995년12월
69 泊汋口位置考(譯文)	上同	1995年12月
박작구위치고(역문)	상동	1995년12월
70 김책시동흥리이십사개석유지(편)	상동	1995년12월

	論文	發表刊物名稱	發表年月
71	渤海婚姻與家庭	韓國〈中央日報〉社 月刊雜誌〈원〉	1995年12月
	발해혼인여가정	한국〈중앙일보〉사 월간잡지〈원〉	1995년 12월
72	渤海塔址渤	海史研究(七)	1996年12月
	발해탑지	발해사연구(7)	1996년12월
73	大渤海上京寺廟址 現狀의 調査(譯文)	上同	1996年12月
	대발해상경사묘지 현상적조사(역문)	상동	1996년12월
74	〈寧安文物志〉〈渤海文物〉(譯文)	上同	1996年12月
	〈영안문물지〉〈발해문물〉(역문)	상동	1996년12월
75	對高產渤海史廟的新想法	上同	1996年12月
	대고산발해사묘적신상법	상동	1996년12월
76	中國古代都城制對朝鮮,日本古代都城制的影響	〈延邊大學社會科學學報〉	1997年1期
	중국고대도성제대조선,일본고대도성제적영향	〈연변대학사회과학학보〉	1997년1기
77	시담발해(이십사개석)	일본〈동아세아연구〉제15호	1997年 2月
78	渤海驛站試談 韓國古代史學會	〈先史與古代〉(9)	1997年12月
	발해역참시담 한국고대사학회	〈선사여고대〉(9)	1997년12월
79	王思禮	〈老人世界〉	1998年1期
	왕사례	〈노인세계〉	1998년1기
80	李寧	上同	1998年2期
	이영	상동	1998년2기
81	試談渤海薩滿敎存在與否問題	韓國第四回高句麗國際學術大會論文	1998年9月
	시담발해사만교존재여부문제	한국제사회고구려국제학술대회논문	1998년9월
82	延邊地區渤海遺址與朝貢道	韓國〈先史與古代〉10	1998年6期
	연변지구발해유지여조공도	한국〈선사여고대〉10	1998년6기
83	延邊地區渤海遺址日本道	韓國〈白山學報〉50號	1998年5月
	연변지구발해유지일본도	한국〈백산학보〉50호	1998년5월
84	試談高句麗柵城	韓國〈京畿史學〉三號	1999年8月
	시담고구려책성	한국〈경기사학〉3호	1999 년8월
85	試談渤海國武器	日本〈東亞細亞研究〉	1999年25號
	시담발해국무기	일본〈동아세아연구〉	1999년25호
86	試談渤海農器	渤海史研究(8)	1999年12月
	시담발해농기	발해사연구(8)	1999년12월
87	在渤海國貨幣硏究中需要一澄清的一些問題(譯文)	上同	1999年12月
	재발해국화폐연구중유요병일징청적일사문제(역문)	상동	1999년12월
88	先史時代東北境內的原始居民	〈老年世界〉	1999年4期
	선사시대동북경내적원시거민	〈노년세계〉	1999년4기

論文	發表刊物名稱	發表年月
89 奴隸制時期東北的民族關系(1)	上同	1999年6期
노예제시기동북적민족관계(1)	상동	1999년 6기
90 奴隸制時期東北的民族關系(2)	上同	1999年7期
노예제시기동북적민족관계(2)	상동	1999년 7기
91 秦漢時期東北的民族關系(1)	上同	1999年8期
진한시기동북적민족관계(1)	상동	1999년8기
92 秦漢,兩晉時期東北的民族關系(2)	上同	1999年9期
진한, 양진시기동북적민족관계(2)	상동	1999년9기
93 秦漢,兩晉時期東北的民族關系(3)	上同	1999年10期
진한,양진시기동북적민족관계(3)	상동	1999년10기
94 張保皐	上同	2000年1-2期
장보고	상동	2000년1-2기
95 渤海土地制度	韓國〈國學硏究〉第6輯 國學硏究所	2001年12月
발해토지제도	한국〈국학연구〉제6집 국학연구소	2001년12월
96 渤海農作物小考	韓國〈白山學報〉65號	2003年4月
발해농작물소고	한국〈백산학보〉65호	2003년4월
97 渤海農業發展的情況及其原因	韓國〈國學硏究〉第7輯	2002年12月
발해농업발전적정황급기원인	한국〈국학연구〉제7집	2002년12월
98 발해와 당나라의 평원도성에 대해 재차 론함	한국〈국학연구〉제9집	2004년12월
99 발해의 음악	한국〈국학연구〉제10집	2005년12월
100 발해음악의 기초와 발전원인에 대한 고찰	한국〈사학론총〉	2006년2월
101 발해의 탑지(塔地)	제9차 천태국제학술대회	2006년11월
102 발해의 온돌에 대하여	국제온돌학회지	2006년
103 오녀산성 고구려의 난방시설에 대하여	국제온돌학회논문집	2008년10월
104 발해의 난방시설에 대해 다시 론함	국제온돌학회 논문집	2008년10월
105 발해 난방시설의 특점에 대하여	국제온돌학회논문집	2011년10월